L'ALLEMAGNE, présentant le Portrait de CHARLES—QUINT, Prince très illustre entre les GRANDS CAPITAINES ETRANGERS de son Tems.

V. Schley del. et sculp. 1731.

OEUVRES
DU SEIGNEUR
DE BRANTOME:

NOUVELLE EDITION,

CONSIDÉRABLEMENT AUGMENTÉE,
& accompagnée de Remarques
Historiques & Critiques.

TOME CINQUIEME,

CONTENANT

LES VIES DES HOMMES ILLUSTRES
ET GRANDS CAPITAINES
ETRANGERS,

SECONDE PARTIE.

A LA HATE,
AUX DÉPENS DU LIBRAIRE,
M. DCC. XL.

[Mss] 8H 26129 5

VIES

DES
HOMMES ILLUSTRES
ET
GRANDS CAPITAINES
ESTRANGERS.

SECONDE PARTIE.

DISCOURS TRENTIESME.

LE COMTE GUILLAUME DE FURSTEMBERG.

LE Comte GUILLAUME DE FURSTEMBERG fut estimé bon & vaillant Capitaine, & l'eust esté d'avantage, sans qu'il fut léger de Foy,

Tome V. A trop

trop avare, & trop addonné à la Pillerie, comme il le fit paroiſtre en France, quand il y paſſoit avec ſes Trouppes ; car, après luy, rien ne reſtoit.   Il ſervit le Roy François l'eſpace de ſix à ſept Ans, avec de belles Compagnies tousjours montant à ſix & ſept mille Hommes : mais, après de ſi longs Services, ou pluſtoſt Ravages & Pilleries, il fut ſoupçonné d'avoir voulu attenter à la Perſonne du Roy, dont j'en fais le Conte ailleurs.   Et, pour le mieux encore ſçavoir, on le trouvera dans les *Cent Nouvelles de la Reyne de Navarre*, la Reyne Margueritte ; où l'on peut voir à clair la Valeur, la Générofité, & la Magnanimité de ce grand Roy, & comme de Peur l'autre quitta ſon Service, & s'en alla à celuy de l'Empereur.   Et, ſans qu'il eſtoit Allié de Madame la Régente, à cauſe de la Maiſon de Saxe, d'où eſtoit ſortie celle de Savoye, poſſible euſt-il couru Fortune, ſi le Roy euſt voulu : mais, il voulut faire paroiſtre en cette Occaſion ſa Magnanimité, pluſtoſt que de le faire mourir par Juſtice.

Lors qu'il fut pris, en ſondant la Riviere de Marne, qu'il avoit d'autres

tres

tres fois tant reconnue, en allant &
venant par la France avec ses Trouppes, à la Venuë de l'Empereur en
Champagne & à St. Dizier, il luy
pardonna encore. Il fut mis dans la
Bastille, & en fut quitte pour trente
mille Escus de Rançon. Il y eut aucuns grands Capitaines, qui dirent &
opinérent, qu'il ne devoit estre traitté ainsi en Prisonnier de Guerre, mais
en vray & vile Espion, comme il en
avoit fait la Profession: de plus, qu'il
en estoit quitte à trop bon Marché
par sa Rançon; car, ce n'estoit pas
le moindre Larcin qu'il avoit fait en
France, de l'une de ses Monstres.
Enfin, il fut mieux traitté qu'il ne
méritoit, disoit - on.

L'Empereur ne s'y fioit point
autrement, ny en luy, ny en ses Gens:
& mesme, quand il leur commanda
de s'aller jetter dans Vitry, pour la
garder, & pour favoriser les Vivres
de son Armée: tant s'en faut, après
qu'ils eurent tout mangé, & goufpil-
lé, quatre Compagnies, qu'on avoit
laissé dedans, y mirent le Feu & le
bruflérent; dont le Nom y est encore de Vitry le bruflé. Et puis ils
s'en retournérent au Camp trouver
les autres Trouppes: dont l'Empereur
A 2

en-

entra en extrême Colere, fans pourtant en faire Juſtice ; mais, il patienta
fort ce Coup-là, pour avoir affaire de ſes
Gens ſur l'Entrée d'une Guerre & d'un
Pays. Ce Trait méritoit d'eſtre puny à
toute Outrance de Rigueur : ce ſont
des Coups de Patience & de Néceſſité.

PAUL JOVE parle d'un certain
Vulcan (*a*) Fils du Comte de Furſtemberg, qui fut tué à la Battaille
de Cériſole. Je ne ſçay s'il eſtoit
Fils de ce Comte Guillaume, dont
nous parlons ; mais, il l'avoit pris,
ou ſon Parrain, pour luy, un Nom
eſtrange que de Vulcan (1). Pluſieurs
Italiens, & aucuns Allemands, ſe plai-
ſent auſſi à prendre des Noms antiques de ces braves Romains, dont
j'en nommerois une infinité ; mais,
ils n'en prennent nullement de Dieux
antiques & payens (*b*), comme de
Saturne, Jupiter, Bacchus, Mars,
Plu-

(*a*) C'eſt apparemment *Wolfgang*, Nom Allemand.

(1) *Je crois qu'il faudroit lire :* Mais, il
avoit pris, ou ſon Parrain pour lui, un Nom [*auſſi*]
eſtrange que [*celuy*] de Vulcan.

(*b*) Les Italiens n'ont-ils pas eu dans le
même Siécle leur *Hercule* d'Eſt, Duc de Ferra-
e, & les François leur *Diane* de Poitiers ?

Pluton, Radamante, & autres Dieux controuvez. Cettuy - cy, pourtant, ſe nomma Vulcan , comme du Nom de Mercure il s'en eſt veu en France; mais, c'eſtoit un Nom de Place & Seigneurie, mais non pas un Nom de Bapteſme. Je croy que ce Nom de Vulcan, & le Surnom de Furſtemberg, n'euſſent guéres ſervy, ny l'un, ny l'autre à le ſauver, s'il fuſt tombé vif entre les mains des François. Pour le (1) Vulcan , c'eſtoit pour faire Peur aux petits Enfans ; &, pour celuy de Furſtemberg , il eſtoit trop haï , & en Horreur aux François, ſe ſouvenans des Maux que ce Nom avoit apporté en France, & qu'eux - meſmes peut - eſtre en avoient ſouffert. S'ils le prirent en vie, & le depéſchérent auſſi - toſt, ou bien s'il demeura mort au Combat, cela eſt incertain: mais, ils eurent de la Joye de le voir eſtendu par terre. Ainſi ſe font les Vengeances.

(1) Nom de

DISCOURS TRENTE-ET-UNIESME.

MARTIN DE ROSSEN.

IL y eut aussi ce brave MARTIN DE ROSSEN, très-bon Capitaine, estant au Service du Duc de Cleves. Il se fit voir en plusieurs belles Expéditions, qu'il fit contre l'Empereur, & aucuns de ses Capitaines ; comme le Prince d'Orange, & autres, qu'il deffit, & donna jusques aux Portes d'Anvers (1), où il brusla la Moitié des Fauxbourgs. Mais, aussi, il avoit avec luy Monsieur de Longueval, brave Capitaine, que le Roy luy avoit envoyé avec une bonne Trouppe de François, mais petite pourtant:

(a) Il pouvoit (*Martin de Rossen*, ou plûtôt *Roscheim*) s'emparer de la Ville ; mais, emporté par les plaisirs, il en négligea l'Occasion, & se fit moquer de lui. Hubert Thomas, *Vie de Frédéric II. Elect. Palatin* pag. 248. Roscheim mourut de la Peste à Anvers en 1555.

tant: &, sans luy, ledit Martin Rossen possible n'en eust pas tant fait.
Enfin, Duren estant prise d'Assaut, &
le Pays de Gueldres réduit à la Dévotion de l'Empereur, il pardonna
au Duc de Cleves & audit Martin
Rossen: &, pour sa Valeur, le prit
à son Service & à ses Gages; & il
luy mena de belles Trouppes en Champagne, & à St. Dizier. Ainsi alla la
Fortune de Guerre en ce Capitaine;
aujourd'huy pour le Roy, & le lendemain pour l'Empereur.

DISCOURS TRENTE-DEUXIESME.

LE COLONNEL FRANS-BERG.

AVANT tous ceux-là avoit esté au
Service de l'Empeureur le Colon-
nel FRANSBERG (*a*), qui avoit ses
Troup-

(*a*) Nos Historiens, & même Cluverius, Allemand, dans son *Abregé de l'Hist. Univer-*
selle, sur l'Année 1527. le nomment *Frunsberg*:
supposant peut-être, qu'il étoit Seigneur du Château de *Frundsberg* en *Wasgow*; Pays, qui, selon Munster en sa *Cosmographie* 1556. p. 512.

Trouppes avec Monſieur de Bourbon à la Priſe de Rome, leſquelles toutes eſtoient affriandées à la Religion de Luther. Auſſi, elles le firent bien paroiſtre envers les Preſtres & Gens d'Egliſe, auxquels ils ne pardonnérent jamais, qu'ils ne paſſaſſent le Pas, tant qu'ils en trouvoient : de ſorte qu'on dit, & eſt eſcrit, que tel Soldat Allemand & Capitaine ſe trouva, qui avoit une Chaine, & la portoit, enfilée de ſoixante & dix Teſticules de Preſtres. En nos prémieres Guerres Civiles s'en ſont auſſi trouvez pluſieurs, tant Soldats que Capitaines, qui en ont porté de telles ; & meſmes un Gentil-Homme d'Anjou (*b*), que je

ne

commence où finit l'Alſace, & s'étend juſqu'au Rhin. Mais, ſuivant le même Auteur pag. 63., ſon Nom étoit *Freundſperg* (*George*) qu'il tiroit d'un ſien Château ſitué auprès de Schnawat dans l'Etſchland. Il étoit pareillement Seigneur de Mindelheim, de Petersberg, & de Stertzingen au Païs d'Algow dans la Suabe : & *Gaſpard*, ſon Fils, Chef des Lanſquenets de la Garniſon de Milan, fut ſucceſſivement Seigneur des mêmes Lieux. Le Pere mourut en 1528, & le Fils en 1536. Voyez auſſi les *Mémoires de du Bellai L. 3*.

(*b*) René de la Rouvraye, Sieur de Breſſaut, qui eut le Cou coupé à Angers, dans le Tems du Maſſacre.

ne nomme point : dommage pourtant,
qu'il *s'* addonnaſt à cela ; car , il eſtoit autrement Gentil-Homme de
bon Lieu , & brave , & vaillant.

Cᴇ Fransberg, ayant ſçeu qu'on tiroit vers Rome , avoit fait faire une belle Chaine d'Or, exprès , diſoit - il,
pour pendre & eſtrangler le Pape de
ſa propre Main : parce qu'à tous Seigneurs tous Honneurs ; & , puis qu'il
ſe diſoit le prémier de la Chreſtienté ,il luy faloit bien déférer un peu plus
qu'aux autres. On dit auſſi , que s'il
y euſt eſté au Commencement de la
Priſe , que les Cruautez s'y fuſſent
encore exercées plus énormes qu'elles
ne furent; car , il eſtoit très-cruel &
mortel Ennemy du Pape & des Catho-
liques : mais, il eſtoit demeuré à Ferrare , malade extrêmement de ſes Gou-
tes. Qu'euſt-il fait de pis qu'il s'y
fit, s'il n'y euſt mis le Feu pour l'em-
braſer toute ? Dieu ne le voulut pas,
pour avoir eſté, & pour eſtre encore,
le Chef du Monde, ou pour le moins
de la Chreſtienté. Et puis, les Gots,
& Viſigots, l'avoient desjà aſſez viſi-
tée autres fois de Feux & de Ravages , de-ſorte qu'elle demeura un
long-temps deſerte & deshabitée.

Eᴛ où ſe tenoit donc le Saint Pere
A 5 alors ?

alors? disent quelques-uns de la Religion. Dieu le gardoit, colloquoit, & assistoit, ailleurs : tant il sçait bien garder les siens, où il luy plaist. Et il faut encore noter une Chose, que si les Gens & Lansquenets de ce Fransberg firent du Mal à Rome, ils en firent bien autant à Naples, quand ils y furent assiégés & enserrez : car, lors qu'ils y entrérent, il y avoit des Vivres & des Vins pour deux Ans ; mais, ils gouspillérent, beurent, & mangérent tout, avec une telle Gloutonnerie, que, sans le Malheur qui arriva à Monsieur de Lautrec, & à toute son Armée, de Maladies, & de Peste, la Ville estoit troussée, & la Prophétie de Monsieur de Lautrec accomplie, qui disoit tousjours, qu'il les auroit la Corde au Col : car, les Vivres y failloient dedans estrangement, jusques à une Poulle qui y valoit cinq Escus, un Poullet deux, le Pain de mesme ; dont il faloit bien se rendre, ou mourir de Faim.

DE-SORTE que j'ay ouy dire à de grands Capitaines, que les Lansquenets ne sont pas trop bons renfermez dans une Place, pour estre mal réglez, & fort sujets à leur Bouche (1). Je m'en

rap-

(1) Voïez ci-dessus Tome IV, pag. 307, 308.

FRANSBERG, *Discours XXXII*. Il rapporte à Antoine de Leve dans Pavie; que s'il n'euſt joüé un Tour de ſon Eſcrime, comme j'ay dit en ſon Lieu (1), il eſtoit perdu : au Comte de Mansfeld, dans Yvoy, le Tour qu'ils luy firent, & dont il s'en plaignoit fort. La Seigneurie de Sienne, avec Monſieur de Montluc, s'en ſçeut gentiment deffaire dans leur Ville : autrement, ils eſtoient perdus de Réputation & de Vie. A la Campagne, & aux Siéges, ils ſont très-bons, & combattent très-bien, quand ils ont eſté aguerris un peu.

C'eſt aſſez parlé de ces Colonnels Allemands : que ſi je les voulois tous ſpécifier, je n'aurois jamais fait ; & ce me ſeroit auſſi une grande Honte, d'en eſcrire tant, puiſque tant d'Hiſtoires en parlent. Il faut parler auſſi des braves Italiens, deſquels tout de meſme qu'il y a eu de bons & de braves Capitaines parmy les Eſpagnols & Allemands, comme j'ay dit cy-devant, ſous l'Empereur & le Roy ſon Fils, il y en a eu auſſi de tous pareils de cette brave Nation, comme ces Médicis, ces Colonnes, ces Urſins, ces Gonzagues, ces Baillons, ces Malateſtes,

(1) Ci-deſſus Tome IV, pag. 147.

testes, ces Vitilles, ces Martinengues, ces Dories, ces Malespines, ces Spinolas Gennois, desquels est sorty ce grand Marquis de Spinola, aujourd'huy l'Espouvante des Pays-Bas, qui ne doit rien à ses braves Prédécesseurs, voire les surpasse en tout, duquel je parleray ailleurs à son tour; bref, une infinité d'autres. Je ne suis pas pour spécifier tous ceux que j'ay dit, sortis tous de très-nobles, illustres, & vaillantes Familles, de Pere en Fils; car, j'entreprendrois un Oeuvre trop grand & difficile pour moy. Je diray seulement, qu'au Combat naval, fait devant Naples assiégée, Faramosqua y mourut combattant bravement; Ascanie Colonnel (1) y fut pris; Philippes Cerbeitton (2) y fut pris aussi: & force autres grands Capitaines y firent très-bien, ausquels les Espagnols ne firent point de Honte.

A u Siége de Florence furent, & accompagnérent le Prince d'Orange, PierreLoüis Farnese, le Comte Rosse de Sansegondo, Aléxandre Vitelli, Joan-Battista Savelli, Martin Colonne, & son Parent Camille Mutio, Birro de Stipicciano, le Seigneur Scalinge, Aztezan

(1) Ascagne Colonne, *peut-être.*
(2) Cerbellon, *apparemment.*

tezan Braccheo , & Sforza Freres, Malatefta, le vieil Capitaine Joan Saffatello de Romagne, Hyeronimo de Trani , & force autres; lefquels tous firent - là bien paroiftre leurs Valeurs. Auffi avoient - ils à faire à de très-braves & vaillants Capitaines de ceux de dedans, qui le montrérent bien en une infinité de Combats : & mefme en une Sortie que fit un jour le déterminé Jean de Thurin , duquel je parle ailleurs , avec Bartholomé de Fauno , Jacobeto Corfo , & autres braves Capitaines : dont il fervit bien à ceux de dehors de fe bien défendre. Cipfa Pifan, Boniface de Parme , Roffo & Aléxandre Vitelli , y furent fort bleffés, & Sciara Colonne auffi.

Pour le Voyage de la Goulette s'y trouvérent auffi force braves Capitaines, comme fut Spinello Caraffa ; & le vaillant Comte de Sarne, qui fut tué devant le Fort , en une furieufe Sortie qu'y fit Salec commandant dedans, contre ledit Comte , qui, allant reconnoiftre la Place, fut bien rembarré avec les fiens, jufques dans fes Tentes & Pavillons, où ils pillérent, & Meubles, & Vaiffelle d'Argent. Et après, ledit Comte eftant tué , ledit

                          Sa-

Salec luy fit couper la Tefte , & l'envoya à Barberouffe pour Préfent , dont il fut bien joyeux ; car , ledit Comte luy avoit fait la Guerre ailleurs , vers la Barbarie. Les Efpagnols ne furent pas marris de la Deffaite de ce Comte , & des Italiens (que c'eft que d'Envie !) d'autant qu'il avoit demandé au Marquis du Guaft cette Faveur de faire la prémiere Pointe pour reconnoiftre la Place ; ce qu'il luy accorda volontiers pour fa Valeur, qu'il avoit fouvent fait paroiftre , & auffi parce qu'il l'aymoit. En quoy le Marquis les tança fort, de s'esjoüir, & fe rire, du Mal d'autruy ; & mefme eftans-là tous pour le Service de l'Empereur & du Général.

QUELQUE temps après , les Efpagnols n'eurent pas grande Occafion de fe rire des Italiens , à l'Affaut & à la Prife de la Ville de Duren , que fit l'Empereur, y eftant & comparoiffant en Perfonne, armé de toutes Piéces, avec une Cafaque de Drap d'Or, tant pour bien paroiftre & animer fes Soldats, que pour l'Envie qu'il portoit à cette Place , & pourla Vengeance qu'il en vouloit avoir. Auffi & les uns & les autres combattirent bien , par une généreufe Jaloufie : car , le Jour de
l'Af-

l'Aſſaut eſtant venu, & la Breſche faite, tous faiſans à l'envy, ſans en attendre le Signal & le Commandement
de l'Empereur, ny de Ferdinand de
Gonzague, Général de Sa-dite Majeſté,
paſſant le Foſſé plein d'Eau, montérent & donnérent l'Aſſaut ſi furieuſe-
ment, & combattirent ſi opiniaſtre-
ment, qu'enfin ils emportérent la Place; non ſans y eſtre demeurez morts
plus de cinq cens Hommes, tant des
Eſpagnols que des Italiens, ſur le Rampart & à la Breſche: auſſi, ayant tout
forcé, ils tuérent tout tant qu'ils peurent pour la Vengeance de leurs Compagnons, & de leurs Capitaines.

Ils eſtoient commandez par Eſtien-
ne Colonne, envoyé par le grand Coſme de Médicis à l'Empereur: lequel,
pour ſa Suffiſance & ſon Mérite, le
fit-là Meſtre-de-Camp de toute l'Infanterie Italienne, montant à quatre
mille Hommes, dont il s'acquitta très-
dignement; & Camille Colonne, & Antoine Doria, qui avoient de belles
Trouppes, & eſtoient de bons Capitaines, ne deſdaignérent par de luy
obéyr. Dom Alvaro de Sande, & Ludovic Perez, commandoient aux Eſpagnols, montans à autant que les Italiens. La Ville eſtant priſe, & le
Com-

Combat & Maſſacre ceſſé, y pilla qui put,
dont s'en enrichirent fort les Soldats
de l'Empereur, qui vit donner l'Aſ-
faut en eſtant fort près, loüa publiquement entr'autres Italiens, pour a-
voir vaillamment combattu & bien fait,
un Facio de Piſe, & un Sanſeverin de
Naples, morts ſur la Place.

Il loüa auſſi fort deux Alfiers ou
Ports-Enſeignes, l'un Navarrois nommé Randolazzo, & l'autre Gennois
nommé Gregorio, qui demandérent a-
près l'Honneur & la Récompenſe de
la Couronne murale, comme jadis firent ces braves Romains : parce que
tous deux conteſtoient avoir monté ſur
la Muraille des prémiers ; & , de fait,
en produirent leurs Teſmoins, eſtant
les Affections de chacun des deux Pays
fort addonnez à la Faveur de l'un &
de l'autre. L'Empereur en remit & dif-
féra ſa Sentence, pour n'offenſer ny
l'un ny l'autre, & les entretint long-
temps en Longueur & Suſpens, & en
bonne Eſpérance à tous deux, de peur
que par ce Combat ne s'engendraſſent
de chacun coſté des Haynes & des Envies, qui peuſſent venir à quelque
Mutinerie. L'Empereur, en ce Trait,
comme en pluſieurs autres, monſtra
ſa Sageſſe ; car, il y avoit aſſez dequoy

quoy s'animer des deux Coſtez : où
il acquit grande Loüange, mais encore plus grande, d'avoir conquis bravement cette Ville, & mieux fait que
ne firent les Cohortes Romaines de
Jule Céſar, ſous Caïus Geta & Titu-
rius Sabinus, qui y furent deffaites,
& miſes en Piéces des Gens de cette
Contrée. Cela ſe trouve dans les Hiſtoires.

Il y eut auſſi des Italiens à l'Entrepriſe d'Alger : mais, ils coururent Fortune en une Saillie, que leur fit faire
Aſſan Aga commandant dedans ; &,
ſans qu'ils furent bravement ſecourus,
ils eſtoient mal. Ils eſtoient commandez & menez par Camille, brave &
vaillant Capitaine. Il ſe lit, & ſe dit,
que l'Empereur ſe repentit fort à ſon
Siége de Saint Dizier, qu'il n'avoit
amené des Trouppes d'Italiens ; parce qu'il les avoit veu faire ſi vaillamment au Siége de Duren, & que là
ils euſſent fait de meſme, & euſſent
autant déchargé ſes Eſpagnols, qu'il
aymoit tant, & vouloit tant eſpargner :
car, ils y furent bien eſtrillés, battus,
& grillés d'Artifices à Feu, juſques au
nombre de cinq cens.

Or, c'eſt aſſez pour ce Coup parlé
d'eux :

d'eux : &, pour conclure, je diray un Mot de ce brave & vaillant Jeannin de Médicis , & du grand Cofme de Médicis.

DISCOURS TRENTE-TROISIESME,

JEANNIN DE MEDICIS, ET COSME, SON FILS, DUC DE FLORENCE (1).

JEANNIN DE MÉDICIS , pour fon Commencement , fervit très-bien l'Empereur , & tint fon Party. Il fe fit fort connoiftre fous le Marquis de Pefcayre ; de - forte qu'il emporta en un rien le Prix d'eftre un très - bon Capitaine , & mefme pour les Gens de Pied, & mourut en l'Age de vingt - deux Ans, venant à vingt trois, eftimé & tenu pour tel, ce dit Guicciardin ; mais, les autres le montent à plus d'Années, comme je diray cy - après. Il eftoit Nepveu du Pape Léon :

____

(1) Voïez ci deffus , Tome I , pag. 41 & 42, divers Illuftres de la Maifon de Médicis.

Léon : & , pour le Regret qu'il en eut , il fit faire toutes ſes Enſeignes noires ; de - ſorte que ſes Trouppes n'eſtoient autrement nommées que les Bandes noires , & par-tout où elles furent employées , elles faiſoient fort parler des Bandes noires.

Il quitta après le Service de l'Empereur , & s'en vint tousjours avec ſes Bandes noires au Service du Roy François , qu'il ſervit très - bien , & tant qu'il veſcut. Toutesfois , il fit une grande Révolte dans Crémone , contre Monſieur de l'Eſcu , pour l'amour de la Compoſition , que ledit Monſieur de l'Eſcu fit ſans ſon Sçeu : que s'il ne l'euſt appaiſé , le Roy le perdoit ; & il euſt bien fait du Mal avec ſes Trouppes , diſent les Eſpagnols , qui ne demandoient pas mieux. Du depuis , il ſervit fort bien le Roy en tous les Lieux où il ſe trouva ; & meſme au Siége de Pavie , là - où il fut fort bleſſé d'une Arquebuſade en une Jambe , dont il falut qu'il ſe retiraſt pour ſe faire panſer. Il fut trouvé fort à dire à la Battaille de Pavie , d'autant qu'il ſçavoit fort bien faire combattre l'Infanterie , & ſçavoit de quelle Façon auſſi combattoit l'Eſpagnol : ſi - bien qu'on luy euſt mieux

fait

fait Tefte qu'on ne fit, s'il y euft efté.
Auffi le Roy François le fçeut bien
dire & regretter, & que s'il euft efté
là, que l'Infanterie Efpagnole n'euft
pas fait tel Efchec qu'elle fit : combien qu'il fe mefcontentaft fort de fes
Capitaines (j'en parle ailleurs) qui luy
avoient defrobé tant de Payes, que
penfant avoir des Gens ce Jour-là de
ce Cofté, il n'en trouva que peu, tant
ils avoient payé les Commiffaires de
Paffe - volans.   Au bout de quelque
temps, luy eftant guéry, & retourné
à fervir le Roy, il eut encore une
grande Arquebufade dans la Jambe-
mefme, qui avoit efté bleffée : &,
ainfi qu'il fut arrefté de la luy couper, on luy annonça l'Arreft, & qu'il
faloit avoir des Gens pour le tenir
ferme, & luy couvrir la Face & les
Yeux. Il leur dit : *Coupez hardiment ;
il ne me faut perfonne pour me tenir :
car, vingt Hommes ne me pourroient pas
tenir, quand ils l'auroient entrepris. Parquoy, coupez.* Et luy - mefme prit la
Bougie, & la tint, tant qu'on luy
coupa, le Duc de Mantoüe eftant
préfent.   Et, penfant eftre guéry,
le Mal s'empira de pis en pis : &,
venant à la Mort, il dit feulement
ces Paroles : *Et comment faut - il que*
je

je meure icy entre les Emplaſtres ? Ce m'eſt un grand Deſpit. Et, ſe tournant de l'autre Coſté , il mourut à Mantouë, en l'Age de vingt-huit Ans, l'An mille cinq-cens vingt-ſix, (ainſi que diſent les Hiſtoires Eſpagnoles,) eſtant eſtimé l'un des grands Capitaines de toute l'Italie, & pour tel regretté. Et jugez, que, s'il euſt fourny ſes Ans ſelon le Cours, il ne fuſt jamais un tel Italien : car, il avoit toutes les Vertus d'un grand Capitaine ; &, ſur-tout, il eſtoit Compagnon de tout le Monde & très-libéral.

CE brave & vaillant Juan de Médicis laiſſa après luy , de ſa Femme, très-honneſte & ſage Dame, la Signora Maria Salviati , un brave Fils comme le Pere , qui fut ce grand COSME DE MÉDICIS , que nous avons veu de nos Temps ſi renommé & ſi grand Homme d'Eſtat, ſi ſage, & ſi adviſé , qu'il ne s'en eſt veu un pareil à luy de nos Temps : ainſi qu'il le monſtra, lors qu'il ſe fit, & s'inſtalla, Chef de la République de Florence, & puis Duc, & puis Grand-Duc, qu'aucuns appelloient Grand-Duc de Toſcane , d'autres Grand-Duc ſimplement.

DE

De raconter fa Valeur, fon Affeurance, fa Prudence, & fon fage Tem-
porifement, comme il parvint à cette
Principauté , n'ayant que dix - huit
Ans, ce feroit Chofe fuperflue, & une
vaine Redite à moy , puis que Paul
Jove en a fait le Difcours auffi-beau
qu'il eft poffible. Je diray feulement
un Mot. Ainfi qu'il afpiroit à cette
Principauté , un jour qu'il partit de fa
Maifon, pour en fçavoir la Réfolution
du Confeil, qui fe tenoit pour cette
Affaire, fa Mere le voulut retenir pour
l'empefcher de cette Attente, craignant qu'il ne luy en arrivaft Mal;
veu que les Florentins ne defiroient
rien tant que le Recouvrement de leur
Liberté, & qu'il luy en pourroit arriver pareil Inconvénient qu'au Duc
Aléxandre. *Ah! ma Mere*, luy dit-
il, *ceffez, je vous prie, de me perfuader plus. Il faut réfolument que j'aille
où la Fortune m'appelle , en me monftrant benignement quafi du Doigt l'Occafion pour venir à cette fouveraine Dignité , qui eft très - honorable & très-
néceffaire à toute noftre Maifon. Que
fi j'en perds l'Occafion, & n'en fais
Compte , elle n'eft plus pour retourner
après moy. Il ne faut pas qu'une Peur,
& qu'une vaine Appréhenfion, m'empef-*
che

che d'entendre. à moy & à mon Pro-
fit ; veu que ce n'est point contre le
Ciel, pourquoy j'aspire à un tel Bien
qui se présente, pour vertueusement &
vaillamment faire véritable mon Destin
fatal ! Belles Paroles certes & coura-
geuses ! Et il disoit cela, en se souve-
nant qu'un Devin Grec, je ne sçay si
c'est celuy que j'ay veu, ou son Pere, très-singulier en cet Art, luy regardant la Main, luy avoit prédit une
Succession de très-grande Dignité &
opulente ; comme de fait le Devin
n'y faillit, ny la Fortune. Car, il fut
pour le commencement créé Chef de
la République de Florence, n'ayant
pour son Estat que douze mille Escus
par An, où son Prédécesseur en avoit
dix-huit mille.

Pour fin, ce brave Prince se
comporta si-bien avec son Temporisement, sa Conduite, sa Prudence, &
sa Valeur, qu'avec le temps il se rendit paisible Duc de Florence ; non sans
grande Peine & Travail pourtant, à
cause des Bannis de Florence, & sur-
tout des Strozzy, & Philippes, ses Enfans, & autres, desquels il vint à
bout enfin, comme j'en parle ailleurs.
Et ce qui luy ayda fort, ce fut la
Vengeance qu'il fit de la Mort de
son

son Prédéceffeur, Aléxandre de Médicis, fur le Parricide; qui, s'en eftant enfuy en France, le Roy François ne le voulut recevoir ny receler, tant il eftoit magnanime. Puis, s'eftant retiré à Conftantinople, & ayant fenti le Vent que ce grand Sultan Solyman le vouloit livrer à la Vengeance, pour l'Enormité du Fait, il s'enfuit à Venife; où eftant retiré, il fut tué par deux déterminez Soldats de Vollerie, où il y en a tousjours de bons : l'un s'appelloit Bedo, qui avoit efté de la Garde dudit Aléxandre ; & l'autre, Cecchin de Bibonna. Et ainfi ils vengérent la Mort de leur Maiftre, volontairement, de leur propre Gré & Mouvement, fans avoir voulu prendre ny toucher tant foit peu le Salaire de fept mille Efcus, ordonnez par le Sénat à ceux qui tueroient ce Parricide, & en vengeroient la Mort. Grande Loüange certes à ces deux braves Soldats, pour avoir vengé la Mort de leur Maiftre, fans aucune Avarice, fi-non pour une grande Magnanimité de Cœur. Ah braves ! Vous eftes morts comme mortels; mais, voftre Los vous rend immortels, & n'en rend nuls efgaux à vous en pareilles Vengeances, foit de leurs Maiftres, ou de leurs Capitaines.

IL

Il faut fçavoir auffi, que fi ce Parricide fut detefté d'aucuns & abhorré, il fut auffi loüé d'autres, comme il y a tousjours divers Cerveaux, jufques à comparer le Meurtrier à Brutus, pour avoir voulu remettre la République en fon Entier ; dont plufieurs furent bannis de Florence, & plufieurs auffi fe bannirent d'eux-mefmes, non fans grand Danger de la Vie dudit Cofme : & bien luy fervit de prendre garde à luy, & de fe tenir couvert fouvent d'une Jacque de Mailles, & un longtemps monftrer une brave Façon & très-affeu- rée, comme il l'avoit certes, & toute martiale ; & qui portoit auffi-bien fon Efpée à mon gré à fon Cofté, qu'il eft poffible, ne l'abandonnant jamais : de, forte qu'il euft falu que celuy-là fuft bien réfolu, qui l'euft ofé atta- quer, non pas mefmes deux ou trois, qu'il ne leur euft fait courir Fortune auffi grande qu'eux à luy. Car, il y eftoit réfolu, difoit-il, de vendre bien chérement fa Mort. Dont il avoit fou- vent de grands Avertiffemens de grands Attentats qu'on luy préparoit ; jufques- là que luy, aymant fort le Plaifir de nager (car il nageoit des mieux) & de fe jetter du haut du Pont de l'Arne en bas, on luy avoit préparé une fois

Tome V. B des

des Espées très - pointues & des Dagues
dans le Fond du Fleuve , fichées en
Terre , afin que , comme il se jette-
roit en bas , il trouvast les Pointes de
ces Espées en l'Air , qui le lardassent
& le fissent ainsi mourir. Mais, cet
Aguet fut descouvert , &, dit - on , par
luy - mesme , qui vit les Espées du haut
en bas avant que de s'y jetter ; &,
par ainsi , il sauva sa Vie , & fit mieux
regarder par après : car, tousjours il
aymoit fort ce Plaisir , comme j'ay dit ;
&, pour cela , il ne s'en priva pas. J'ay
ouy faire ce Conte dans Florence mesme.   Bref , ce brave Prince eut de
grandes Traverses de toutes Parts ; voire son Beau - Pere Pedro de Tolede ,
qui eust bien voulu luy faire perdre
son Estat , s'il eust pu , dont je parle
ailleurs.

ENFIN , la Fortune qu'il avoit
trouvée si bonne par son Ascendant,
luy continua si-bien sa Compagnie , que,
de trois grandes Républiques , il en fit
& en composa une seule Principauté
& Souveraineté , qui est Florence ,
qui s'est fait craindre & rechercher
des plus Grands de la Chrestienté.
Sienne , Ville Impériale , composée de
très - braves & vaillans Gens de Cœur
& de Guerre , Citadins & Gentils-
Hom-

Hommes, ploye ſous luy maintenant, & ſe mocque de l'Empereur & de ſon Empire, & la luy détient à ſa Barbe. Et Piſe, cette brave République, dis-je, qui a fait trembler par ſes Vaiſſeaux & ſes Armes le Levant, & ſes Voiſins auſſi, juſques à avoir poſſédé le Royaume de Sardaigne. Auſſi diſoit-on du Temps paſſé, Paris en France, Milan en Lombardie, Rome en Italie, & Piſe en Toſcane. Voilà donc maintenant toutes ces trois belles & floriſſantes Républiques à rien : jadis ſujettes à perſonne qu'à elles-meſmes, leurs Libertez ſont ſous le Joug & les Loix de ce grand Prince Coſme, qui, par ſes Valeurs, Vertus, Mérites, & ſage Conduite, fut prononcé par le Pape Paul cinquieſme Grand-Duc (1), comme j'ay dit, avec juſte Titre, occupant & tenant un ſi-beau Pays, de grandes & quaſi royales Places & très-opulentes : ſi-bien qu'on dit que ſon Revenu eſt monté à plus de deux Millions d'Or, ſans un grand Tréſor & infiny, qu'il laiſſa à Meſſieurs ſes Enfans, très-grands & habiles Perſonnages, les deux aiſnez Héritiers, l'un

par

(1) Pie cinquieſme, *faloit-il dire*, en 1569. Paul V étoit du Siécle ſuivant.

B 2

par la Mort du prémier , qui eſt le
Grand - Duc d'aujourd'huy , que l'on
tient pour un très - grand & ſage Homme d'Eſtat ; qui pourſuit les Erres ,
Exemples , & Enſeignemens de ſon Pere ; duquel il faut dire , tant qu'il a
veſcu , avoir fait tousjours de belles
Choſes , & pour la Chreſtienté , &
pour le Service de l'Empereur ; ainſi
qu'il envoya un beau Secours de huit
cens Chevaux , conduits par ce brave
Aſtolphe Baillon , au Marquis du Guaſt,
pour la Battaille de Cérizole : & encore après il envoya un autre beau
pour la Guerre d'Allemagne : aſſiſta
auſſi de tout ce qu'il eſtoit poſſible le
Marquis de Marignan , pour le Siége
de Sienne , & principalement de Vivres ; ſi que l'Armée n'y eut pas grande Néceſſité.   Et s'il y euſt peu aſſiſ-
ter de ſa Perſonne , il ne deſiroit autre choſe ; & s'il euſt pu par ſon Abſence eſtre aſſeuré d'ailleurs de ſon
Eſtat de Florence , il n'y euſt pas failly ; car , il avoit le Cœur très - valeureux.

Lorsque Barberouſſe retourna de
Provence avec ſon Armée , & qu'il
voulut mettre pied à terre ; (comme
de fait il le fit , & commençoit à piller & ravager la Toſcane , par les Sac-
cage-

cagemens & Bruſlemens de Talmon (*a*)
& de Port Hercule, & qu'il eſtoit près
d'achever par la Priſe d'Orbitelle ;)
ce brave Prince y envoya un fort beau
Secours de Cavallerie & d'Infanterie,
conduite par ce brave & vaillant Capitaine le Seigneur Vitelly, qui s'y
jetta déterminément dedans pour la
défendre, tant contre ledit Barberouſſe, que contre les Strozzy, conduits par Léon Strozzy, qui, depuis
Prieur de Capouë, fut donné par le
Roy François audit Barberouſſe, pour
Coadjuteur, & puis Ambaſſadeur vers
Solyman. Ce beau Secours les eſtonna ſi-bien, & meſme cette belle
Cavallerie, tousjours coſtoyant la Mer,
que ledit Corſaire fit retirer ſes Gens
en Galeres, & leur fit faire Voile : de-
ſorte que, ſans cette belle Prévoyance,
& ces belles Forces de ce Grand-
Duc, il ne faut point douter que toute la Coſte de Toſcane, voire encore
plus avant, n'euſt eſté au Sac & au
Feu.

Ce n'eſt pas cette fois ſeulement,
qu'il fit la Guerre aux Infideles, mais
d'un ſaint Zéle l'a continuée : ſi-bien
qu'il a tousjours entretenu ſept ou huit
Ga-

(*a*) Talemone, Port de Toſcane.

B 3

Galeres, & bien armées de Gens, de Vivres, & de toutes Chofes neceffaires pour un bon Armement de Mer, allant tousjours en Cours, & faifant tousjours quelques Prifes ; de-forte que les Corfaires les ont autant redoutées, qu'aucunes de la Mer, après celles de Malthe. Et, pour mieux les armer, il érigea un très-beau & faint Ordre de Chevaliers de Saint Eftienne, dédiés & deftinez pour cette Guere ordinaire des Infideles, & leur en donna de fort belles Commanderies & Penfions, qui les entretenoient fort bien. Grande Obligation certes, que la Chreftienté luy en a, & à fa Mémoire, pour jamais. Ce que continue encore Monfieur le Grand-Duc fon Fils d'aujourd'huy. De plus, il avoit un Gallion, des plus beaux & des mieux armez que j'en aye jamais veu, qu'il envoyoit tous les Ans au Levant, fans Crainte d'aucuns Gallions qui l'ayent attaqué, ou qu'il ne s'en foit bien défendu & efchappé. Car, il y avoit dedans plus de deux cens Piéces d'Artillerie. Je l'ay veu comparable à celui de Malthe, que j'ay veu auffi, très-beau certes, grand, & très-bien équippé.

Or, c'eft affez parlé de ce grand Prince. Après fa Mort, le Roy Henry III, & la Reyne fa Mere, luy firent
rent

rent faire de fomptueufes & magnifi-
ques Obfequës, & pareil Service, à
Notre Dame de Paris, comme fi c'euft
efté à un Roy eftranger. J'eftois lors
à la Cour, qu'aucuns plaignirent fort,
& d'autres non : mais, pourtant, tous
efgalement ne fe pouvoient garder de
le loüer à toute extrémité, & le dire
un très-grand Perfonnage en toutes
Façons, & qui avoit acquis un grand
Bien & Honneur en fa Vie, fans y
avoir fait aucune Faute.

DISCOURS TRENTE-QUATRIESME.

DOM PEDRO DE TOLEDE.

Puisque j'ay nommé cy-devant Dom Pedro de Tolede, il
en faut un peu parler & le loüer :
car, ç'a efté un très-grand Homme
d'Eftat, d'Affaires, & de Conduite,
très-fage & très-avifé. Auffi l'Empereur Charles le laiffa en Efpagne,
lors qu'il s'alla faire couronner à Boulogne, pour gouverner ; où il s'y comporta certes plus modeftement, que

Mon

Monfieur de Chiévres, comme on dit:
car, durant fa Charge, il n'y arriva
nulle Révolte ny Sédition; bien qu'on
le tint pour brouillon, remuant, &
fi fort attentif au Bien de fon Maiftre,
qu'il fermoit les Yeux à tout, pourveu qu'il le puft fervir & aggrandir;
jufques à n'efpargner fes Gendres le
Prince de Salerne, & ce grand Cofme, ce que j'ay ainfi ouy dire à Florence.

Il voulut ériger une Inquifition à Naples, qui cuida eftre caufe de grandes
Révoltes : de-forte que j'ay ouy dire à
Naples & à Rome, que fi pour lors il
y euft eu un Ambaffadeur d'Efpée, & un
brave Capitaine au lieu de Montuille (1),
on euft esbranflé le Royaume, de mefme
que fut l'Eftat de Sienne par Monfieur
le Marefchal de Termes, eftant pour
lors à Rome & en Italie. J'en parle ailleurs. Car, ce Joug de l'Inquifition eftoit
infupportable, tant pour eftre nouveau,
que pour eftre fort fafcheux. Il fut auffi
caufe de la Sédition & Révolte de Sienne : car, il vouloit tout avoir pour
fon Maiftre, voire Florence, s'il euft
pu. Et s'il n'euft fait faire la Citadelle dedans Sienne, les Siennois fe
fuf-

____

(1) Morvilliers.

fuſſent mieux comportez, & n'euſſent eſlevez les Armes. Auſſi travailla - il fort pour la remettre en ſon Obéyſſance ; mais, ſur ces Entremiſes, il y mourut. Je ne diray point comment ; car, on en parle fort diverſement.

IL demeura Vice - Roy dans Naples plus de douze à treize Ans, la gouvernant très - ſagement, & la décorant de cette belle Eſtrade de Tolede, & de beaux Baſtimens, que l'on y voit encore aujourd'huy. Ce n'eſt pas tout que bien gouverner en Temps & Lieux paiſibles : mais, il la préſerva fort contre les Dangers & les Guerres ; cé qu'il fit fort bien , lors que Barberouſſe retourna de Provence. Il fit ſemblant d'en vouloir ravager les Coſtes du Royaume ; de - ſorte meſme, qu'il avoit desjà aſſiégé Pouſſol, qu'il euſt pris facilement, y ayant fait deſcendre & poſer ſon Artillerie , par Salec, brave & vaillant Corſaire, qui avoit bravement commandé dans la Goulette : mais, par la Valeūr & ſage Conduite dudit Dom Pedro , qui y eſtoit en Perſonne avec belles Forces , & meſme de Cheval, il en deſloga bien viſte, non ſans avoir porté Dommage aux Coſtes, & à quelques petites Iſlettes, qu'on avoit laiſſé comme aban-

don-

données, & sur (1) la pauvre Isle de Lipari, dont il emmena plus de sept mille Ames prisonnieres : & les Vestiges en paroissent encore ; car, c'est une très - pauvre Isle, & une miserable Habitation. Tant y a, qu'il servit bien à ce Dom Pedro d'estre - là prudent & valeureux ; car, le Royaume en eust bien pasty.

CETTE Race de Tolede a long-temps esté tousjours très - brave. Ils furent trois Freres, Dom Garzie, qui fut Lieutenant du Roy Ferdinand, & fut tué aux Gerbes. Le second fut Dom Juan de Tolede, Cardinal & Archévesque de Saint - Jacques. Le tiers fut Dom Pedro de Tolede, dont nous parlons.

CEUX de cette Maison, & ceux de Mendoza, ont esté long - temps en Querelles & en Guerre, tous très-braves & vaillans, qui ne se devoient rien les uns aux autres, & ont bien fait mourir des Hommes pour leurs Partialitez. J'ay veu la Place d'Albe, d'où ils sont sortis : c'est un Chasteau ancien, assis sur un haut, qui ne paroist pas pourtant avoir si belle Monstre que l'on diroit bien. Elle est sur

le

(1) sur-tout

le grand Chemin des Poftes, allant de Medina del Campo en Portugal. Ainfi que j'eftois à la Pofte, changeant de Chevaux, il me vint accofter un grand jeune Homme, de l'Age de trente Ans, maigre & efclandre (*a*), luy ayant demandé qui il eftoit, il me refpondit, qu'il eftoit au Duc d'Albe; & luy demandant dequoy il le fervoit, & s'il eftoit un de fes Eftaffiers, il me refpondit: *No, Señor, mas foy fu Correo à Piè* (1). Quelle Gloire! ne voulant proférer, qu'il fuft fon Laquais, ny fon Valet-de-Pied, ny Eftaffier, mais il dit qu'il eftoit fon Courrier de Pied. Je ne m'eftois jamais desjeuné de ce Mot: &, puis, entrant plus avant en Propos, il me dit qu'il eftoit Gafcon, près d'Agen, me parlant Efpagnol, mieux que s'il l'euft éfté naturel; &, me monftrant le Chafteau fort eflevé, il me dit: *Bien que ce Chafteau n'aye pas la Marque, comme ces beaux Chafteaux de France, toutesfois les braves*

(*a*) *Décharné*, ou *efflanqué*. Dans le Dict. Franc. Ital. d'Oudin, on lit dans le même fens *efclarme*, dit de l'Italien *fcarmo*, par corruption pour *fcameo*, autre mot Italien, qui fignifie à la Léttre décharné

(1) C.-à-d. *Non, Monfieur; mais, je fuis fon Coureur de Pied.*

ves Hommes & Capitaines , qui font fortis de-là , marquent plus par leurs beaux Faits , que tous les plus beaux Marbres & plus belles Pierres que l'on y fçeuft mettre. Il m'en conta prou, & j'en fus quitte pour un Efcu d'Or , qu'il me demanda fort privément, pour l'Amour de la Patrie. Enfin , ce grand Nom & cette Race de Tolede a efté fi-bien illuftrée par les hauts Faits qu'ont mené ceux qui en font fortis, qu'à jamais il en fera Mémoire.

Ce Dom Pedro laiffa après luy Dom Garzie de Tolede, grand Homme certes, dont je parle ailleurs en fon Lieu. Il laiffa auffi trois belles & très-honneftes Dames de Filles, l'une Doña Leonor de Tolede , très-habile Femme, & pleine de bonnes Vertus. Il fe lit, & fe dit, que ce grand Cofme, voulant prétendre d'efpoufer Madame Marguerite , Veufve d'Aléxandre de Médicis, la demanda à l'Empereur , qui la luy refufa , pour en gratifier le Pape Paul III, & la donner à fon Petit-Fils Octavio Farneze. Puis, il demanda audit Pape fa Petite-Arriere-Fille, la Señora Victoria , qu'il luy refufa auffi ; difant, que les Affaires de Rome & de Tofcane ne fe pourroient jamais bien accommoder.

der. Enfin, par une brave & gentille
Ruse Florentine, il pria ledit Empereur de luy donner une Femme de
sa Main, pour avoir Lignée : lequel
luy donna fort libéralement, & comme luy sçachant bon Gré de cette
belle Requeste, cette honorable Dame Doña Leonor de Tolede, sortie
d'une des grandes Maisons d'Espagne,
& bien à luy convenante pour ses Vertus & Mérites.

L'autre Fille, je ne sçay où elle
fut mariée : mais, Marie de Tolede
fut la Princesse de Salerne, tant re-
nommée pour sa Beauté, que, qui
eust esté à Naples, en ayant veu toutes les belles Singularitez qui sont
là, & n'eust veu ladite Princesse, il
n'avoit rien veu, disoit-on pour lors ;
de-sorte que c'estoit un beau Couple,
d'elle & de son Mary, lequel j'ay
veu très beau Prince : & il faloit bien
dire, qu'il eust eu du Mescontentement & du mauvais Traittement, fust-
ce de son Beau-Pere, ou de l'Empereur, qui le poussérent & le despité-
rent à laisser cette belle Femme, pour
se bannir d'elle & du beau Séjour de
sa Patrie. Ils en firent l'un & l'autre de très-grands Deuils de leur Sé-
paration, sans pourtant se pouvoir

ja-

jamais rejoindre. Le Prince fit une Chanfon de Complainte qui commençoit ainfi :

Ohi me ! ch'io no penfava di partir mi (1), laquelle j'ay veu chanter long-temps en Italie & en France ; & une autre en Efpagnol , qui difoit : *Ya paffò el Tiempo que era enamorado, ya paffò mi Gloria, ya paffò mi Ventura, y hà llagado la Hora de mi Sepoltura* (2). En ces Chanfons douloureufes , il faifoit bien paroiftre fes Mefcontente-mens, fa Trifteffe , & Repentance, d'avoir laiffé une fi belle Femme , de laquelle il ne devoit jamais fe féparer, ny auffi avoir quitté fes Biens & fes Terres, pour venir pauvre en France, n'ayant pas dequoy fe faire enterrer. Il falut que fa feconde Femme, qu'il efpoufa en Avignon pour fon Plaifir, (qu'on appelloit la belle Philippine,) mandiaft à la Cour., lors eftant à Paris , & en la Chambre de la Reyne, comme je vis , pour fon Enterre-
ment ,

(1) C. à-d. *Malheur à moi ! Je ne penfois pas à me retirer.*

(2) C. à. d. *Le Tems de mes Amours eft déjà paffé, comme celui de ma Gloire & de ma Fortune, & je touche à l'Heure de ma Sépulture.*

ment, & un chacun y contribuoit.
Monsieur Maisonfleur, galant Gentil-
Homme, & très-parfait, en faisoit la
Queste ; car, il estoit Huguenot, &
elle aussi, & par Charité de Frere à
Sœur : on fit aussi raffler un Poi-
gnard, qui estoit au pauvre Trespassé,
fort riche & décoré de force Pierreries & belles Turquoises, qui valoit
plus de cinq cens Escus ; & il ne fut
rafflé que pour cent. Grande Pitié
certes, & un bel Exemple pour ceux
qui se bannissent & se perdent ainsi
mal-à-propos !

Et certes ce dit Prince avoit beaucoup de belles Vertus & Valeur. Il
se comporta bravement à la Bataille
de Cérisole : car, le Marquis du Guast
l'ayant passé en sa Place de Bataille
avec sa Trouppe de huit cents Chevaux, qu'il avoit amenez de Naples,
& luy ayant commandé qu'il ne bou-
geast de-là sans son exprès Commandement, qu'il luy diroit & mande-
roit de marcher & d'attaquer ; mais,
ledit Marquis s'estant oublié de luy
mander, ou qu'il fust transporté en
son Esprit de son Mal qu'il voyoit,
ou que de bonne heure il partist, il
laissa son Homme-là : lequel, pourtant, ne bougea, & fit tousjours Al-

te & bonne Contenance, jufques à ce qu'il vit le Defordre, & quafi l'Achevement de la Battaille, & fe retira fain & en bon Ordre ; Dieu mercy qu'il ne fut attaqué, comme dit le Difcours de la Battaille.

C'EST une belle Queftion, que j'ay veu débattre, fçavoir fi l'on ne doit point partir ny s'esbranler fans Congé, bien qu'on en voye le Befoin ? Les uns tiennent le *pro*, les autres le *contra*. Un Nepveu de Charles de Lanoy en fit de mefme à la Battaille de Pavie ; dont il fut loüé de quelques-uns, & mefprifé des autres. C'eft comme un Secours de Réferve. Cette Fermeté & Alte fervit bien après audit Marquis : car, bien-toft après, cette Trouppe luy ayda, avec d'autre Cavallerie ramaffée, à faire un Gros, qui fervit fort à rompre & deffaire les Forces du Seigneur de Strozzy, & du Duc de Somme, & les empefcher par deux fois de fe rejoindre avec celles de Monfieur d'Anguien : où ledit Marquis fit un Acte fort généreux ; car, ledit Duc de Somme y ayant efté pris prifonnier, il le fit auffi-toft évader fous main, fe doutant bien que l'Empereur

luy

luy euft fait mauvais Party, & auffi parce qu'il eftoit fon Parent.

DE ce Duc de Somme j'en parle ailleurs, pour avoir efté un brave & vaillant Capitaine, & très-loyal François. Car, pour avoir efté tel, il vefcut & mourut pauvre en France, comme les autres.

IL n'y eut que le Seigneur Jule Brancace, qui s'advifa de bonne heure, après avoir traifné l'Efguillette en France, & nacquetté les Tréforiers de l'Efpargne, fur quelque chetive Penfion qu'on luy donnoit, dont il en eftoit payé à demy, comme j'ay veu. Il fit requérir Dom Juan d'Auftriche de fa Grace au Roy d'Efpagne, qui la luy donna : &, s'eftant retiré à Naples, il fe mit fi-bien en Grace avec Dom Juan, pour les belles & bonnes Parties qui eftoient en luy, qu'il paracheva fes Jours plus heureufement que les autres Bannis.

JE ne parle point du Duc d'Atrie, de cette grande & ancienne Maifon d'Aquaviva : car, par le Moyen de fon Beau-Pere, le Prince de Melfe, il fut bien, non pas tant qu'il méritoit. Car c'eftoit un fort honnefte Seigneur, & laiffa de luy deux fort

bel-

belles & honnestes Filles : l'une fut Religieuse ; l'autre fut Mademoiselle d'Atrie, long-temps nourrie Fille de la Cour de la Reyne-Mere & de la Reyne de Navarre, qui l'aymoient & l'assistoient tousjours bien. Elle fut l'une des honnestes, belles & sages, des meilleures, & des plus dévotes de la Cour ; & qui, par sa Bonté & Douceur, se faisoit autant aymer & honorer que nulle autre : & puis, elle espousa Monsieur le Comte de Chasteauvilain, qui avoit de beaux & de grands Moyens, & luy en laissa la Possession après sa Mort, avec des honnestes Enfans tant Fils que Filles ; duquel elle demeura fort jeune Veufve, sans se vouloir remarier, s'addonnant du tout aux Dévotions & à servir Dieu quasi ordinairement, & à la belle Instruction de ses Enfans (1). Belle Vertu certes, à qui la peut ainsi exercer. Mais, c'est assez demeuré en cette Disgression ; car, je pense en avoir touché quelque Mot ailleurs : je ne puis me souvenir de tout.

(1) Voïez, touchant cette Femme, les *Mémoires de l'Estoile*, Tom. I, pag. 110 & 152. & la *Confession de Sancy*, Liv. II, Chap. VII, & les *Remarques*, pag. 393 & suiv.

tout. Retournons au grand Chemin.

DISCOURS TRENTE-CINQUIESME.

ANDRE' DORIA.

OR, si l'Empereur a eu de grands Hommes & bons Capitaines sur Terre, il en a eu aussi de très-bons sur la Mer, desquels il faut un peu parler. Comme ANDRÉ DORIA, lequel au commencement fut au Service du Roy de France, & le servit très-bien & très-fidélement : & , tant qu'il le servit, le Roy estoit Maistre de la Mer, aussi-bien que l'Empereur depuis, voire mieux ; car, qui n'est Seigneur de Gennes & Maistre de la Mer, il ne peut guéres bien dominer l'Italie.

CE que je dis une fois au feu Roy Charles, moy indigne , me faisant raconter combien j'avois veu de Galeres au Roy d'Espagne, à la Conqueste de Pignon de Velez, d'où je venois de frais. Je luy en contay un grand Nombre jusques à cent, & qu'il les
fai-

faifoit bien plus beau voir toutes enfemble, en fi belle & grande Quantité, que ces quinze Galeres qu'il avoit
feulement pour lors. *Et qu'en ferois-
je de tant?* me dit-il. *N'en ay-je pas
à cette heure prou: d'autant que je ne
fais point la Guerre contre l'Eftranger,
& que j'en ay affez pour garder mes
Coftes, & que je n'ay non plus la Guerre contre le Turc, mon confédéré, comme le Roy d'Efpagne?* Je luy refpon-
dis: *Il eft vray, Sire; mais, pourtant, vous en feriés plus redouté, auffi
bien par Mer, comme vous l'eftes par
Terre: & fi les Roys vos Prédéceffeurs
euffent fait Cas de la Marine comme de
la Terre, poffible auriés-vous encore
Gennes, l'Eftat de Milan, & le Royaume de Naples; lefquels Eftats l'Efpagnol
a confervez pluftoft par le Moyen de la
Mer, que de la Terre.* Monfieur le
Chevalier de Sceve, depuis Grand-
Prieur de Champagne, eftant-là préfent, prit la Parole, & dit: *Sire,
Brantome vous dit vray;* & puis il alla
fur ce Sujet fort bravement difcourir, comme il eftoit un très-habile &
grand Difcoureur, & qui avoit veu
& battu les Mers & Coftes du Levant.

V o i l à donc ce que fert l'Eftat
de

de la Marine à la France. Si-
bien que si le Seigneur André Doria
ne se fust départy mal-content du
Roy, Naples estoit à nous: mais, le
Roy l'alla mescontenter, & luy osta
la Charge & Généralité de ses Galeres, pour la donner à un Homme,
qui ne sçavoit ce que c'estoit qu'une
Mer, un Port, & une Galere, non
pas une Fuste ; qui estoit Monsieur
de Barbezieux, lequel certainement
estoit un bon Homme de Guerre, &
bon Capitaine pour la Terre : mais, il
y a Différence de la Guerre de la
Mer & de la Terre.

ANDRÉ DORIA avoit le Cœur
grand ; &, se voyant ainsi mal traitté, changea de Party : & ainsi que le
Roy luy eut envoyé demander les
Prisonniers, qui avoient esté pris au
Combat naval de Naples, par Philippin Doria, sur son Mescontentement,
s'estant laissé gagner au Marquis du
Guast & aux Prisonniers (que c'est
que le Vainqueur se laisse aller aux
Paroles & Persuasions du Vaincu!)
luy manda, qu'il luy en avoit assez
donné, & qu'il se contentast de luy
avoir donné le Prince d'Orange, qu'il
avoit pris à Portofin, en retournant
d'Espagne, & Hugues de Montcade,

sans

fans luy en avoir donné une feule
Récompenfe de Rançon ; que c'eftoit
affez. On dit que le Roy fut fort
irrité de cette Responfe , & fafché
de la Révolte de cet Homme : &,
pour ce , il l'amadoüa de belles Paroles & Promeffes, penfant le rappai-
fer & rappeller , s'il euft peu, eftant
en fon Pouvoir de luy faire trencher
la Tefte, comme l'on fit au Capitaine Jonas quelque peu de temps après.
Il luy renvoya fon Ordre, & luy fit
révolter Gennes, & la luy envahit
fi-bien , que, pour tel Bienfait, la
Ville luy en érigea une Statuë de
Marbre fort fuperbe, au milieu de la
Place , en luy donnant le Titre de
Libérateur de la Patrie.

Oncques puis après les Affaires
de la Marine n'allérent bien pour le
Roy François : & , au lieu que auparavant, par l'Affiftance & Valeur
du-dit Seigneur André, le Roy eftoit
quafi Roy de la Mer, il ne le fut
plus, jufques à ce qu'il luy falut appeller & emprunter les Forces du
Grand Sultan Solyman, comme on a
veu ; ce qui luy redonda à Reproche, d'appeller un Chien pour deffaire le Chreftien, difoit-on lors : au
lieu qu'auparavant de Chreftien à
                            Chref-

Chrestien la Guerre en estoit beaucoup plus douce & honneste. Si ne sçauroit-on blasmer le Roy, que l'Alliance avec le Turc aye fait de grands Maux à la Chrestienté, mais du Bien : car, quand il n'y en auroit d'autre, que d'avoir conservé le St. Sépulchre, & l'Eglise Latine de Jérusalem, que le Grand Sultan voulut une fois faire du tout abbattre, ruiner, & en abolir & défendre les Vœux, qui s'y font tous les Ans, ce que le Roy empescha par ses Priéres, Sollicitations, & Ambassades, c'est un trèsgrand & signalé Service pour toute la Chrestienté.

Il y a eu trois Tourneurs de Casaques en France, qui luy ont bien porté du Dommage, feu Monsieur de Bourbon, Jérosme Mouron, & le Seigneur André Doria. Aucuns y ont mis le Prince d'Orange : mal-à-propos, pourtant ; car, ce fut la Faute du Roy, qui ne se servit de luy, comme j'ay dit ailleurs (1). Aussi le Roy François le disoit ; & les Fruits en sont apparus, sans que je les die.

Lors-

______

(1) Voïez ci-dessus, Tome IV, page 226, 227.

Lors-que l'Empereur & le Roy François s'entrevirent à Aigues-mortes, le Roy alla à la Galere de l'Empereur, qui estoit la Capitainesse d'André Doria. L'Empereur pria le Roy de le voir, pour l'Amour de luy, & luy faire bonne Chere ; ce que le Roy fit très-volontiers, en luy demandant comment il se portoit, ne parlant nullement du passé, & luy dit de plus devant l'Empereur (comme j'ay ouy dire à aucuns Vieillards :) *Il faut que l'Empereur mon Frere & moy fassions une Reconciliation éternelle, & que nous fassions une belle Armée de Mer, pour ruiner le Turc; & vous en serez le Général de tous deux :* ce que l'Empereur trouva très-bon.

De-plus, j'ay ouy dire, mais je ne le tiens pas pour vray, que le Seigneur André dit à l'Empereur à l'Oreille, s'il vouloit qu'il fist lever l'Ancre & faire Voile & Force à ses Forçats; &, par ce Moyen, mettre Fin à la Guerre : ce que l'Empereur refusa, & détesta. Je croy que c'est un Conte fait à plaisir. Et ceux, qui l'ont trouvé, l'ont voulu faire sur le Patron du Lieutenant du jeune Pompée, qui luy vint dire à l'Oreille, lors qu'il donnoit à souper au Triumvirat

virat dans fa Galere : *Veux-tu que je te faſſe*, dit-il, *Monarque de tout le Monde, & que je rompe la Guerre ?* A quoi Pompée reſpondit, que cela ſe devoit faire ſans le dire. Pompée fut un Sot, d'avoir refuſé ce Party, dont il s'en fuſt mieux trouvé toute ſa Vie. Auſſi, à Trompeur Trompeur & demy, & de Payen Payen & demy, il n'y a point de Mal ; mais bien de Chreſtien à Chreſtien. Voilà pourquoy l'Empereur fit-là un Trait de Grand, qui craignoit ſon Dieu, bien contre le Naturel & au contraire des Grands, quand il y va de leur Ambition & de leur Intéreſt.

OR, qui voudroit eſcrire les Faits du-dit André Doria, il faudroit qu'il allaſt és Mers de Levant & de Barbarie, voire en nos Mers, & en prendre des Mémoires : leſquelles toutes raiſonnent de ſes plus notables Actes & Victoires, qu'il a eu ſur les Ennemis de la Foy ; comme à la Goulette, à Coron, à Modon, à Alger, en Barbarie, en la Priſe de la Ville d'Affrique, & en pluſieurs autres Lieux. Si dit-on pourtant, qu'il entreprit un peu ſoudainement ſur Affrique, & ſans l'avoir bien reconnue : & il ne faut point douter, qu'à grand

peine il l'euſt priſe, ſans le bon Secours & l'Aſſiſtance de Dom Juan
de Vega, pour lors Gouverneur de
la Sicile, & de Dom Garcia de Tô-
lede, avec tant de braves Maiſ-
tres-de-Camp, Capitaines, & Soldats
Eſpagnols & Italiens, & Chevaliers
de Malthe; car, il falut que luy-meſme allaſt en Sicile querir des Vivres
& Munitions de Guerre, cependant
que les autres travailloient. Enfin,
la Ville fut priſe de force, où ces
braves Eſpagnols, & Chevaliers de
Malthe, combattirent ſelon leur Valeur accouſtumée. Auſſi y perdirent-
ils beaucoup de Gens-de-Bien & de
Valeur, dont ce fut un très-grand
Dommage. L'ayant priſe, il ſe mit
à la Chaſſe pour Dragut, qu'il faillit,
ainſi que je diray (1).

Il reçeut un peu de Blaſme à St.
Maure, & en quelques autres Lieux.
Paul Jove en parle, & meſme le
ſoupçonna-on, qu'il avoit quelque
ſourde Intelligence avec Barberouſſe,
comme Corſaire à Corſaire : & auſſi,
comme diſoit lors l'Eſpagnol, *De Co-*
ſario a Coſario, no hay que gañar que
los Barillos d'Agua; c. à-d. *De Cor-*
ſaire

(1) Ci-deſſous, Diſcours XXXVII.

faire à Corfaire, il n'y a rien à ga-
gner que les Barils d'Eau. Ainſi Barberouſſe luy en rendoit la Pareille,
comme il fit au Voyage de Provence,
& à la Priſe de Nice ; lequel s'eſtant
retiré à Antibes , & André Doria
avec le Marquis du Guaſt à Ville-
franche, ayant perdu quatre Galeres
des ſiennes, par les Tourmentes qui
donnérent à travers, ledit Barberouf-
ſe fut prié & reprié , par le Capitaine Pouſin, d'aller attaquer ledit André Doria , & que jamais il n'y fit
meilleur : luy, faiſant bonne Mine,
& Semblant, de s'équipper & d'y vouloir aller, n'y alla point du tout ;
s'excuſant ſur le Vent de Siroc, &
ſur quelques Perils, qu'il diſoit mieux
voir de ſes Yeux clairs & fort prati-
qués, que les autres qui luy en par-
loient & l'en preſſoient. Mais,
c'eſtoit qu'il n'en avoit pas la Volonté : &, comme diſent les Hiſtoires, & les Gens de Guerre & Mariniers de ce Temps-là par Moquerie,
qu'il n'eſtoit pas raiſonnable , que
Barberouſſe fiſt mal à André Doria,
comme eſtant ſon Frere & Allié à
Sauveté naturelle, par Convenance
& ſecret Accord de Corſaire à Corſaire ; &, qu'en bonne & juſte Foy,

C 2

il

il faloit qu'il luy rendiſt la Gracieu-
ſeté, qu'il avoit reçeue de luy auprès de Bonne en Affrique quelques
Années auparavant. Tant y a pourtant, que ce grand Capitaine André
Doria, lors qu'il a falu combattre,
& monſtrer ſa Valeur, a tousjours
bien fait, nonobſtant quelques petites
Fautes légeres, qu'on luy puiſſe im-
puter, comme on peut voir dans les
Hiſtoires de ce Temps-là.

Il a eſté très-bien aſſiſté de ſes
Parens, comme de ce Philippin Doria, & d'Antoine Doria, & de Cigalle, & de pluſieurs autres bons
Capitaines de la Mer. Ce ſont auſſi
les bons Capitaines, & les vaillans
Soldats, qui cueillent les Palmes, &
les donnent aux grands Chefs & Généraux; car, un ſeul ne peut pas
combattre tout le Monde.

Au Voyage de la Goulette, dans
ſa Galere générale, qui n'eſtoit que
quatrieſme, dont on faiſoit alors grand
Cas, où il portoit l'Empereur, il
avoit mis en ſon Eſtandart général
pour Deviſe une Eſtoile à Rayons,
environnée de pluſieurs Traits & Fle-
ches, en Signe d'invoquer la Conduite, l'Addreſſe, & la Puiſſance de
Dieu, avec ces Mots : *Vias tuas,*
Do-

Domine, demonstra mihi (1). Ainsi
que les trois Roys s'y gouverné-
rent.

LE Combat, que PHILIPPIN DO-
RIA fit devant Naples, est si beau &
si grand, que, quand il n'en auroit
fait d'autres en sa Vie que celuy-là,
il en est à jamais comblé de Gloire &
de Loüanges. Car, enfin, un beau
Combat, bien signalé, bien sanglant,
bien combattu, & bien demeslé, comme celuy-là, vaut plus que cent petits
Combats ou Deffaittes & Rencontres,
que j'ay veu loüer quelquefois parmy nos Gens de Guerre, qui n'en
valent pas le parler. Paul Jove raconte bien cettuy-là, auquel le Trait
fut beau & rusé, que ledit Philippin
fit, lors qu'il osta de sa Battaille deux
Galeres, comme d'un Secours de Réserve, & les jetta en pleine Mer :
lesquelles, par son Conseil & Commandement, advisérent long-temps le
Jeu joüer ; & puis, tout à coup,
vindrent toutes fraisches donner sur
les Galeres Espagnoles, qui n'en pouvoient plus, & estoient à demy vain-
cues

(1) C. à-d. *Seigneur, enseigne-moi tes*
Voies.

cues du Combat qui avoit esté rendu, qu'en un rien elles furent emportées & rafflées : si que l'on dit, que, sans ces Galeres de Secours, la Victoire demeuroit douteuse. Ce Philippin y acquit un grand Honneur.

Il pouvoit avoir appris cette Ruse d'un grand Trait & Combat, que les Gennois, quelques six vingts Ans auparavant, donnérent à ce grand Roy Alfonse de Naples, lors qu'ils le deffirent & toute son Armée, en s'en retournant à sa Conqueste de Naples, & qu'ils le prirent Prisonnier, avec tous les grands Seigneurs & Capitaines de son Armée. Car, ayant osté & jetté de leur Gros trois grands Navires, qui estoient de l'Arriere-Garde, en forme de Secours de Réserve, pour faire semblant de fuyr, & s'estant retirées vers le Midy, elles vindrent tout à coup fondre sur les deux principales d'Alfonse, qu'ils deffirent, & rendirent du tout la Victoire entiere.

Or, de ce Combat, fait par Philippin Doria, Monsieur de Lautrec voulut avoir les Prisonniers ; mais, il les luy desnia, & s'osta de-là, & s'en alla à Gennes les mener à son Oncle André Doria : en quoy il y eut
du

du Tort, d'un Cofté & de l'autre ;
d'autant que Philippin avoit fait le
Combat par le Moyen des Gens de
Guerre, que Monfieur de Lautrec luy
avoit donnez, fans lefquels il n'euft
pu gagner la Battaille. De l'autre
Cofté, Monfieur de Lautrec les vouloit tous avoir, où il n'y avoit point
de Raifon : mais, l'un & l'autre les
devoient partager, comme bons Freres alliés ; & l'un felon fes Gens donnez en devoit avoir, & l'autre felon
fes Galeres en devoit avoir aufli. Dont,
par faute de s'entr'entendre bien,
ils furent en cette Difcorde : ainfi que
Monfieur de Lautrec eftoit trop haut
à la main, & qu'il vouloit impérier
trop. Tout cela luy coufta bon ;
car, il luy coufta la Vie, qu'il perdit devant Naples (comme je le dis
en fa Vie) & à nous la Perte de ce
Royaume, & la Ruyne de cette Armée. Si l'on n'euft mefcontenté ce
grand Perfonnage André Doria, comme l'on ne devoit, (aufli le Roy
François s'en repentit cent fois,) les
belles Conqueftes & Victoires, qu'a
fait & gagné ce grand Capitaine pour
l'Empereur, fe fuffent faites pour
nous ; mais, nous ne fçavons pas ga-

                gner

gner les Hommes, ny les bien entretenir quand nous les avons.

IL ne faut pas douter, que si ce vaillant Capitaine n'eust eu en teste Barberousse & Dragut, qu'il n'eust fait des Choses esmerveillables. Dieu le punit, pour avoir donné Liberté à Dragut pour trois mille Escus : car, il luy fit fort la Guerre, après que l'Armée Turquesque eut pris Tripoly, l'Isle du Goze, & saccagé l'Isle de Malthe, & qu'elle vint vers la Sicile, & eut passé par le Far de Messine, pillé & saccagé Reggio, & forcé autres Places, Villes, Chasteaux, & Bourgades, & fut venue jusques devant les Chasteaux de Naples tirer des Canonnades ; & tout par la Valeur de Dragut, qui menoit l'Avant-Garde. André Doria, venant de Gennes avec trente-six Galeres, pour secourir Naples, qui crioit France, par la Faveur du Prince de Salerne, qui s'estoit révolté, Dragut le chargea, & luy donna la Chasse, & luy prit cinq de ses Galeres chargées de Gens de Guerre, mesmes d'Allemands, que conduisoit Aliprand Maduizze (1), jeune Homme, Fils de

celuy

(1) Aliprand Madruzze.

celuy que j'ay dit cy-devant (1), &
Nepveu du Cardinal de Trente, là-où
il mourut fort regretté de l'Empereur. Il y avoit aussi force Platines
& Saumons d'Argent, à battre Mon-
noye à Naples, pour la Solde des
Soldats qui venoient d'Espagne. Outre cela, il fut mis à fond, & falut
que André Doria se sauvast à l'Isle
d'Elbe.

Voilà comme il en prit au-dit
André Doria, duquel c'est assez parlé. Car, Paul Jove ne l'a nullement
oublié dans son Histoire, où il en
fait plusieurs & divers & fort beaux
Discours : mesme, il n'oublie pas
ce beau Combat devant Naples, lequel certes il descrit très-bien, &
en dit de gentilles Particularitez &
fort agréables, jusques à nommer les
Galeres Nom par Nom, tant Fran-
çoises que Espagnoles, que j'ay
veu aussi dans l'Histoire Espagnole.

Si diray-je encore ce Mot de luy.
Un des bons & grands Services, que
fit jamais André Doria à la Chrestienté & à l'Empereur, ce fut quand Solyman vint devant Vienne la prémiere
fois,

(2) Discours XXIX du Tome IV.

fois, & l'Empereur allant à l'encontre avec ſes Forces, André Doria s'adviſa de ſon coſté, comme Admiral & Général des Galeres Impériales, pour faire deſmordre & retirer le Grand-Seigneur, d'aller en Grece avec une Armée navale attaquer l'Admiral Baſſa, Général de la Mer & du Grand-Seigneur, qui auſſi avoit une belle Armée : mais, voyant venir André Doria, ne l'oſa attendre, & ſe retira, bien qu'il fuſt le plus fort : ſur quoy André Doria, prenant l'Occaſion, s'en alla aſſiéger & prendre Coron & Batras (I), dont les Nouvelles en eſtant venues au Grand Seigneur, & en ayant pris l'Allarme, il deſmordit de Vienne & tira vers Conſtantinople. Ainſi fit le brave Scipion contre Hannibal & les Carthaginoîs, comme j'ay ouÿ dire à de grands Capitaines. Il n'y a rien qui rompe l'Entrepriſe de ſon Ennemy, que de l'aller voir chez luy. Voilà donc le grand Service, que ce grand Prince Doria fit à la Chreſtienté, & ſur-tout à l'Allemagne, qui poſſible s'en fuſt trouvée de l'Eſcot.

CERTES, il faut donner cette Gloire à ce Prince André Doria, d'avoir eſté un des grands Capitaines de la

(I) Patras

Mer,

Mer, qui ait esté possible de Mémoire d'Homme, voire oncques trouvé dans nos Histoires. Aussi estoit-il très-bien assisté de ses Nepveux & Parens, comme j'ay dit de ce brave Philippin Doria, dont j'ay parlé; & de Jeannettin Doria, qu'on a de son Temps veu le plus diligent Capitaine de Mer, qu'on eust sçeu voir: car, aussi-tost songé & résolu de son Affaire, aussi-tost exécuté; ainsi qu'il fit au Ravitaillement de Perpignan, sans lequel la Ville estoit prise, ayant esté reconnue, bloquée, & assiégée, que l'on ne s'en doutoit nullement: mesme l'Empereur, quand le Marquis du Guast luy manda en Espagne, qu'il advisast à soy, & se donnast bien garde de sa Frontiere de par de-là, parce qu'il y avoit quelque Entreprise; l'Empereur, se moquant de cet Advis, luy manda, qu'il se fouciast tant seulement de garder bien son Gouvernement, que de son costé il garderoit bien ses Espagnes. Nonobstant cela, ledit Marquis, en conférant avec le Prince Doria, depescha ledit Jeannetin Doria, qui, avec ses Galeres, aussi-tost ravitailla ledit Perpignan de toutes Munitions de Guerre, sans lesquelles ladite Ville estoit

C 6

prise.

prife.   Et l'Empereur fut bien esba-
hy, quand il y vit le Siége devant
contre fon Opinion, & bien aife &
bien obligé au-dit Marquis & Jeannetin, d'avoir fi bien fecouru cette
Place.

Il fut de mefine très-diligent,
quand il fecourut St. Florent en l'Ifle
de Corfe. Il fit très-bien lors que
l'Empereur fut devant Alger, eftant
une groffe Efcarmouche attaquée, par
une grande Sallie, que firent ceux
de la Ville fur les Efpagnols le long
de la Marine: avec fa Galere Capi-
taineffe, qui fe nommoit la Tempérance, il favorifa fi bien nos Gens,
en coftoyant la Mer, en tirant aux
Ennemis force Canonnades, en dépit
de celles de la Ville, que fans elles
les Chreftiens de ce Coup-là eftoient
fort mal menez, tant le tout leur eftoit contraire, & ils fe retirérent à
leur Aife; dont il fut fort loüé de
l'Empereur & d'un chacun de l'Armée. Cette Galere la Tempérance
eftoit l'une & la principale des quatre, que les Vénitiens perdirent dans
leur Golfe, que ce brave Dragut
quelque temps avant leur avoit prife
à leur Barbe; mais, quelque temps
après, Dragut la perdit. Ledit Jeannetin

netin s'en servit pour sa Capitainesse.
Je l'ay ainsi ouy conter à aucuns
vieux Mariniers à Gennes, & les
Histoires Italiennes & Espagnoles en
ont aussi escrit.

Pour Fin, ce grand Capitaine
André Doria est mort vieux. On luy
donnoit près de quatre vingts-dix Ans
ou plus (*a*), lors qu'il mourut, tousjours en très-bon Sens, & qu'il le
faisoit très-bon ouyr discourir de son
Temps, & des Guerres passées, comme je l'ay veu.

✻✻✻✻✻✻✻✻✻✻✻✻✻✻✻✻✻✻✻✻✻✻

DISCOURS TRENTE-SIXIESME.

JEAN-ANDRE' DORIA.

IL a laissé après luy un digne Successeur à ses Biens, à ses Vertus,
& à ses Valeurs, qui est le Seigneur
JEAN-ANDRÉ DORIA, lequel tient
auprès du Roy d'Espagne le mesme

Gra-

(*a*) Selon Bucholcer, il mourut au Mois
de Novembre 1560, âgé de 93 Ans.

Grade de son Général d'Armée de Mer, comme faisoit son Ayeul â l'endroit de l'Empereur. Il est très-brave, très-vaillant, & brusque. Jamais il ne refusa Combat, comme j'ay ouy dire à plusieurs de ses Capitaines, Soldats, & Mariniers. Il prit le Pignon de Velez en Barbarie, qui estoit une Roque inexpugnable. Dom Garcia de Tolede y servit beaucoup, qui estoit Vice-Roy de Sicile, & qui commandoit, & qui a esté une très-bon & sage Capitaine. Encore qu'il fust long & lent, ce disoit-on, & de fort petite Complexion, maladif, & tourmenté des Gouttes, si est-ce pourtant, qu'il a bien secouru la Chrestienté. Il assista fort bien à la Prise de la Ville d'Affrique, & fut celuy qui s'advisa de faire la Batterie de Mer, & de desarmer deux Galeres, & les lier ou joindre ensemble avec force Cables & Aix dessus bien applanis, là où il fit mettre quatre Canons en Batterie, qui furent en partie Cause du Gain de la Place, avec la Batterie de Terre, & le brave Assaut, que les Capitaines & Soldats Espagnols & Italiens avec les Chevaliers de Malthe donnérent, après Dom Juan de Vega pour lors Vice-Roy

de

de Sicile. Dom Garcia eut fa Place (1), tant pour l'amour de fa Valeur, que pour la grande Maifon d'où il eftoit, eftant fils de Pedro de Tolede. Et fi il a tousjours bien fait en fa Charge, & par-tout où il s'eft trouvé : auffi eftoit-il de très-bon Haras. Il prit la Ville de Pignon de Velez ; il fecourut Malthe, par deux fois : & furtout il s'entendoit très-bien avec le Seigneur André Doria, qui avoit la Charge de la Mer, & qui vint bravement & réfolument au prémier Secours de Malthe, pour combattre l'Armée Turquefque, fi elle n'euft bougé de bonne heure ; car, il eftoit trèsvaillant, comme j'ay dit. Ledit Seigneur André n'eftoit pas trop bon François. Au fecond Secours de Malthe, ainfi qu'il difnoit un jour avec Monfieur le Grand-Maiftre & Monfieur le Marquis de Pefcayre, il y avoit auffi Meffieurs de Strozzy & Briffac, qui difnoient, & quelques uns de nous autres. Ainfi que nous difnions, & qu'on caufoit comme l'on voit, il nous vint faire la Guerre de la Paix paffée, faite entre le Roy Henry & Philippes, & comment nous avions quitté tant de belles Places, que

nous

(1) Lifez : donnérent. Après Dom Juan de Vega, alors Vice-Roi de Sicile, Dom Garcia eut fa Place,

nous avions rendu ; & mesme que
son Pere, Monsieur le Mareschal de
Brissac, en fit trop bon Marché de celles qu'il avoit entre les Mains. Monsieur de Brissac respondit, que c'estoit une Faute qui avoit esté faite, &
que s'il faloit recommencer & retourner à la Guerre, qu'on n'en seroit
pas quitte à si bon Marché. Le Sieur
André respondit, ,, Pleust à Dieu que
,, nous pussions le faire : *quarta amont
,, un altra Volta.* ,, Alors je repliquay,
qu'on avoit bien veu refaire & recommencer des Parties ; que ceux, qui en
demandoient le Refait, les perdoient
le plus souvent. Luy, qui estoit bon
Compagnon certes, le trouva bon, &
se mit à rire, & sur-tout le Grand-
Maistre. Et, sur ce, ledit Sieur André demanda des Cartes & des Dez pour
joüer ; car, je l'ay veu qu'il estoit un
très-grand Joüeur.

Il y avoit parmy nous autres François un Capitaine, Enfant de Poitiers,
qui s'appelloit la Roüe, gentil Solda-
din certes, mon grand Amy, & qui
n'avoit que l'Espée, & la Cappe, &
son Jeu ; car, il estoit un très-beau
Joüeur. Il s'estoit depaysé, & avoit
demeuré huit ou neuf Ans parmy les
Galeres de Gennes, de Naples, de
Sicile, d'Espagne, & parmy toutes
ces

ces Villes maritimes : faisant tousjours
Voyages , & mesme avec le Seigneur
Jean - André Doria , qui le connoissoit
fort familiérement , & joüoit fort souvent avec luy ; car, c'estoit la Couche
ordinaire de cinq à six mille Escus d'un
Coup de Dez.

Un jour ils vindrent à joüer. Le
Seigneur Jean - André Doria vint à perdre contre luy quelques dix mille Escus. Il luy demanda après, s'il vouloit joüer contre une de ses Galeres
pour vingt mille Escus, qu'il luy monstra. L'autre le voulut , & le Dé
escheut au Sieur Juan - André. Il livre Chance : le Capitaine la Roüe
luy couche tout d'un coup dix mille
Escus. Le Seigneur André luy quitte
le Dé, contre sa Coustume pourtant,
en disent : *Je ne veux pas que ce jeune
Capitaine avanturier , qui n'a de quoy
perdre , me gagne ma Galere , pour s'en
aller triompher en France à mes Despens & de mon Honneur ; & qu'on
die : Voilà une des Galeres de Jean-
André , qu'un tel luy a gagnée.* Et il le
disoit tout en riant ; car, pour les
Biens, il s'en soucioit peu, n'estant
de son Naturel avare : & puis aussi le
Roy son Maistre l'appointoit très-
bien, & luy faisoit de grands Estats,
ainsi qu'il les méritoit. Aussi le ser-
voit-

voit-il bien par tout où il s'eſt trouvé; comme il fit à la Battaille de Lépante, là-où il monſtra tous les Effets d'un bon Capitaine de Mer, & de bon Soldat.

J'AY ouy dire, qu'un de ces Ans, depuis la Trefve faite entre le Roy d'Eſpagne & le Grand-Seigneur, ils ſe rencontrérent luy & Ucchialy en quelque Contrée de la Barbarie, & ce en pleine Mer; chacun autant de Galeres l'un que l'autre, & pouvoient avoir cinquante Galeres chacun. Pour l'Obſervance eſtroite de la Trefve, ils ne ſe demandérent rien en l'Effect d'Hoſtilité; ains, s'eſtans entreconnus les uns les autres, ils arreſtérent leurs Galeres, & ſe mirent toutes en Joly, (c'eſt un Mot de Galere, que l'on uſe quand elles ne voguent en avant ny en arriere, & qu'elles font Halte;) &, ſur ce, tant d'un Coſté que d'autre, s'entreſaluérent de Canonnades & Arquebuſades, qu'on n'euſt pas ouy tonner: & puis, ils ſe departirent ainſi; non à mon Advis ſans regretter la Loy de la Trefve ny de Guerre, qui leur euſt permis de venir aux Mains, ſçavoir à qui demeureroit la Victoire, puis qu'ils eſtoient en ſi belle Mer, & en ſi belle Occaſion pour gagner ou perdre. Voilà comment il fait beau obſerver toutes bonnes Loix.

DIS-

❊❊❊❊❊❊❊❊❊❊❊❊❊❊❊❊❊❊❊❊❊❊❊❊❊

DISCOURS TRENTE-SEPTIESME.

DRAGUT, CORSAIRE.

PUIS qu'il vient à point de parler de ce DRAGUT & de Ucchialy, j'ay trouvé bon d'en toucher quelques Mots, tant des uns que des autres Mariniers du Levant, que j'ay pris d'un petit Traité, fait en Espagnol, *de la Conquista d'Affriqua.*

CE Dragut donc fut natif de Natolie, qui est en l'Asie Mineure, d'un petit Village qui s'appelle Charabalac, né de pauvres Parens villageois. Luy, se voyant pauvre, & estant ambitieux d'avoir quelque peu de Bien, pour un jour secourir sa misérable Vieillesse, il se donna Page d'un certain nommé Arays, Corsaire de sa mesme Patrie. Mais, Barberousse le voyant, & le trouvant à son Gré, le prit, & s'en servit en sa vilaine Sodomie ; & , s'en estant bien servy, il luy donna une Fuste bien armée avec la Patente de Capitaine ; & , en ayant
fait

fait un affez bon Commencement , il l'advantagea d'un plus grand Nombre de Vaiffeaux : fi - bien que s'eftant mis fur Mer à l'Adventure , il rencontra fur la Mer Adriatique un Seigneur magnifique Vénitien, appellé Pafcalico, ayant fous fa Charge quelques Galeres, qui gardoient le Golfe de Venife. Il le chargea fi bien , que la Fortune fut fi bonne pour luy , qu'il en prit une partie ; & , avec l'autre , ledit Seigneur magnifique fut contraint de fe fauver à la Volte de Corfou. Dragut fe retire avec fa Prife aux Gerbes. Et, d'autant qu'il n'avoit pas encore les Moyens affez baftans , pour entretenir fi grand Train, ny fi grand Eftat de Galeres, il fit deffaire celles qu'il avoit gagnées, fors une qu'il arma pour le Coup , mais après Jeannetin Doria la luy prit, comme j'ay dit (1), & du Bois & du Fer il en fit faire quatre Galliotes très-bonnes & belles , ainfi qu'il luy pleut , avec une très-bonne que luy avoit donné Barberouffe, qui eftoient cinq en tout. Avec cela, il fe mit en Courfe , ayant affemblé avec luy des Compagnies d'autres Corfaires : fi-bien qu'ils

ef-

____

(1) Ci-duffus pag. 60.

eftoient onze bonnes Galliotes; avec lefquelles il ne faut point douter des Maux qu'ils firent le long des Coftes Chreftiennes.

LE Seigneur André Doria, ne pouvant fouffrir ces Volleries, & les Maux qu'on lui venoit dire tous les jours que faifoit ce Dragut; ayant affemblé toutes les Galeres de Gennes, & celles de Sicile, aufquelles commandoit pour lors un galant Cavalier Efpagnol, nommé Dom Berenguel de Requeffens, il fe mit à la Chaffe de Dragut, vers Sicile, & vers Sardaigne, & par-tout. Enfin, ce Dragut vint à l'Ifle de Corfe, en un Port dit Gyrelate, entre Calvi & la Gyaza; là-où s'amufant à départir entre luy & fes Compagnons le Butin qu'il avoit fait, fur toutes les pauvres Ames Chreftiennes, il fut chargé fi vivement, qu'ayant un peu rendu de Combat, & tiré fon Artillerie, il fut invefti & pris, lui & tous fes Vaiffeaux, fors une Fufte & une Galere, qui fe fauvérent, & auffi-toft mis à la Chaifne, luy, fes Capitaines, & tous fes Gens. Mais, pour tout cela, il ne perdit pas Courage, comme j'ay ouy raconter à Monfieur Parifot, Grand-Maiftre de Malthe, qui, le voyant un jour ainfi à la Cadene, avant qu'il fuft Grand-Maiftre,

&

& luy auffi qui l'avoit veu ainfi auparavant à la Cadene ; Monfieur le Grand-Maiftre luy dit : *Senor Dragut , Ufança de Guerra* (1)! Il luy refpondit : *Y Mudança de Fortuna* (2). Tant y a, qu'il ne chauma pas en fa Captivité : car, il fit fi-bien & beau, & mefnagea fes Affaires fi-bien, que Barberouffe luy prefta trois mille Efcus pour fa Rançon, qu'il paya : & ainfi il fortit, en Promeffe & Serment faifant, que jamais il ne feroit la Guerre en la Rive de Gennes.

VOILÀ comment il fortit, qui fut une grande Honte pour ceux qui le laifférent aller, par telle Avarice, & pour fi peu d'Argent : encore luy, dis-je, qui avoit fait tant de Maux à la Chreftienté, & eftoit preft & fuffifant d'en faire davantage. Mais, quelle eft la Chofe que l'on ne faffe par l'Avarice ? Celle-là pourtant coufta bon aux Gennois & à d'autres Chreftiens : car, il ne fut pas pluftoft forty, qu'il fe remit mieux que jamais ; &, s'eftant retiré aux Gerbes, par le Crédit qu'il eut avec aucuns de fes Compagnons , & le Bruit de fon Nom & de fa Valeur eftant fort grand

(1) C-à-d. *Coutume de Guerre.*
(2) C-à-d. *Changement de Fortune.*

grand, il amassa une vingtaine de
Fustes, & tourna à la Volte de Gennes; disant, que le Serment, qu'il
avoit fait en Prison & par Contrainte,
n'estoit bon, ny tenable. Il y rencontra une Galere du Vicomte de
Cigalle, qui venoit du Levant, chargée d'Esclaves & de Marchandises, laquelle il prit, & aussi-tost s'en retourna aux Gerbes; là-où de ce Butin il se reffit si-bien, qu'il assembla
une grande Armée, avec laquelle il battit les Costes de Gennes & d'Espagne,
où il fit de grandes Pilleries : & puis,
il vint prendre, près de Naples, Castelamar, environ loin de vint-huit
Lieues de Naples, & y prit force Ames Chrestiennes ; &, s'estant mis au
large de la Mer, & ayant arboré la Banniere du Rachaptement, ainsi qu'il estoit sur le Marché, voicy une Galere
de Malthe qui parut, laquelle venoit de
France, & apportoit quelques vingt
mille Escus, l'Argent que tous les Ans
les Chevaliers François envoyent-là
quérir de leur Revenu, & se le faisoient-là porter. Par cas, le Capitaine de l'Isle d'Ischie advertit par trois
Volées de Canon, que la Mer estoit brute (ils usent de ces Mots, pour dire
qu'il y a des Corsaires en Mer.) Les
pau-

pauvres Chevaliers François, penſans
que ce fuſt une Salue, que le Chaſteau
leur fiſt, ne ſe donnérent pas Garde;
de-ſorte qu'ils furent ſurpris & inveſ-
tis. André Doria, bien faſché & deſ-
pité d'avoir laſché cet Homme, ſe
remit encore à la Chaſſe pour luy;
mais, il s'eſtoit retiré en une bonne
Retraitte, en la Ville d'Affrique, dont
il s'eſtoit ſaiſi, & l'avoit gagné par belle Force.

DE long-temps, il y avoit jetté ſa
Veuë deſſus, diſant que c'eſtoit ſa vraye
Proye : &, pour l'avoir, comme fin
Renard, toutes fois & quantes qu'il
faiſoit quelque belle Priſe, il s'en ve-
noit-là ſouvent deſpartir ſon Butin;
& ſur-tout ne failloit tousjours d'en
faire quelque petite Part aux Principaux de la Ville : ſi-bien que, penſant
les avoir gagnés, un jour leur Conſeil eſtant aſſemblé, il les pria tous
de le vouloir recevoir pour Citoyen
de leur Ville, & l'honorer du Droit
de leur Bourgeoiſie. De cinq du Conſeil, il y en eut quatre qui le refu-
férent tout à plat, s'excuſans honnéſte-
ment pourtant, que cela ne ſe pouvoit faire. Il y eut le cinquieſme,
qui fut d'Advis qu'on le reçeuſt ; mais,
il ne fut pas creu. Dragut diſſimula
le

le tout modeftement : & celuy , qui tenoit le Party de Dragut, s'appelloit Braimbarac, lequel s'en vint trouver Dragut en fa Galere, là-où ils concertérent tous deux de la Prife de la Ville, qui fut telle, que Dragut fit lever l'Ancre, & faire fié vogue tant qu'on l'euft perdu de Veuë. Sur le foir, il tourne Prouë, & à force de Vogue & de Voiles, il s'en retourne court d'où il eftoit party ; &, un peu au-deffus de la Ville, il met en Terre cinq cents bons Hommes, des meilleurs qu'il euft ; & puis s'en vint devant la Ville, contre laquelle il fe met à tirer force Coups de Canon, & donner l'Allarme à ceux de la Ville, qui tous accoururent aux Murailles & Port, pour la Défence. Cependant, fes Gens de Terre, qu'il avoit defbarqués au-deffus, couloient tousjours, qui vindrent jufques au Pied de la Muraille, du Cofté qu'il avoit efté arrefté. Ce Braimbarac, qui l'attendoit avec d'autres fiens Partifans, leur preftérent la Main pour monter ; fi bien que tous les cinq cents y montérent fi aifément, qu'on n'en eut jamais Nouvelles, jufques à ce que d'une telle Furie ils vindrent charger par derriere, qu'en un rien ils fe rendirent Maif-

tres de la Ville, avec aſſez de Meurtre & Pillerie : toutesfois, parce que
Dragut ſe vouloit ſervir de la Place,
il fit ceſſer auſſi-toſt, & le Meurtre, &
la Pillerie.

Luy, eſtant logé-là à ſon Souhait,
& ayant une bonne Retraitte, il ne
faut point demander s'il euſt fait beaucoup de Mal, s'il euſt eu le Loiſir.
Mais, y ayant laiſſé un ſien Couſin
en Garniſon, pour gouverner avec de
bons Hommes choiſis, tant de Turcs,
Mores que Renegats, il en ſortit, pour
aller à la Chaſſe & en Cours. Sur
quoy André Doria arriva avec une
très-belle Armée de Mer, qui l'aſſié-
gea, & la prit (comme j'ay dit,) ſans
que jamais il fuſt en la Puiſſance de
Dragut de donner Secours ny grande
Allarme : &, deſeſpéré de Retraitte ;
car, il n'en avoit aucune, parce que
les Gouverneurs des Coſtes ne le
vouloient aucunement retirer, par le
Commandement du Grand-Seigneur,
qui luy vouloit Mal ; d'autant qu'il
faiſoit ſon Cas à part, & vouloit faire du Seigneur ſouverain, ſans aucunement le reconnoiſtre, ny céder à
aucun, fors au Dieu Neptune ſon
Dieu des Eaux.

Parquoy, il s'adviſa d'envoyer
une

une Ambaſſade vers le Grand-Seigneur, ſans oublier les Préſens, (car
à la Porte du Grand-Seigneur, depuis les plus petits juſques aux plus
grands, les Turcs ſont naturellement
outrez d'Avarice,) & ſupplia le Grand-
Seigneur de luy pardonner le paſſé,
luy promettant de luy faire à l'ave-
nir de grands Services.

Le Grand-Seigneur, qui connoiſ-
ſoit cet Homme de grand Service,
fut très-aiſe de luy pardonner, & en
contr'eſchange de ſon Ambaſſade luy
envoya un de ſes Sanegiacs, qui apporta toute Oubliance & Pardon à
Dragut, & Puiſſance de faire la Guerre à outrance à toute la Chreſtienté,
& l'endommager comme il pourroit,
faiſant Commandement à tous ſes Gouverneurs des Ports de le retirer. Notez quel Honneur & quel Heur eut
cet Homme, qui, ne portant pour
lors autre Titre que de Corſaire, ou
ſimple Rays, (qui eſt autant à dire
comme Capitaine,) eut cette Pré-
ſomption d'envoyer une Ambaſſade
vers l'Empereur de tout l'Orient, & en
recevoir de luy. Poſſible telle Fortune,
ny pareille Gloire, ſe trouvera-elle en
perſonne de noſtre Temps ny de nos
Peres. Luy donc, pour monſtrer à

 ſon

son Prince, qu'il ne luy avoit rien
dit, qu'il ne tint, se mit en Mer, &
fit grand Dommage aux Chrestiens de
de-là ; & mesme se joignit avec l'Armée du Grand-Seigneur, qu'il avoit
envoyée par Couradin Bascha pour ravager tout, du Despit qu'il avoit
de la Ville d'Affrique, prise contre
la Trefve jurée entre luy & l'Empereur.

Il eut cet Honneur de mener l'A-
vant-Garde de cette Armée, qui n'estoit pas petite : car, elle estoit composée de six vingts grandes Galeres &
deux Mahones, sans conter force autres petits Vaisseaux, comme Galliotes, Fustes, Brigantins, & Frégates.
Après avoir donc pris Tripoly, le
Gozze près de Malthe, saccagé toute l'Isle, & puis après passé par le
Far de Messine, pris & pillé Reggio,
pillé & saccagé une infinité de Villes,
petites Places, Bourgades, & estant
venu devant Naples, tiré contre la
Ville des Coups de Canon, & puis
donné la Chasse à André Doria, comme j'ay dit, & pris cinq de ses Galeres, & mis à fond deux : après,
dis-je, que Dragut eut fait tout cela,
André Doria voulut avoir sa Revanche, comme chacun à son Tour, &
que

que toute la grande Armée fut re-
tournée à Conftantinople. Parquoy,
il fe mit en quefte après luy de toutes Parts; &, l'ayant failly aux Gerbes, il vint aux Sequennes de Barbarie, où il le trouva dans le Canal.
Qui fut bien aife, ce fut André Doria; lequel, l'ayant-là accullé & coi-
gné, qu'il n'en pouvoit jamais fortir
fans fa Miféricorde, veu qu'il n'y
avoit nulle Porte derriere, ny Apparence de pouvoir fortir : Dragut, fans
s'eftonner, fait un petit Fort à la
hafte fur la Terre, à l'Emboucheure
du Canal, & empefche par ce Moyen
l'Entrée aux Chreftiens, d'autant qu'il
y avoit fait defcendre trois à quatre
groffes Piéces, qui tiroient inceffam-
ment fur les Galeres Chreftiennes.
Cependant, il forge en foy une Aftu-
ce, ny militaire, ny renarde, mais
du tout diabolique : parquoy, il a-
maffe le plus de Gens du Pays qu'il
peut, qui pouvoient monter jufques
à cinq cents, les paye très-bien, &
puis avec fa Chiourme & fes Soldats
& Mariniers, par une belle Nuit, il
jette fes Galeres hors de l'Eau, &
les met en Terre, les faifant couler
& rouler par des Rouleaux environ
trois Lieuës ; & fit fi bien par la Main

D 3

des

des Travailleurs, qu'elles s'allérent, jetter de l'autre Cofté dans l'Eau dans un autre Canal, là-où il les arme & refait foudain. Cependant, fes Gens de fon Fort de Terre faifoient tous-jours bonne Mine, & ne ceffoient de combattre. Quand Dragut vit qu'il eftoit temps, il envoya defengager fes Gens, & leur manda de quitter le Fort de nuit, & fe venir embar-quer; ce qu'ils firent fi accortement & diligemment, que André Doria n'en fçeut jamais rien, jufques à ce que Dragut commence à paroiftre en pleine Mer avec fes Galeres, qui avoient paffé de l'autre Cofté. Qui fut eftonné, ce fut André Doria, qui fe mit à la Pourfuitte: mais, il n'eftoit plus temps; car, il eftoit fort loin, & fi ne craignoit-il pas tant fon Ennemy, qu'il ne prift par rencontre (quafi à la Veuë d'André Doria) une Galere qui venoit de Si-cile, & portoit quelques Vivres & cinquante Soldats à l'Armée Chref-tienne. Dragut, raffla tout cela, & puis fe fauva. J'en ay ouy faire le Conte à une infinité de Mariniers & Soldats, qui le difent encore par tou-tes les Coftes, & comme André Do-ria s'eftonna de cette Efcapade; fi
bien

bien qu'il ne pouvoit croire que c'euſt eſté un Oeuvre divin, mais du tout diabolique & infernal, auquel les Romains, Forceurs de Nature (& quand c'euſt eſté leur Lucullus) n'euſ-ſent ſçeu approcher. Et il dit bien plus, que, ſi le Diable ne s'en fuſt point meſlé, ou quelque nompareil Sorcier par Adjurations & par Impré-cations, il tenoit Dragut le plus grand Capitaine de la Mer, & qu'il luy cédoit la Gloire : comme certes ce Cas fut admirable.

NOUS liſons dans Tite Live un ſemblable Trait pourtant, que fit Hannibal en la Ville de Tarante : car, ayant propoſé aux Tarantins, qu'il faloit oſter leurs Vaiſſeaux du Havre, où ils eſtoient reſerrez & aſ-ſiégés de la groſſe Armée de Mer des Romains, & eux trouvant cela im-poſſible, il leur dit, que pluſieurs choſes ſemblent ſouvent embrouillées, leſquelles on demeſle par Artifice & Dextérité : &, pour ce, avec des Engins qu'il inventa, & des Chariots & Chevaux, il fit remorquer par Terre tous les Vaiſſeaux, par la Vil-le & les Ruës, l'Eſplanade en eſtant très-bien auparavant faite ; de façon qu'ils les roulérent ſi bien en peu

                    de

de temps, un chacun ayant mis la Main à l'Oeuvre, qu'une Flotte de Navires assiégée parut bien équippée & armée, n'ayant fait que roder & voguer à l'Entour de la Forteresse : & on la vit surgir à la Rade devant le Port : ce qui estonna fort les Romains. Dragut possible, ou l'un des siens, pouvoit avoir leu l'Histoire ; car, tout se pratique : & si l'on invente tousjours de nouveau quelque chose ; encore qu'on die, qu'il n'y a rien qui n'ait esté inventé.

DRAGUT fut aussi Cause de cette grande Défaitte Chrestienne aux Gerbes : puis, quelque-temps après, il vint mourir au Siége de Malthe, Sultan Solyman le tenant pour si grand Capitaine, qu'il commanda nommément à Rostan Bascha, qu'il n'entreprist rien sans l'Advis & Conseil de Dragut, lequel n'estoit venu du commencement si-tost là-devant comme l'Armée, s'amusant à amasser les Vaisseaux & les Forces d'Alger : où estant arrivé, il trouva comme desjà l'on avoit assiégé le Fort Saint-Elme, & de prime abord il y trouva fort à dire ; car il y vit faire la Batterie de si loin, que de long-temps on ne l'eust pris. Parquoy, il commanda

manda de l'approcher; de-sorte que,
luy y estant si près, pour la voir
mieux faire, il fut blessé d'un Esclat
de Pierre dans la Teste, dont il mourut aussi-tost : ce qui vint bien à point
pour les Chrestiens; car, s'il ne fust
mort, ils n'en eussent pas eu si bon
Marché qu'ils eurent, ainsi que j'ay
ouy dire à Monsieur le Grand-Maistre, qui fut très-aise de sa Mort, &
à qui j'ay veu loüer beaucoup ce Dragut. Dieu les garantit tous par la
Mort de cet Homme ; car, il estoit
très-dangereux en fait de Guerre.
Voilà la Fin de Dragut.

DISCOURS TRENTE-HUITIESME,

OCCHIALY, ou UCCHIALY,

CALABROIS, CORSAIRE TURC.

OR j'ay veu plusieurs Mariniers
& Capitaines de Mer, & mesmes les Chevaliers de Malthe, faire
entr'eux cette Question, à sçavoir
qui estoit le plus grand Homme de
Mer & le meilleur Capitaine, ou Dra-
                    gut,

gut, ou UCCHIALY ? Les uns tenoient pour l'un, & les autres pour l'autre.

CEUX, qui tenoient pour Ucchialy, difoient, qu'il avoit eu de plus grandes & honorables Charges que Dragut; car, il avoit commandé en Général & Admiral du Grand-Seigneur, & que la belle Action, qu'il fit à la Battaille de Lépante, l'elleva bien fort : d'autant, qu'après avoir combattu tout ce qui fe pouvoit, & pris l'Eftandart de ceux de. la Religion (qui fut un grand Cas, car ces braves Gens ont tousjours bien fait en tous Lieux qu'ils ont efté, & ont efté invincibles pour fi peu qu'ils font) il fe retira encore avec force Vaiffeaux à Conftantinople, ayant cette Affeurance de fe préfenter au Grand-Seigneur, qui enrageoit de Defpit, & ne vouloit voir nul de fes Capitaines qui euffent efté-là. Mais, Ucchialy, preffant pour avoir l'Audience, & l'ayant obtenue, il fit entendre à fon Prince fi bien fes Raifons, qu'il l'ouyt, & l'honora de plus grandes Charges qu'il n'avoit fait; fçachant bien auffi qu'il avoit perdu tous fes bons Hommes, & que de Néceffité, il fe faloit fervir de cet Homme

capa-

capable, resté du Nauffrage & des
Reliques de tant d'autres. Comme
de vray, il releva certes ce Coup-là
son Prince, & son Dieu Mahomet;
mais, Dieu mercy qu'on ne le pressa
pas après, comme l'on devoit, dont
je diray ailleurs qui en fut la Cause.

E N après, il se mit en suprême
Crédit, par la Prise de la Goulette,
qui fut faite par grande Fortune; &
je vous diray comment, ainsi que
j'ay appris de Monsieur de Savoye à
Lyon, & par d'autres. Il faut sçavoir, que, dans la Goulette, parmy
la Garnison, il se trouva un Soldat
François, qui de long-temps s'estoit
despaysé de la France, & s'estoit Es-
pagnolisé parmy les Soldats Espagnols, comme j'en ay veu une infinité : il mescheut à ce pauvre Soldat
de manger de la Chair un Jour pro-
hibé ; soudain le voilà pris, & mis
sur une Frégatte, & envoyé à Naples à l'Inquisition. Par Cas fortuit
pour luy, cette Galliotte ou Frégatte
fut rencontrée de quelques Galliottes
d'Alger, qui la prindrent & l'emme-
nérent, & mirent les Hommes de
dedans à la Cadene, comme c'est la
Coustume, aussi-tost que telles Prises
sont faites. Ce Soldat François pria

                    in-

incontinent les Rays de la Galere, qu'on ne le maltraittaft nullement, & qu'on le fit parler à Ucchialy; car il luy diroit & réféleroit une Chofe, dont à jamais il s'en trouveroit très-bien. Aucuns difent, qu'il demanda à parler au Grand-Seigneur: mais, ce fut à Ucchialy, à qui il parla; car, l'Accès de la Porte du Grand-Seigneur n'eft pas fi libre, comme de nos Princes Chreftiens, qui ne tiennent du Barbarifme, comme les Turcs. Eftant donc devant Ucchialy, il luy revele de point en point toute la Force & Forterefle de la Goulette, & le plus fort & le plus foible : car, il eftoit un très-bon Ingénieur ; & mefme il y fut employé là, & ailleurs, pour cet Eftat. De plus, il luy raconta le Nombre des Gens, qui éftoient léans, les Munitions de Vivres & de Guerre; luy faifant la Chofe fi facile, qu'il luy promet de la prendre dans un rien, s'il le vouloit croire, & fe gouverner par luy. Ucchialy prefta l'Oreille à tout ce qu'il dit, & trouva une grande Apparence en fon Dire. Il part, & s'en va à Conftantinople, & déclare au Grand-Seigneur l'Entreprife, & luy fait fi facile l'Exé-
cu-

cution, que le Grand-Seigneur luy
baille auffi-toft l'Armée & les Forces
qu'il demanda avec Synam Bafcha.
Encore promit-il mieux, qu'il ne
confumeroit pas plus de Jours à la
prendre, que le Roy d'Efpagne &
fon Pere y avoient confumé d'Années
à la garder, qui eftoit, ce me femble,
quarante & un ou trente & un An.
La Supputation en eft fort aifé à
faire; la faffe qui voudra : je ne fuis
pas pour m'y amufer. Le voilà donc
venu, il met fon Siége, fe gouverne
tousjours par l'Advis de fon Homme
ingénieux ; tellement qu'il ne faut
de l'emporter dans tant de Jours qu'il
avoit dit. Bien eft-il vray, qu'il eut
beaucoup de Peine après à combattre
& forcer le Fort de l'Eftang, que
Jean-André Doria avoit fait faire, qui
importoit beaucoup ; là-où s'eftoit
jetté dedans le Sieur Pagan Doria fon
Parent, & le Sieur Gabriel Cerbellon, très-braves & vaillans Capitaines, qui le défendirent certes très-
vaillamment. Ces deux Chefs, a-
vec les Italiens qui eftoient léans,
firent grand Honte aux Efpagnols qui
eftoient dans la Goulette, qui combattirent & fe défendirent bien
autrement qu'eux. Auffi il y avoit

D 7

bien

bien de la Différence entre Pagan Doria, & ce brave & vaillant Capitaine Gabriel Cerbellon, & *Dom Juan de Puerto Carrero*, duquel on ne tenoit pas grand Compte, & lequel par Dérifion on appelloit *Dom Juan Puerco Carnero*; c.-à-d., *Pourceau & Mouton*, en faifant Allufion fur fon Nom. S'il euft fait comme fit Dom Hernandille de Puerto Carrero, portant mefme Nom, dans Amiens, il euft mieux fait, & euft efté plus eftimé. Cette Place eftant prife, Ucchialy fut par après en grande Vogue & en belle Faveur avec le Grand-Seigneur. Et voilà les deux fignalez Effets de cet Ucchialy, qui l'on fait valoir & eftimer pour très-bon & grand Capitaine.

CEUX, qui tiennent le Party de Dragut, difent que Dragut l'avoit fait de fa Main, & qu'il ne fçavoit que ce qu'il avoit appris de luy, & que jamais il n'eftoit tombé ny defcheu en fi baffe Fortune comme avoit fait Dragut. Que s'il en euft tafté de pareilles, à grande peine euft-il peu fe relever de fes Cheutes, comme avoit fait Dragut. Davantage, qu'il eft fort aifé à faire des Expéditions, & des grands Miracles de Guerre, avec de grandes Armées, où rien ne manque,

&

& où il y a tout à souhait. Mais, de faire de Pierre Pain, comme on dit, ainsi que fit Dragut, c'est-là où est la Peine. Et on dit de plus, que quand Dragut n'auroit fait en sa Vie que ce Trait de Sequenne (1), & d'avoir ainsi forcé la Nature, c'est quasi se parangonner, ou à Dieu, ou au Diable, comme j'ay ouy dire à aucuns.

QUANT au reste, Ucchialy a esté petit Compagnon comme Dragut. Il fut natif de Calabre, ou j'ay veu le Lieu, & aucuns de ses Parens, qu'il venoit voir quelques fois, & leur faisoit du Bien & du Plaisir. Il estoit Moine, ce dit-on; &, s'en allant à Naples pour estudier, il fut pris, & depuis se renia: &, de peu à peu se faisant Corsaire, il s'advança, comme on l'a veu. Je croy qu'il prit le Turban, plus pour cacher sa Tigne, qu'on disoit l'avoir gardée toute sa Vie sans s'en défaire, que pour autre chose: &, bien qu'il fist bonne Mine de Renegat, il ne quitta jamais sa Religion du Christianisme. Je l'ay ouy ainsi de Monsieur de Dage (2), Ambassadeur

pour

(1) Voïez ci-dessus, pag. 77.
(2) François de Noailles, Evéque de Dax. *Voïez ci-dessous vers le Milieu de* Don Juan d'Aûtriche, *au Discours XLI, Article III, à la Fin.*

pour le Roy en Levant, qui l'avoit veu à Constantinople.

J'AY ouy dire pourtant, qu'il estoit plus cruel que Dragut, & n'avoit si grande Civilité que Dragut, qui aymoit les François. Aussi, quand il fut employé pour la France, & commandé par le Grand-Seigneur pour courir les Mers, pour l'Amour d'elle il s'y employa de très-bon Cœur. Je l'ay ainsi ouy dire à Monsieur le Baron de la Garde, qui l'a mené, & luy a commandé par le Commandement du Grand-Seigneur. J'en ay assez dit, remettant aux grands Mariniers & bons Capitaines de Mer, qui ont tasté de l'un & de l'autre, à en discourir, & donner leurs Advis sur leur Perfection & sur la Prescéance des deux.

SI faut-il, avant que finir, que je die encore ce Mot. La Prise de la Goulette fut de telle Importance au Grand-Seigneur, que derniérement en cette Guerre de Perse s'estant esmeuë quelque Contention d'Honneur, & de Services faits à leur Maistre, (comme cela est coustumier parmy les grands Capitaines,) entre Mustaffa Bascha Général de l'Armée en la prémiere Année & Conqueste, & qui depuis fut prémier Vizir à la Porte du
Grand-

Grand - Seigneur , après la Mort de
Mehemet Bascha , mais après desap-
pointé & disgracié; & Synam Bascha,
qui estoit sous luy en cette prémiere
Conqueste , fut puis après Général.
Venans donc aux Reproches & à leurs
Valeurs & Services faits , Mustaffa se
vantant d'avoir conquis la Cypre à son
Maistre, l'autre respondit, qu'il se sentoit autant glorieux , & son Maistre
autant obligé à luy, de luy avoir conquis la Goulette , Place inexpugnable,
& avec le Fort garny de si grande
Quantité de si bons Capitaines & Soldats. Mais, l'autre luy reprocha, que
ce n'estoit pas luy seul qui en devoit
avoir la Gloire , mais Ucchialy, qui
avoit esté l'Auteur de l'Entreprise,
& l'Exécuteur avec luy. Synam re-
pliqua, que l'autre aussi n'avoit pas
luy seul conquis la Cypre, mais d'autres grands Capitaines & Baschas,
qui le valoient bien : &, qui plus est,
il y avoit consumé une grande Trais-
née & Laps de Temps , & mesme és
Prises de Famagouste & de Nicotie,
que le moindre Secours qui fust venu
des Chrestiens, il se retiroit avec sa
courte Honte ; au lieu que luy , en
trente & un Jour, il avoit fait sa Conqueste, sans grandes Longueurs ny de
grands

grands Fraix à fon Maiftre, au lieu que luy en avoit fait d'extraordinaires en fa Cypre : qui pourtant, dit Muftaffa, par après avoit bien rapporté depuis le Rembourfement, & beaucoup de bons Moyens & Revenus. Voilà les Reproches que fe faifoient ces deux grands Bafchas, fondez fur de bonnes Raifons. J'ay ouy dire ce Conte à un honnefte Italien, qui pour lors eftoit à Conftantinople ; & je l'ay auffi veu ainfi efcrit dans un Livre Italien, qui a efté fait fur cette Guerre de Perfe. Il ne peut pas y avoir de cela plus haut de vingt Ans.

E**NFIN**, ces deux grands Bafchas & Capitaines, un peu après, fe défirent l'un l'autre, comme cela fe voit fouvent en la Cour de tous les grands Roys & Princes fouverains, & il s'eft veu par une infinité d'Exemples. Il faut noter en ce Difcours, comme ce Synam Bafcha eftimoit autant la Conquefte & Prife de la Goulette, comme l'autre pouvoit faire de la Cypre : toutesfois, Ucchialy en fut le principal Auteur & Exécuteur ; bien que ce Synam fuft un très-grand & vaillant Capitaine, & très-grand Ennemy des Chreftiens s'il en fuft oncques ; & qui ordinairement diffuadoit au Grand-
Sei-

Seigneur la Guerre contre les Perfes, & la luy perfuadoit du tout contre les Chreftiens ; la faifant cent fois plus utile & aifée, que contre les autres.

DISCOURS TRENTE-NEUVISEME.

BARBEROUSSE.

AVANT ces deux grands Capitaines & Corfaires, Dragut & Ucchialy, l'un fait de fa Main, comme j'ay dit, & l'autre non, avoit efté ce grand BARBEROUSSE, duquel bien que j'aye efcrit de luy en mon Livre des Colonnels de France(1), fi faut-il que j'en die encore quelque petit Mot, afin que le Monde fçache, que jamais des Romains, ny des Grecs, grands Conquerans de Royaumes & de Terres, il n'y en a eu de tel. Il prit & conquefta, par fa Proüeffe, & par fon Induftrie, deux Royaumes, dont l'un

fut

(1) *Ci-deffus Tom. X, vers le commencement, & Tom. VI, Difcours LVI, à la Fin.*

fut celuy d'Alger. Il est vray, que
son Frere aisné en fit le prémier Fon-
dement; mais aussi il luy ayda en la
Conqueste, & le garda très-bien après
sa Mort. L'autre Royaume fut celuy
de Thunis. Qu'estoit cela, si-non
qu'en peu de temps il conquit une seconde Carthage, que ces braves &
vaillans Romains consumérent tant
d'Années pour en avoir la Raison, &
la mettre à bas? Et ce Barberousse
en un rien la conquit: &, pour la
conquérir, fit Teste à ce grand & redouté Empereur Charles-Quint, y
estant en Personne; qui, sans la Re-
volte de ses Esclaves, qui estoient
dans la Roque, & la Surprise qu'il y
fit, on ne sçait à quoy l'Empereur en
eust esté, & il luy eust possible donné
à songer, veu les grands Empesche-
mens de toutes Sortes qu'il eut à y
parvenir. Les Histoires en sont assez
pleines sans que j'en parle. Et, non-
obstant, ce brave Roy de Corsaire ne
s'estonna point de sa Perte, arrivée
plustost par Disgrace de Fortune de
Guerre, ou par Trahison, sort de la
Place, & refait un second petit Armement de quatorze Galeres, qu'il
avoit caché & sauvé dans quelques petits Recoins & Paluds ou Canaux de
là.

là-auprès, dont il les fait tout auffi-
toft fortir : en forme & belle contenance de Guerre, & d'Hommes, pluftoft comme vainqueurs que vaincus,
fe fait paroiftre & fe fait reconnoiftre
par autres quatorze Galeres, que l'on
avoit envoyé à André Doria fous la
conduite d'un certain Capitaine Gennois, nommé le Seignor Adam, auquel auffi-toft qu'il l'eut veu il luy
donna la Chaffe, fi belle & fi affreu-
fe, que, s'il n'euft gagné le Gros d'André Doria, il eftoit trouffé : il met
Doria & toute fon Armée en allarme,
& à fa Barbe fe fauve dans Alger.
Voire, il fait encore plus, d'un mefme Vol il s'en va piller & faccager
l'Ifle de Minorque, & y prend le Port
de Maon ; & puïs, chargé de Butin il
prend la Route de Conftantinople,
fe préfente au Grand-Seigneur, luy
raconte fa Perte & fa Difgrace ; non-
obftant laquelle, & ne la connoiffant
point advenue par fa Faute, il le re-
çoit très-bien, luy redonne un nouveau Armement, & il fait le Diable
pis que jamais. Allez-moy trouver
de pareils Capitaines & Corfaires, auf-
quels la Fortune aye fi bien dit, & fi
mal auffi, & qui s'en foient fi bien
relevez. Voyez les Hiftoires de ces
Temps-

Temps-là, tant Italiennes qu'Efpa-
gnoles.

S'IL eft vray qu'il ait efté François, comme j'ay dit ailleurs, il a fait
Honneur au Nom François; &, s'il
ne l'eftoit pas, il eft à loüer, d'où il
foit. Car, il a efpouvanté, non feulement les Chreftiens, mais les Arabes
& les Mores, ayant fait la Guerre
aux uns & aux autres, & par Mer
& par Terre, les ayant rendus tribu-
taires.

UN des beaux Exploits, qu'il fit
contre les Chreftiens, fut le Siége &
la Prife de Caftro-novo, où il y avoit
dedans en Garnifon trois mille braves
Efpagnols naturels, defquels eftoit
Maiftre-de-Camp ce vaillant Capitaine Sarmiento, qui, quelques Années
auparavant, avoit efté efleu des Soldats mutinez en Lombardie, dont je
parle ailleurs. Il mourut-là en combattant vaillamment fur la Brefche: &,
Barberouffe, eftant après fort curieux
de recouvrer fa Tefte, pour l'envoyer
en Don au Grand-Seigneur, quelque
Diligence qu'il y put faire, il ne fe
put jamais trouver parmy les morts,
tant il y en avoit de tuez & amonce-
lez les uns fur les autres. C'eftoit
combattu & fouftenu une Brefche &
un

un Assaut vaillamment cela ? Voyez
les Histoires Italiennes & Espagnoles : vous y verrez force Faits mer-
veilleux.

Il mourut fort vieux & cassé, &
Roy d'Alger absolu, la seconde Année
que le Roy Henry II commença à régner. Il avoit un Compagnon, qu'il
avoit fort aymé, qui fut Synam sur-
nommé le Juif, & qui fut aussi un
très-renommé Corsaire, de mesme
que l'autre un grand Homme de Mer ;
&, pour ce, le Grand-Sultan Solyman
l'envoya pour son Admiral en la Mer-
Rouge. C'est assez parlé de ces Corsaires.

DISCOURS QUARAN-
TIESME,

LE MARQUIS DE
SAINTE-CROIX.

POUR finir les bons Capitaines
de l'Empereur & du Roy d'Espagne, j'y mettray encore le Marquis
de Sainte-Croix ; car, il a esté très-
bon. Je l'ay veu Général des Galeres

de

de Naples, d'où le Roy d'Espagne le
retira, & pour sa Suffisance s'en servit en la grande Mer Océane, contre
le Milord Drach Anglois, le plus fa-
meux Homme de dessus cette Mer,
qui ait esté il y a plus de deux cents
Ans, & qui a bien donné de l'Affaire
en Espagne. J'espere d'en parler ailleurs. C'a esté aussi ledit Marquis,
qui défit Monsieur de Strozzy, vers la
Tercere. Voilà pourquoy je ne m'es-
tendray pas sur ses Loüanges, encore qu'il en mérite de plus hautes que
les miennes : mais, il me siéroit mal,
de dire tant de Bien de celuy, qui a
fait mourir le plus grand de mes A-
mis, & qui a fait mourir & trancher
la Teste à tant d'honnestes Gentils-
Hommes François, comme il fit en ce
Voyage.

DIS-

DISCOURS QUARANTE ET UN-IESME,

ARTICLE PREMIER,

PHILIPPE II, ROY D'ESPAGNE.

OR, maintenant, après avoir parlé du Pere, qui est l'Empereur Charles V, il faut parler à présent du Fils, qui est ce grand Roy d'Espagne Dom PHILIPPE, Roy très-Catholique : lequel, encore qu'il n'aye mis le Pied tant de fois à l'Estrier, & paru à la Campagne, ny monté sur Mer, comme l'Empereur Charles son Pere, si est-il un grand Roy & un grand Capitaine ; puisque plusieurs Roys, & Capitaines ont esté autant loüez & estimez, d'avoir fait de belles Conquestes, & mené de grandes Guerres, aussi-bien assis en la Chaire de leurs Conseils, comme en leurs Selles d'Armes. Sans m'amuser à l'Allégation de plusieurs Exemples, je n'allégue que celuy de nostre Roy Charles cinquiesme, lequel eut le Surnom de Sage, & duquel le Roy d'Angleterre se plaignoit, qu'il luy faisoit une Guerre fi importune, fans bouger de fon Cabinet.

DAVANTAGE, comme, j'ay ouy dire à de grands Capitaines, il eft plus difficile de donner Remede aux Inconvéniens qu'on ne voit point, qu'à ceux qu'on voit: car, comme on dit communément, quand on voit les Chofes à l'Oeil, & mefme de la Guerre, l'on y remédie plus aifément. Voilà pourquoy ceux, qui confeillent & remédient, non-feulement aux Maux qu'on voit, mais auffi à ceux qu'on ne voit point, font fort à eftimer, & monftrent avoir un profond Jugement & grand Sens. Auffi dit-on, qu'il fait faire la Guerre à l'Oeil; &, qui la fait bien les Yeux fermez, ou en Abfence & bien loin, eft fort à loüer. De plus encore quand tout eft dit, ainfi que j'ay ouy dire à plufieurs de bon Advis, quand un grand Roy, ou grand Prince, a paffé les prémiers Feux de fa Jeuneffe à la Guerre, ce n'eft pas le meilleur, ny pour luy, ny pour tous ceux de fon Royaume, qu'il faffe tousjours la Guerre en Perfonne: les Raifons là-deffus s'y peuvent apporter belles; &, auffi que c'eft trop fe faire Efclave de Mars, & non pair & compagnon à luy. Davantage, il y a Différence, & y en doit
avoir,

avoir, entre les Roys, & noûs autres Gentils-Hommes, qui vivons de la Guerre.

Au surplus, quand un Roy fait tant du hazardeux, & du Cheval-léger, il n'est pas possible, qu'il ne luy arrive une fois en sa Vie quelque Faute, ou Disgrace, de Fuite, ou d'autre Erreur; de laquelle s'il est une fois taché tant soit peu, il ne s'en peut jamais bien laver. Et tels Mots, quand on dit, *Il a falu que le Roy se retirast plus viste que le Pas*, ou bien, *Il est fuy à bon escient*, quand ce ne seroit que cent Pas, il ne s'en sçauroit jamais nettoyer, sonnant ce Mot si mal à la Bouche. Voilà pourquoy les Roys doivent mesnager leurs Hazards & leurs Vies, à la Mode que font aucuns Avares leurs Trésors; lesquels ils espargnent en Choses petites & basses, & les despendent en Choses nobles & de consequence, quand il en est question. De mesme, les Roys doivent faire de leurs Vies, ne les adventurer à tous Heurts & Occasions légeres, mais à d'autres belles & très-grandes; afin que, si le Malheur veut qu'ils y meurent, on die d'eux qu'ils sont morts en une belle Battaille, ou en une honorable Rencontre, ou en un signalé

E 2

Com-

Combat, bravement & vaillamment, les Armes au Poing toutes teintes de Sang, comme plusieurs grands Empereurs & Roys ont fait, dont le Nombre est infiny. S'il faut qu'ils se retirent, que ce soit en valeureuse & honorable Relique de Battaille, comme fit ce brave Philippes de Valois après la Battaille de Crecy; qui, après avoir combattu tout ce qui se pouvoit, jusques à la Soirée, fut obligé par les Ténébres de se retirer au Gîste en un Chasteau & une petite Ville, où le Gouverneur luy ayant demandé son Nom de la Muraille, il respondit que c'estoit la Fortune restée de la Battaille perdue. S'il faut qu'ils soient pris, que ce soit à la Mode du Roy Jean devant Poitiers, & du Roy François devant Pavie; lesquels, plustost que fuyr avec plusieurs autres, furent pris, n'en pouvant plus, & tous las du Combat : ou bien du tout sortir bravement victorieux, ainsi que fit nostre grand Roy Henry IV, à la Battaille de Coutras, & à celle d'Yvry : & comme avant luy avoient fait ses deux illustres Prédécesseurs, les Roys Charles VIII, & Louys XII, aux Battailles de Fornoüé & d'Agnadet (1).

AIN-

______

(1) Agnadel.

AINSI, les Roys, qui font efclai-
rez de toutes Parts, doivent mefnager
leurs Vies & leurs Honneurs ; car,
ils font tant veus, que s'ils bronchent
tant foit peu , ils font remarqués de
tous Coftez. Si ne fçauroit-on reprocher au Roy d'Efpagne , qu'il n'aye
grandement aymé la Guerre de fon
vray Naturel : car , dès lors que l'Empereur fon Pere luy eut mis tout fon
Eftat entre fes Mains, il nous alla de
prémier Coup dreffer de groffes Armées , & nous les jetta fi - bien fur
les Bras, qu'il nous fit donner la Battaille de St. Quentin , qu'on gagna
fur nous, avec groffe Perte de beaucoup de Gens de Bien & Seigneurs. Au partir de là , il alla en
Perfonne affiéger la Ville de St. Quentin, la battre furieufement , & la prendre d'Affaut , gardée auffi - bien de feu
Monfieur l'Admiral de Chaftillon ,
que Place de ce Temps - là qui ait efté
prife. Et puis il prit Ham & le Chaf-
telet ; & , s'en contentant, il ne voulut paffer plus outre , ny venir à Pa,
ris, comme beaucoup le préfumoient,
& en avoient Crainte : mefme on dit,
qu'il le devoit faire , & l'Empereur
mefme le dit ; mais, pourtant, il ne
voulut paffer plus outre luy - même au

E 3

Camp

Camp de Galon (*a*). Il ayma mieux faire fa Paix, que venir à Paris, qu'il avoit autres-fois tant menacé : & , en eftant fur le Point mefme d'y venir, il y fongea, ne voulant pas mefme que fon Armée paffaft d'Italie en France, fuivant les Perfuafions de Monfieur de Bourbon après la Perte de la Battaille de Pavie ; car, c'eft un grand Fait, que d'aller attaquer un Royaume de France tout-à-coup dans fon Fort.

Le Roy d'Efpagne donc y penfa bien auffi : lequel, conduit d'un bon & fage Advis, tant de luy que de fes Capitaines, s'arrefta coy ; dont il luy euft mal pris, s'il euft pouffé plus avant. Car, noftre grand Roy Henry s'eftoit remis fus, avec une très-bonne Armée : & il fit mieux de reculer ainfi, pour faire après ce qu'il nous fit. Car, il nous alla encore livrer une feconde Battaille, dont la Perte nous fut de fort grande Importance, qui fut celle de Gravelinne, où Monfieur le Marefchal de Termes fut pris, & Monfieur d'Anebaut, avec force Gentils-Hommes & Seigneurs morts : du Nom-

(*a*) Ailleurs auffi *Galon*, mais le plus fouvent *Jalon*. C'eft Jallon à mi-chemin entre Epernai & Chalons,

Nombre defquels fut feu Monfieur d'Archiac, de la noble Maifon de Montberon , fort honnefte , brave , & vaillant Jeune-Homme , & qui monftroit bien d'où il eftoit defcendu , ne faifant nullement Tort à fes nobles Anceftres , Euftache , Adrian , & François de Montberon ; car , il fut tué en combattant vaillamment jufques à la derniere Vigueur. Cette Perte de Battaille , à ce que j'ay ouy dire à des plus grands de la France , nous porta plus de Dommage qu'on n'a cru.

P u i s après ce grand Roy dreffa une des grandes Armées , que l'Empereur fon Pere euft oncques fait , & luy mefme vint en Perfonne , prenant fa Route vers Amiens , pour continuer encore quelque Ufage de nous donner quelque Battaille ; car , il en avoit une fort grande Envie , croyant tousjours que la Fortune le favoriferoit comme elle avoit fait. Auffi de fon cofté l'avoit bien noftre Roy Henry , qui n'avoit pas moins belle Armée , comme un chacun fçait , ny moins d'Envie de combattre & avoir fa Revanche ; mais Dieu , ayant Pitié de la Mort de tant de mille Perfonnes , s'ils en fuffent venu-là , infpira les deux Roys valeureux & bons , pour entendre à une

Paix : laquelle, aprés avoir esté fort débattue à Cercan, fut conclue, arrestée, & liée d'un Nœud si bon & si saint, qu'elle a duré inviolable jusques icy ; encore que l'on die que les Espagnols ayent donné de grands Sujets pour la desnoüer ou rompre du tout. Je m'en rapporte à tant d'Entreprises, qui se font faites sur la Fance ; desquelles je puis bien sçavoir quelquechose, le tout s'estant traitté du Regne du Roy Charles IX, & du Roy Henry III. Sur quoy je feray ce petit Conte par forme de Digression.

Un peu devant les Tumultes de Flandres, le Comte d'Aigmont, les prévoyant, prit la Poste, & s'en alla en Espagne trouver le Roy son Maistre. Il passa à Paris, où il se tint un Conseil estroit, de luy, & de deux grands Personnages François, que je ne nommeray point, fors un qui estoit Huguenot, Monsieur l'Admiral : l'autre n'estoit pas de cette Religion, ce disoit-il ; mais, il les favorisoit du tout sous main, ne s'osant manifester, pour plusieurs Raisons, que je dirois bien. Ces trois firent-là un Symbole, & y taillérent bien de la Besoigne, que l'on a bien sçeu depuis, & veu esclorre ; le tout, tendant

dant la plus grande part à rompre la Paix entre la France & l'Espagne. Tant y a, que ledit Comte d'Aigmont, après cette belle Consultation, s'en alla en Espagne, où il fut bien venu & reçeu de son Maistre, auquel il annonça tout ce qui estoit advenu en Flandres, & ce qui devoit advenir, comme Prophete, ou plustost comme principal Conseiller & Négociateur de tout. Le Roy d'Espagne trouva ces Evénemens fort estranges, & demanda audit Comte les Remedes & son Advis pour y pourvoir : lequel luy fit Responfe, qu'il n'en sçavoit point de plus propres, que de faire la Guerre en France, comme auparavant ; & que jamais il n'y fit plus beau ny meilleur ; & que desjà il luy promettoit plusieurs Villes aux Frontieres, aussi seures que s'il les tenoit en main. Car, il avoit parlé à ces deux Marchands, qui luy aideroient à la Livraison en partie de la Marchandise. Ce qu'entendant le Roy d'Espagne, il le renvoya bien loin, & luy dit : *Comte, ne me parlez plus de cela ; car, j'aymerois mieux perdre toute la Flandre, que de rompre si vilainement la Foy que j'ay donnée au Roy Très-Chrestien, mon bon Frere, tant jeune qu'il est.*

E 5

J A-

JAMAIS ce grand Prince ne refufa Marché que celuy-là. Cas eftrange! En telle Refponfe donc du Roy d'Efpagne pouvons-nous reconnoiftre, s'il nous a efté fi cruel Ennemy, comme l'on a tant crié en France, par la Bouche & la Voix de plufieurs, non de tous. Et fi l'on me met au devant, pourquoy il a tant entretenu de Penfionnaires en France, & donné tant de Penfions? Je le croy & l'advoue; & en nommerois plufieurs, & des plus haut huppez, fi je voulois: mais, il les faut blafiner ceux-là. Car, il n'appartient à aucun Sujet, fans congé du Prince, de prendre Penfion d'un Eftranger. Mais, il faut loüer le Roy d'Efpagne: car, ce n'a jamais efté à mauvaife Intention, qu'il entretenoit ces Penfionnaires, ny pour luy aider à faire la Guerre contre leur Maiftre; mais, pour le perfuader tousjours de ne la faire point, & le tenir en cette bonne Humeur de Paix. En quoy certes tels Confeillers ont bien fait, & font à loüer, fi ce n'eft qu'ils ne doivent point tirer d'Argent pour un fi faint Office, & que la Loy le deffend, comme j'ay dit.

D'AUCUNS, plus remuans & plus paffionnez pourtant ont tenu, qu'il

euft

euſt mieux valu faire cette Guerre,
que la noſtre civile : dequoy je m'en
rapporte aux meilleurs Diſcoureurs.
Poſſible y euſſions-nous gagné, poſſible non : teſmoin cette derniere
Guerre déclarée contre luy, dont on
maudit en France les Conſeillers. Car,
nous y avons perdu Cambray, Calais,
Ardres, Dourlans, le Caſtelet, la
Capelle, & Amiens. Mais, cecy ne
fait rien à noſtre Propos pour à cette heure, encore que j'aurois grande
Envie d'en parler : ce ſera pour une
autre fois.

DEPUIS la Paix faite en France,
ce Roy n'a jamais laiſſé eſcouler une
ſeule Année, qu'il n'aye fait un Armement, ſoit par Mer ou par Terre,
contre les Turcs & Infideles, pour
faire quelque belle Journée, qu'ils ap-
pellent *Jornada*; qui ſe prend, non
tant ſeulement pour quelque Battaille,
que pour quelque Siége & Entrepriſe, ou autre Expédition grande & ſignalée, comme ont eſté le Voyage &
la Battaille des Gerbes, les Guerres
d'Oran, le Voyage & la priſe du Pignon de Velez, où j'eus l'Honneur de
me trouver ; les deux Secours de Malthe, faits & arrivez à propos ; la Guerre contre les Mores en Grenade, &

 la

la Battaille gagnée & eux subjugués &
chaſſés du tout ; cette mémorable &
incomparable Journée de Lépante ; le
Voyage de la Goulette, & ſa Perte,
mais ce n'a pas eſté ſa Faute ; bref
force autres Armemens de Mer, pour
aller en Courſe, & pour nettoyer les
Mers, où il ſe faiſoit tousjours de
beaux Actes & de grandes Entrepriſes
& grands Services pour la Chreſtienté. Car, c'eſtoit Choſe infaillible, qu'à
tous les Printemps, en Italie & en
Eſpagne, comme j'ay veu, on y voyoit
tousjours battre le Tambour pour y
amaſſer des Gens, tousjours remuer
& embarquer des Gens de Guerre contre le Turc ; ſi - non depuis huit ou neuf
Ans, qu'il a eſté contraint de faire la
Trefve avec le Grand - Seigneur, qui
luy couſte bon : car, il n'y a Année
qu'il ne donne à la Porte dudit Grand-
Seigneur, aux Vizirs, aux Baſchas,
& autres, plus de huit à neuf cents
mille Eſcus, comme je le tiens de bon
Lieu. Il a auſſi eſpuiſé force Argent
en cette grande Armée, qu'il dreſſa, il
y a deux Ans, contre l'Angleterre (a)

la

(a) Brantome écrivoit donc ceci environ l'An
1590. car, l'Armement de Philippe II. contre
l'Angleterre éclata en 1588. Cependant, ci deſſous
pa-

la plus belle qu'on aye veu de long-
temps en cette grande Mer Océane de
deça ; & ce, pour tirer de Captivité
cette pauvre Reyne d'Efcoffe, de laquelle ce Roy par Pitié fe voulut rendre Protecteur & Libérateur, s'il euft
peu : mais, ce barbare Elément fe ban-
da contre luy, à ce Coup-là trop in-
juftement.

IL a eu de grandes Guerres à demef-
ler avec fes Sujets de Flandres. Et,
certes, j'ay ouy dire à aucuns très-
grands & point paffionnez, que ces
Révoltez en ont eu quelques Raifons,
tant pour fecoüer le Joug des Efpagnols, qui eft certes infupportable,
que pour fe garder de l'Inquifition,
comme d'une male Pefte, difoient-ils,
& fort dangereufe. D'autres les blaf-

moi-

page 118. il témoigne, qu'il compofoit la Vie de
ce Prince en 1598. Il faut donc lire, il y a dix Ans,
(1).

(1) Point du tout : car, il dit ci - deffus,
Tome IV. pag. 230. *Catherine de Médi-
cis, aujourd'hui notre Reine-Mere*, laquelle mourut
en 1589. Dans la page fuivante, il va parler de
ce Prince comme *très - âgé & maladif*, & page
118. en parlera comme *mort*. Ces différentes
Dates, tant ici qu'en divers autres Endroits,
marquent que Brantome a écrit en différens Tems,
& ajouté à fes Difcours, tantôt une Particulari-
té, tantôt une autre.

moient d'avoir repris les Armes, a-
près que Dom Juan d'Auſtriche, arrivé en Flandres pour les contenter,
en eut fait retirer les Eſpagnols, &
les eut renvoyé tous en Italie, après
le Sac d'Anvers; & leur avoit accor-
dé la Paix, & beaucoup de Libertez
de vivre. Ils vindrent après rompre
tout, & aux Armes plus que devant;
ce qui faſcha fort le Roy. Car, pour
avoir ſa revanche d'eux, il ne la put
avoir ſur les Turcs, qui luy avoient
pris la Goulette, Place forte & très-
importante pour la Chreſtienté. J'ay
ouy dire, que, lors qu'il en ſçeut la
Nouvelle de ſa Perte, il la porta ſi fort
impatiemment, qu'il en devint malade;
non tant pour ſa Perte, diſoit-il, que
parce que les Chiens triomphent des
pauvres Chreſtiens. Car, il luy eſtoit
à grief de voir tant de Chreſtiens en-
cadenez, & menez Eſclaves, & trait-
tez miſérablement pour jamais. Ce ne
fut point ſa Faute : car, il y avoit fort
bien & diligemment pourveu, y ayant
envoyé une fort groſſe Armée; mais,
il y fut fort mal ſervy.

Il y en a pluſieurs qui s'eſtonnent,
pourquoy, en l'Age qu'il eſt, & maladif, il ne ſe diſtrait point de tant
d'Oc-

d'Occupations & d'Affaires (car il les veut toutes fçavoir, & en dire fon Advis, & y donner Commandement) & ne faffe la Retraitte de l'Empereur fon Pere. Ceux-là voudroient bien, qu'il la fift, & qu'il ne s'en meflaft point tant ; car, ils s'en trouveroient mieux, & y perdroient un très-dangereux Ennemy. D'autres le loüent & l'eftiment davantage, pour continuer tousjours fon Ambition tant plus qu'il vieillit. Auffi dit-on, que l'Avarice & l'Ambition ont quelque Sympathie & Reffemblance enfemble, d'autant que tout les Vices s'affoibliffent & s'abbattent par le Temps, l'Age, & la Vieilleffe ; car, les Perfonnes vieilles n'ont plus la Force ny la Vigueur de les exercer, fors l'Avarice. Car, quiconque en eft taché, tant plus il vieillit, tant plus il l'augmente. De mefme, aucuns Ambitieux, qui ont efté atteints une fois bien au vif de l'Ambition, à grand-peine s'en peuvent-ils défaire bien aifément ; mais, ils la couvent tousjours dans leur Ame, jufques au Tombeau. Que s'il y en a aucuns, qui s'en defpouillent du tout, & difent n'en avoir, c'eft qu'ils en font des bons Hypocrites, & qu'ils nous font à croire

qu'ils

qu'ils n'en ont un feul Brin, ou qu'ils
n'en peuvent plus pour la maintenir;
ou bien pour d'autres raifons, qu'ils
cachent & pallient : ou du tout s'ils
s'en défont à bon Efcient, c'eft un
très-grand Miracle, comme du Roy
de Naples, Jacques de Bourbon, d'un
Duc de Guyenne, d'un Duc de Savoye, qui fe rendirent Religeux, &
de l'Empereur Charles. Encore pen-
fe-je, qu'ils s'en repentoient quelquesfois, & en couvoient tousjours, quoy
qu'il en fuft, un peu dans leur Ame,
& la cachoient fourdement, ny plus
ny moins qu'un grand Brafier de Feu
fous une Cendre qui femble morte.

JE croy que, fi on euft efleu l'Empereur Pape, comme il defiroit, qu'il ne
l'euft pas refufé, non plus que ce Duc
de Savoye, & qu'il fuft mort Pape,
& n'euft fait en cela comme ledit Duc
de Savoye, qui quitta le Papat, & reprit fon Hermitage de Ripaille. Auffi
dit-on que les Ambitions font auffi
bien parmy les Monafteres, les Cloif-
tres, & les Religions, qu'ailleurs.
Telles Repentances & Converfions
font bonnes pour nous autres Gentils-Hommes, qui, eftant vieux &
caffez, ne devons eftre ambitieux ; car,
nous

nous ne servons en une Armée, ou en une Cour, que d'Importunité ou d'Empeschement. Mais, il fait tousjours beau voir un Roy vieillard ; & aussi les Royaumes se portent mieux, estans régis par un Roy âgé, que par un jeune.

CERTAINEMENT, ce Roy d'Espagne, ayant abandonné le Monde, & fait comme son Pere, en acquerroit bien le Renom d'un très-bon Religieux ; mais, puisqu'il est né Roy & grand, pourquoy ne veut-on pas qu'il vive & meure en Roy, puis qu'il peut faire son Salut aussi bien ainsi comme Religieux, & qu'il ne connoisse aussi des Affaires de son Royaume. Et mesme, veu qu'il n'a pas en luy un Successeur formé, comme il estoit, lors que l'Empereur son Pere se défit de ses Estats entre ses Mains. Encore l'Empereur par cette Conversion fit-il Tort à sa Réputation, & à ses Terres, & à ses Serviteurs, qui demeurérent ainsi veufs d'un si bon Maistre : mesme, que ses Soldats Espagnols en furent très-mal contens, & l'en brocardérent, jusques à ne l'appeller plus par ce beau Nom de jadis d'Empereur, mais par Mocquerie & Desdain aucuns l'appelloient *Fray*
Ca-

Carolo de Santo Hyeronimo (1). C'eſtoient des Soldats indiſcrets & nouveaux : mais, les vieux, & qui avoient reconnu ſes Armes & ſes Valeurs, déféroient tousjours à ſon beau Nom, & à ſa vénérable Mémoire, le pleurants & regrettants ſans ceſſe, de ce qu'il les avoit laiſſés ; &, pour l'Amour de luy, ſervirent tousjours ſon Fils, & l'aymérent fort : auſſi les aymoit-il fort.

Il me ſouvient, qu'après la Priſe du Pignon de Velez, il y eut environ trois ou quatre cents Soldats, qui, de tous ces Freres d'Italie (2), ſe desbauchérent, & ſe desbarquérent à Mallaga, & ſe desbandérent, mal contents & demy-mutinez : &, ſous ombre de vouloir voir leurs Parens (diſoient-ils) vindrent à la Cour à Madrid ; &, ſans faire le petit Semblant, ouvertement commencérent à crier, qu'ils vouloient leurs Payes qu'on leur devoit ; & ſe pourmenant Quadrilles par Quadrilles parmy les Ruës, braves & en bon point comme Princes, portans leurs Epées hautes, les Mouſtaches

(1) C-à-d. *Frere Charles de St. Hyerome*, par ce qu'il étoit dans un Couvent d'Hyéronimites.
(2) De toutes ſes Terres d'Italie,

ches relevées , les Bras aux Coftez , bravoient & menaçoient tout
le Monde, ne craignans, ny Juſtice,
ny Inquiſition : pour la Juſtice, qu'elle n'avoit eſgard ſur eux , qui eſtoient
Gens de Guerre : pour l'Inquiſition,
qu'il n'y avoit, ny Moines, ny Preſtres, auſquels, les rencontrans par
les Ruës, ils ne diſſent leur Quodli-
bet, à l'un *Señor Clerigo , adonde eſta
la Puta* (1) ? à l'autre *Señor Frayle, como
va la Puta* (2) ? & autres petits Mots
pareils , ſcandaleux pour Gens
d'Eglife. Tout cela fut rapporté au
Roy, de leurs Menaces, & de leurs
Infolences ; & , pour ce, il les faloit
chaſtier. Le Roy d'Eſpagne ne le voulut point, mais dit ſeulement : *Ce ſont
ceux qui me font régner ; je ſerois bien
marry donc de les faire mourir.* Parquoy,
il commanda au Duc d'Albe (j'y eſtois) d'aller parler à eux , de les ap-
paiſer, & les faire retirer & rembar-
quer aux Galeres ; & que, pour le
ſeur , ils ne ſeroient pas pluſtoſt en Italie, qu'ils trouveroient - là, tout l'Argent

(1) C-à-d. *Mr. le Preſtre , où eſt votre Con-*
cubines ?
(2) C-à d. *Mr. le Moine, comment va votre*
Courtiſanne.

gent de leurs Monſtres, lequel eſtoit desja paſſé, & qu'ils n'en perdroient pas une ſeule. Cela les contenta fort; &, par ainſi, ils ſe retirérent, non ſans loüer fort leur Roy.

Auſſi les paye-il touſjours fort bien : & ſi ils demeurent long-temps ſans faire Monſtre, & qu'on leur en doive juſques à douze, quinze, & vingt, ils n'en perdent jamais pas une, & ſont touſjours très-bien payés, & mieux que de l'Empereur ; d'autant que le Roy a plus de Biens que ſon Pere, & les Indes luy produiſent plus, tant celles d'Eſpagne, que du Portugal, leſquelles l'Empereur n'avoit pas de ſon Temps. Auſſi cettuy-cy ne fait pas de ſi grandes Deſpenſes & deſmeſurées deçà & delà , comme faiſoit ſon Pere , mais eſt un peu plus meſnager , & eſpargne fort , pour employer tout à la Guerre , & au Maintien de ſa Grandeur & de ſon Eſtat , fors le ſuperbe Baſtiment de l'Eſcurial , auquel il a deſpenſé vingt Millions d'Or , qu'aucuns ont tenu pour fort vaine Deſpenſe. Tous les Ans , il y employe un Million , & y a mis vingt Ans pour le mettre en Perfection. Oeuvre de Nature certes miraculeux. Si ces derniers Mutinez , qui

ſont

font avec les Eſtats de Flandres, euſſent eſté du Temps du Roy Philippes,
ils euſſent eſté bientoſt contentez, &
n'euſſent pris le Parry contraire. Je
parle ailleurs de pluſieurs Mutinemens
de ſes Gens.

AINSI a paſſé ce Prince ſes vieux
Ans parmy les Armes, comme il a
paſſé ſes Jours de meſme. Il les a très-
bien aymées en ſa Jeuneſſe, lors que
l'Empereur le mit en Poſſeſſion des
Pays-Bas, & qu'il l'envoya querir en
Eſpagne. Il vouloit fort prendre la
Charge des Armées de ſon Pere ; mais,
jamais l'Empereur ne le voulut, craignant de le perdre, & n'ayant que
celuy-là : dequoy le Fils en deſeſpé-
roit ; car, il eſtoit bien né pour les
Armes, & elles luy ſéoient bien. Aucuns diſoient, qu'une belle Jalouſie en
empeſcha l'Empereur, craignant qu'il
n'euſt fait quelque plus bel Exploit
que luy.

J'AY ouy raconter à pluſieurs Gentils-Hommes & Dames, qui eſtoient
pour lors à la Cour de l'Empereur,
que ce Roy ſon Fils fit de très-beaux
Tournois & Combats à Cheval & à
Pied, en toutes les Villes & és Pays
où il prit Poſſeſſion & fit ſes Entrées :
ſur-tout à Binchs, petite Ville de Hai-
nault.

nault, chez la Reyne d'Hongrie, où il ne se fit jamais Partie, fust à Pied, fust à Cheval, que ledit Roy d'Espa- gne n'en fust, & ne fist la sienne, où il acquit tousjours la Réputation des mieux faisans & combattans, & de Force & d'Adresse, monstrant tousjours les Armes si belles à la Main, qu'il empor- toit tousjours le Prix. J'en ay veu un Livre en Espagnol, qui s'intitule, *El Viage del Principe*, qui descrit la pluspart des Combats, qui y furent faits, & comme le Roy d'Espagne y faisoit tous- jours des mieux : aussi estoit-il de fort bonne Grace, beau & agréable, blond, & qui s'habilloit fort bien, comme j'ay veu : & il le monstra bien, après qu'il fut hors de la Discipline de l'Em- pereur son Pere, & qu'il fut en pleine Liberté ; car, il nous fit la Guerre à bon escient, ainsi que j'ay dit cy-devant.

VOILÀ ce que pour cette Heure je puis dire de la Vie de ce grand Roy, duquel depuis la Mort s'est en- suivie, de laquelle je diray en passant ce que j'en ay appris. C'est qu'en cette Année 1598, le Roy Dom Phi- lippes III du Nom, le Prince, estant allé en la Place de Madrid, aux Festes & Esbats qui s'y faisoient, le Jour de la Célébration de la Feste de Saint-
Jean

Jean Baptiste, le Roy son Pere n'y
fut pas, parce que pour lors il estoit
saisi de la Goutte, qui l'avoit pris aux
deux Mains. Son Altesse, revenant de
ces Jeux & Esbats, faisoit Rapport à
son Pere de ce qu'il y avoit veu. Sa
Majesté luy respondit, *Je suis bien ai-*
se de ce que tu y as pris Plaisir, parce
que tu ne verras plus en ma Vie aucu-
ne Allegeance de cette Maladie : &
commanda ledit Roy, que chacun se
preparast pour aller à l'Escurial. Sur
quoy le Docteur Mercasus (1), son
Médecin de la Chambre, luy dit, qu'il
ne faloit pas changer d'Air, de crainte
de faire augmenter l'Accident de son
Mal. A cela le Roy respondit, qu'il
faloit bien qu'on l'y portast en Vie,
puis qu'aussi-bien il l'y faloit porter
après sa Mort. Enfin, pour obéyr à
sa Volonté, ses Laquais & Valets-de-
Pied le portérent sur leurs Espaules,
& demeurérent six Jours à sept Lieuës.

 Il y fut quelques Jours en meilleur
Estat, encore qu'il ne sçeust se tenir
de-bout, & faloit qu'il fust assis ou
couché, & là-dessus augmenta sa Goutte, de laquelle ses Médecins luy appai-
sérent la Douleur : de sorte qu'incontinent Sa Majesté voulut donner Ordre au Salut de son Ame, se confessa

&

____

(1) Mercatus, *ou plûtôt* Mercado.

& communia, & fur ce commanda que Dom Garcia de Boefa, Archévefque de Tolede, dift la Meffe ; mais, ce fut le Nonce du Pape qui la dit avec la Solemnité requife. Il fortit à ce bon Roy une Apoftume fort veneneufe au Genouil droit, qui ne le laiffoit pas repofer. Ses Médecins n'y fçachans que faire, envoyérent querir un nommé Oliat, Médecin de Tolede, qui eftoit à Madrid : & luy & les autres, avec le Licentié Vergara, ayant donné ordre à faire meurir l'Apoftume, la firent ouvrir, pour en faire fortir la mauvaife Humeur, qui y eftoit corrompue. Et, après cela, il luy furvint quatre autres Apoftumes à l'Eftomac, lefquelles ils ouvrirent femblablement, afin que toutes purgeaffent : &, de cette mauvaife Humeur, il creut & fortit une grande Abondance de Vermine, de façon qu'on ne la pouvoit efpuifer. Ils eftoient en peine de tourner Sa Majefté dans fon Lit, & ne pouvoient faire autrement, qu'en faifant fouflever fon Corps par quatre Hommes, avec les Draps par deffous ; &, cependant, les autres accouftroient le Lit.

DIX jours auparavant fa Mort, luy arriva une grande Syncope, qui luy
dura

dura cinq Heures : de façon que les Esprits vitaux luy commençoient à faillir ; dont plusieurs Seigneurs se préparoient au Deuil. Mais, Sa Majesté revint à soy ; &, en présence de l'Archevesque & de ceux de la Chambre, elle leur dit : ,, Mes Amis & Vassaux, ,, il ne me sert de rien, que vous vous ,, affligiés ny faschiés pour le Recou- ,, vrement de ma Santé, parce qu'elle ,, ne dépend plus des Remedes hu- ,, mains. Ce qu'il faut faire , c'est ,, que vous regardiés de bonne heure ,, pour ensévelir mon Corps. Main- ,, tenant, en attendant que je vous ,, laisse, je veux que vous fassiés ve- ,, nir vostre Prince, qui sera bien- ,, tost vostre Roy, & que vous m'ap- ,, portiés le Cercueil, dans lequel je ,, dois estre ensévely, & au haut de ,, l'Effigie vous mettrez la Couronne ,, Royale, laquelle cependant vous ,, pourrez garder dans un Buffet. ,,

Cela fut ainsi fait, &, en la Présence du Prince & de l'Infante , Sa Majesté appella Kayer de Velasco, & luy dit : ,, Ne vous souvenez-vous pas ,, d'un petit Coffre, que je vous don- ,, nay à garder il y a quelque temps ? ,, Ouy, Sire , luy respondit il. Lors il luy dit, qu'il luy apportast ledit Cof-

fre,

fre, qui eftoit fort petit : &, eftant ouvert, ils en tirérent une Pierre, qui eftoit de très-grande Valeur, laquelle Sa Majefté commanda eftre donnée à l'Infante, & luy dit : *Ma Fille Eliza-beth, ma chere Eugenie, reçoy cette Ba-gue, que ta Mere m'apporta. Je te la donne pour mon Partement de ce Monde.* Et, fe tournant vers le Prince, il luy dit : *Mon Fils, as-tu agréable, que je la donne à ta Sœur?* Ouy, Seigneur, dit-il, *voire tout ce que j'ay.* Le Roy fit beaucoup de Cas de cette Parole, & lors Sa Majefté commanda que l'on cherchaft un autre Papier qu'il avoit là, & le donnant au Prince il luy dit: *Tu verras par-là, par quel Moyen tu as à gouverner ton Royaume.* Il fit auffi tirer hors d'un Coffret un Foüet de Difcipline, qui eftoit fanglant par les Bouts; &, le tenant en haut, il dit: ,, Ce Sang eft de mon Sang, non tou- ,, tesfois proprement du mien, mais ,, de celuy de mon Pere, que Dieu ,, abfolve; lequel avoit accouftumé ,, de fe fervir de cette Difcipline. ,, Et, afin que l'on en fçache la Vé- ,, rité, & combien il eftoit dévotieux, ,, je l'ay bien voulu déclarer. ,, De plus, il fit encore tirer un Papier de deffous fon Chevet de Lit, lequel fut

leu

leu par ledit Kayer, & contenoit ce
qui s'ensuit.

„ Nous Dom Philippes, par
„ la Grace de Dieu, Roy de Castille,
„ ayant par l'Espace de quarante Ans
„ gouverné deux Royaumes, le LXXI
„ An de mon Age, je le remets &
„ résigne à mon Dieu, à qui il est,
„ & mon Ame en ses très benistes
„ Mains, afin que sa Divine Majesté
„ fasse d'elle ce qu'il luy plaira : &
„ veux, qu'après qu'elle sera sortie
„ de son Corps, il soit enbaumé & vestu
„ en Habit Royal, & mis dedans le
„ Cercueil de Bronze qui est icy ; & , a-
„ près y avoir tenu mon Corps autant
„ de Temps qu'il est accoustumé, qu'on
„ le porte au Sepulchre de cette Façon.
„ Que le Guidon de l'Archéves-
„ que marche devant : puis la Croix,
„ les Moines, & le Clergé ; après ce-
„ la , l'Adelantado vestu en Deuil,
„ l'Estandart Royal traisnant en ter-
„ re. Le Duc de Najera portera la
„ Couronne en un grand Bassin cou-
„ vert d'un Voile, & le Marquis d'A-
„ guilar portera l'Espée, & mon Corps
„ sera porté par huit de mes Servi-
„ teurs en Chef, habillés de Deuil
„ avec leur Torches allumées, & l'Ar-
„ chevesque marchera après : puis les

F 2

Grands

„ Grands, & noſtre Héritier univer-
„ ſel derriere, avec ſon Deuil allant
„ à l'Egliſe. Que mon Corps ſoit mis
„ dans un Tombeau qui ſe fera ; &,
„ après que le Service ſera dit par
„ le Prélat, on me mettra en la Ca-
„ ve, qui ſera ma derniere Maiſon pour
„ jamais.

„ CELA eſtant fait, voſtre Roy,
„ III de mon Nom, s'en ira à Ma-
„ drid à Saint-Jeroſme, où ſe fera ma
„ Neufvaine, & ma Fille avec ma Sœur
„ s'enfermeront pendant ce Temps
„ aux Cordeliers. Et vous, Prince,
„ outre ce que je vous ay autrefois
„ dit, que vous ayés beaucoup de
„ Soin de voſtre Sœur, qui eſtoit
„ tout mon Amour & la Lumiere de
„ mes Yeux : tenez la République en
„ Paix, donnez - luy de bons Gouver-
„ neurs, récompenſant les Bons, &
„ chaſtiant les Mauvais.

„ JE veux que le Marquis de
„ Montdalard ſorte de la Priſon, en
„ laquelle il eſt, & demeure libre ; à
„ la Charge, qu'il n'entrera point à
„ la Cour.

„ L'ON pourra auſſi delivrer la Fem-
„ me d'Antoine Perez, & luy rendre
„ ſon Bien ; à la Charge, qu'elle ſe
„ reti-

„ retirera dans un Monaftere, & que fes
„ Filles n'hériteront que de la Part
„ de leur Mere.

„ Je pardonne à ceux qui ont efté
„ pris pour la Chaffe, & à ceux qui
„ feront condamnez à Mort, par Fau-
„ te d'avoir un Pardon du Roy „.

En fuite de cela, Sa Majefté demanda le dernier Embraffement à fes
Enfans, leur difant, qu'ils s'allaffent repofer. Au fortir, le Prince dit à
Chriftophle de Mira: *Qui eft-ce qui
tient la Clef Maiftreffe? C'eft moy,
Monfeigneur*, refpondit-il. *Donnez-la
moy*, dit le Prince. *Voftre Alteffe me
pardonnera*, dit Chriftophle de Mira.
C'eft la Clef de Confiance. Sur cela le
Prince dit: *C'eft affez*, & entra en
fa Chambre: & Dom Chriftophle retourna au Roy, lequel il trouva un peu
allégé, & luy dit: *Sire, Son Alteffe m'a
demandé la Clef Maiftreffe, & je ne luy
ay pas voulu donner, fans le Congé de
Voftre Majefté.* Le Roy luy refpondit:
Vous avez mal fait.

Il luy arriva puis après une autre Syncope, & il demanda l'Extrême-Onc-
tion, laquelle l'Archevefque luy donna. Enfuite de quoy il commanda
qu'on tiraft un Crucifix qui eftoit gardé en un Coffre, parce que c'eftoit

ce-

celuy, avec lequel mourut son Pere, & il voulut aussi mourir avec luy.

APRÈS que Sa Majesté eut eu l'Extrême Onction, Son Altesse voulut le revenir voir ; & lors, Dom Christophle entra, &, mettant le Genouil en Terre, présenta à Son Altesse la Clef, laquelle elle prit, & la donna au Marquis de Devia : &, sur ce Point, le Roy luy dit : *Je vous recommande Dom Christophle pour le meilleur de mes Serviteurs que j'ay eu, & vous recommande aussi les autres, afin que vous en ayez Soin.* Et lors, Sa Majesté se retourna pour leur dire Adieu. En les embrassant, il perdit la Parole, & demeura deux Jours en cette Façon. Il mourut le treiziesme du Mois de Septembre, à trois Heures du Matin. L'Archevesque dit la Messe. Le nouveau Roy retourna de l'Escurial le seiziesme à huit Heures du Soir, laissant sa Sœur aux Cordeliers, & se retira à Saint-Jerosme. La Cour en demeura fort attristée.

APRÈS sa Mort sçeue en France & en Flandres, aucuns firent son Tombeau par ce Sonnet, auquel en tout ne faut prester Créance, comme Chose faite par Hayne, Passion, & Animosité.

S O N-

SONNET

SUR LA MORT DU

ROY D'ESPAGNE.

IL est donc mort, ce Grand, ce Ty-
    ran, ce Monarque,
Cet alteré de Sang, ce Monstre ambi-
    tieux,
Qui pensoit éviter l'Ordonnance des
    Cieux,
Braver Pluton, la Mort, les Destins,
    & la Parque?

    Mais, Caron l'a passé, qui avec luy
        embarque
Cette Inquisition, dont le Feu furieux
A si long-temps bruslé les Hommes ge-
    néreux,
Conduisant aux Enfers ce Triomphe en
    sa Barque.

    Il fit mourir sa Femme, il tua son
        Enfant,
Il pilla Portugal, injuste Triomphant
Du Royaume d'autruy : & puis insa-
    tiable,
Pauvre en son Abondance, il brouilla
    les François,

F 4

Fit

Fit mettre à Mort leur Roy, viola toutes Loix.
Ores, Joüet des Morts, & des Vivants la Fable.

OR, si ce grand Roy a aimé l'Espée & (1) la Guerre, il a bien autant aimé, ou plus, & trop, l'Espée de la Justice, en suivant bien la Doctrine de l'Empereur, qu'il luy donna, de l'aymer & embrasser, comme j'ay dit cy-devant : voire, il l'a tellement aimée & révérée, qu'il ne l'a pas espargnée sur son propre Fils, Dom Charles, Prince d'Espagne, ayant eu plus de Considération à la Garde de son Estat, qu'à la Vie de son Fils ; ce que ne fit pas ce grand Charlemagne à l'Endroit du sien.

(1) de

ARTICLE II,

DOM CARLOS.

JE ne veux pas entreprendre de dire toutes les Raisons, pourquoy ce Prince DOM CARLOS mourut ; car, elles me sont inconnues : & puis, on

en.

en parle fort diverſement. Bien dit-
on, qu'il y en avoit de très-juſtes & de
pertinentes, & au nombre de trente-
deux ; dont la moindre eſtoit, qu'il
avoit voulu faire mourir ſon Pere :
car, cela ſe diſoit pour lors en noſtre Cour de France ; mais, c'eſtoit
en Riſée.

J'AY ouy raconter à un grand Perſonnage Eſpagnol, que le Roy d'Eſpagne, le tenant priſonnier, il aſſem-
bla un jour ſon Conſeil, pour ſçavoir ce qu'il en feroit. Les uns
opinérent, qu'il ne le devoit pas faire
mourir, ny reſpandre ſon propre Sang,
qui poſſible un jour crieroit Vengeance devant Dieu ; mais, qu'il le faloit
mettre dans une Priſon auſtere & perpétuelle. Les autres dirent, qu'il le
faloit bannir & confiner en Flandres,
& là luy bailler de l'Exercice à ſon
haut Courage, qui deſiroit tant la
Guerre, pour la faire-là aux Rebelles hérétiques, & les du tout exterminer : ou bien, l'envoyer aux Royaumes de Naples & de Sicile, & les
luy donner en Partage, & luy amol-
lir le Cœur par un ſi beau Don &
Bienfait, provenant d'un bon Naturel d'un doux Pere. qui luy pardon-
noit ſa Faute. D'autres dirent, qu'il
F 5

le

le faloit pluſtoſt envoyer à Oran, & l'en faire Roy, & là ſe comporter avec les Mores ou bien ou mal, comme il luy en viendroit à la Fantaiſie. Sur quoy le Roy d'Eſpagne reſpondit à tous, que, pour le tenir en Priſon, il n'y avoit point de Raiſon, d'autant qu'à un tel enragé & endiablé de Lyon, il ne ſe pouvoit trouver de Cage, fuſt-elle de Fer, aſſez forte pour l'y tenir en Seûreté, qu'il n'en eſchappaſt. De l'envoyer en Flandres, il n'y ſeroit pas pluſtoſt, qu'il s'accorderoit avec les Rebelles, leur pardonneroit, & les accoſteroit en quelque Façon que ce fuſt, pour ſe faire encore plus rebelle qu'eux, & luy faire la Guerre. De luy donner le Royaume de Sicile & de Naples, c'eſtoient deux trop petits Morceaux & Royaumes pour raſſaſier & borner ſon Ambition; d'autant qu'en Hauteſſe de Courage naiſt ſouvent Convoitiſe de régner, ſoit par Juſtice, ſoit par Intolérance de Supérieur, comme l'on dit, ou par les mauvaiſes Perſuaſions des Serviteurs que l'on tient près de ſoy. Et s'il vous plaiſt, diſoit-il, ſi les Napolitains, de tout Temps ont eſté ſujets aux Mutations & Rébellions, que ne feront-

feront-ils avec luy ? De plus, il s'ai-
deroit des Moyens & Richeffes qui
font-là, & fur-tout de ces Galeres,
qui luy viendroient faire la Guerre
jufques dans toute l'Efpagne. Car,
celuy, qui eft le plus fort fur la Mer
vers l'Italie, il eft quafi Maiftre d'Efpagne. Voire mefme qu'il s'accofte-
roit pluftoft des Forces & Galeres
d'Alger & du Levant, pluftoft qu'il
ne fift tous les Maux du Monde, à
luy & à tous fes Pays. Pour le regard de l'envoyer à Oran, auffi-toft il
feroit Confédération avec les Roys
de Fez & de Maroque, & de tous
les Mores, pour entrer en Efpagne &
la ravager, auffi-bien que firent jamais les Sarrafins. Parquoy, il con-
clud fur fes Raifons, que le Meilleur
eftoit de le faire mourir : dont un
matin on le trouva en la Prifon ef-
touffé d'un Linge; non, dit-on, fans
avoir auparavant desbagoulé contre
fon Pere mille Injures & Exécrations,
Malédictions, & Vilainies, lors qu'on
luy annonça fa Mort, & fans l'avoir
adjourné devant Dieu, à y compa-
roiftre un jour pour fa Cruauté.

Ceux, qui l'ont veu & connu,
difent, qu'il eftoit fort opiniaftre,
eftrange, & qu'il avoit plufieurs Hu-
F 6
meurs

meurs bizarres. Il se faschoit fort de
demeurer oisif en Espagne ; & mesme , quand il ouyt parler le Comte
d'Aigmont, qui luy proposa force belles Choses , dont les Mains luy de-
mangeoient si fort pour mener la Guerre , qu'on dit qu'il voulut se desrober
pour aller en Flandres. Dom Ruy
Gomez, très-fidel au Roy, son Gouverneur, en advertit Sa Majesté, qui
parla bien à luy : toutes-fois , il ne
fut sans Response ; disant, que s'il
vouloit estre oisif, qu'il ne le vouloit pas estre en si jeune Age, & en
si belle Occasion qui se présentoit.
De-sorte qu'il se mocquoit de son Pere, & de ses Oisivetez : si-bien qu'il
fit faire un jour un Livre de Papier,
tout en blanc, & par Mocquerie fit
mettre en la Suscription , & au Commencement du-dit Livre : *Los grandes
y admirabiles Viajes del Rey Dom Philippe* (1). Et au dedans il y avoit :
*El Viaje de Madrid al Pardo , del Par-
do a l'Escurial , de l'Escurial a A-
ranjuez , d'Aranjuez a l'Escurial , de
l'Escurial al Pardo , del Pardo a Madrid ,*

(1) C.-à-d. *Les grands & admirables Voyages du Roy Dom Philippes.*

drid, *de Madrid à Aranjuez, d'Aran-*
juez à Toledo, de Toledo à Valladolit,
de Valladolit à Burgos, de Burgos à
Madrid, y del Pardo à Aranjuez,
d'Aranjuez à l'Escurial, de l'Escurial
à Madrid, y d'aqui à las Cortes de
Mouzzon (1). Et ainsi, de Feuillet
en Feuillet, il emplit le Livre de telles Inscriptions & Escritures ridicu-
les ; se moequant ainsi du Roy son
Pere, & des Voyages & Pourmena-
des qu'il faisoit en ses Maisons de
Plaisance : ce que le Roy sçeut, &
en vit le Livre, dont il fut fort ai-
gry contre luy.

Parmy les Injures & Pouilles,
qu'il dit de son Pere après sa Sentence, fut qu'il luy reprocha, qu'il luy
avoit souftrait & ravy sa Femme,
Doña Elizabèth de France, qui juste-
ment luy avoit esté donnée par Accord en faisant la Paix, & qu'elle
luy estoit deue : ce qui luy desplai-
soit fort ; car, il l'aima tousjours, &
l'honora jusques à la Mort : comme
certes elle estoit une des plus aima-
bles Princesses du Monde ; & il luy
fas-

____

(1) C.-à-d. *Le Voyage de Madrid au Par-*
do, du Pardo à l'Escurial, &c.

faſchoit fort qu'on la luy avoit oſ-
tée.

BREF, s'il euſt veſcu, il euſt fait
enrager ſon Pere ; car, il eſtoit fort
bizarre, & tout plein d'Opiniaſtreté.
Il menaçoit, il frappoit, il injurioit.
Si-bien que Dom Ruy Gomez, fort
Favory du Roy d'Eſpagne, s'il en
fuſt oncques, & qui avoit eſté nourri
avec luy dès ſa Jeuneſſe, & qui eſtoit venu de Portugal avec la Princeſſe ſa Femme (car il eſtoit Portugais) n'en pouvoit chevir : &, à
toute heure, il ſupplioit le Roy de
luy oſter cette Charge, & de la donner à un autre ; qu'il en feroit très-
aiſe : mais, le Roy, ſe fiant en luy,
ne voulut jamais : & touſjours ce
Prince menaçoit ſon Gouverneur,
qu'un jour, quand il feroit grand, il
s'en repentiroit.

QUANT à ſes autres Serviteurs &
Officiers, quand ils ne le ſervoient
pas bien à ſon Gré, il ne faut point
demander comment il les eſtrilloit.
Moy eſtant en Eſpagne, il me fut
fait un Conte de luy, que ſon Cor-
donnier luy avoit fait une Paire de
Bottes très-mal faites : il les fit mettre en petites Piéces, & fricaſſer
comme Tripes de Bœuf, & les luy
fit

fit manger toutes devant luy, en fa
Chambre, de cette Façon. Il aimoit
fort à ribler le Pavé, & faire à Coups
d'Efpée, fuft le Jour, fuft la Nuit:
car, il avoit avec luy dix ou douze
Enfans d'Honneur des plus grandes
Maifons d'Efpagne; les uns les for-
çant d'aller avec luy, & en faire de
mefme; d'autres y allans d'eux-mefmes, & de très-bon Cœur. En quoy
on a obfervé en Efpagne, que la
plufpart de tous ceux-là, voire tous,
ont efté tuez en mauvais Garnemens;
& plufieurs ont finy mal, retenant
fort de la Nourriture de leur Prince,
qui leur avoit appris tout cela.

Quand il y alloit par les Ruës
quelque belle Dame, & fuft-elle des
plus grandes du Pays, il la prenoit,
& la baifoit par Force devant tout le
Monde, & il l'appelloit Putain, Ba-
gaffe, Chienne, & force autres Injures leur difoit-il. Celles, qui le
venoient baifer à l'amiable, quand il
leur difoit, *Putain, baifez-moy*, il les
careffoit plus modeftement, en leur
difant, qu'elles eftoient fort gracieu-
fes Putains & Veffes. Bref, il leur
faifoit mille petits Affronts: car, il
avoit une très-mefchante Opinion de
toutes les Femmes, & plus encore
des

des grandes Dames que des autres, les tenant pour très-hypocrites & traiftreffes en Amour, qu'en cachette & fous les Rideaux elles eftoient plus Putains que les autres. Bref, il eftoit le Fleau de toutes, fors de la Reyne, que j'ay veu qu'il honoroit fort & la refpectoit; car, eftant devant elle, il changeoit du tout d'Humeur & de Naturel, voire de Couleur. Enfin, il eftoit un terrible Mafle: &, s'il euft vefcu, affeurez-vous, qu'il s'en fuft fait accroire, & qu'il euft mis le Pere en Curatelle. Aucuns l'ont foupçonné de la Religion tant de Luther que de Calvin, & qu'il s'entendoit avec les Proteftans, qui luy promettoient l'Empire & le Pays-Bas; car, il avoit de l'Ambition tout ce qu'il luy faloit. Le Pere, très-habile Prince, le prévint, par le moyen de Ruy Gomez, qui luy reveloit tout, en quoy il fut très-digne de Loüange, & du tout point ingrat à l'Endroit de fon prémier Maiftre, qui eftoit le Roy d'Efpagne.

JE me fuis laiffé dire, qu'il s'eftoit fait un Livre en Efpagne, voire imprimé, de fes Opiniaftretez & Bizarreries de fes Traits & Humeurs, là-où il y en a de toutes Façons, &

de-

dequoy à passer le Temps en les li-
sant. Il avoit eu pour Précepteur
Monsieur Bossulu (*a*), François, qu'on
a veu depuis en France, l'un des
sçavants & bien-disans de son Temps,
& qui parloit aussi éloquemment plusieurs Langues ; de meschante Vie
pourtant, dont il luy en pouvoit faire de bonnes Leçons.

Aussi on dit, que luy, s'estant
descouvert de quelque Chose d'Importance à Dom Juan, qu'il le révéla au
Roy d'Espagne, dont il l'en aima
tousjours davantage, mais mal re-
conneu depuis : & Dom Charles l'en
hayt si bien, qu'ordinairement ils a-
voient Dispute ; jusques-là qu'il l'appella une fois Bastard & Fils de Putain. Mais, il luy respondit : *Sy, yo
lo soy ; mas, yo tengo Padre mejor que
vos.* C. à- d. *Ouy, je le suis ; mais,
j'ay un Pere meilleur que vous* : & ils
en cuidérent venir aux Mains.

Je croy, qu'après que ce Prince
eut eu bien jetté sa Gourme, comme

ces

(*a*) *Le Bossu*, peut-être. Matthieu Bossulus
étoit Parisien. Il revint en France : & en 1583.
il regentoit en Rhétorique à Paris, dans le Col-
lege de Boncour.

ces jeunes Poulains, & paffé tous fes
grands Feux da fa prémiere Jeuneffe,
qu'il fe fuft rendu un très-grand Prince, & Homme de Guerre & d'Eftat.
Il füt Filleul de l'Empereur, en portant le Nom : &, tout Petit-Fils
qu'il fuft, quand il s'en alla réduire
en fon Monaftere, il le voulut voir,
& en eut très-bonne Opinion & Ef-
poir, & luy fit de très-belles Leçons;
& puis luy donna fa Bénédiction, qui
luy fervit à faire un bon Commencement.

Quant à mon petit Jugement,
je le jugeois un jour grand, & luy
trouvois une très-bonne Façon & bonne Grace, encore qu'il euft fon Corps
un peu gafté ; mais, cela paroiffoit
peu.

Article III,

DOM JUAN D'AUSTRICHE.

SI n'approchoit-il pas jamais en
tout de Dom Juan d'Austriche, lequel eftoit un beau & très-
accomply Prince ; & n'ay jamais veu
Hom-

Homme approchant des Vertus bien
universellement à feu Monsieur de
Nemours, Jacques de Savoye, que
luy. Il estoit fort beau, comme j'ay
dit, & de bonne Grace, gentil en
toutes ses Actions, & courtois, af-
fable, d'un grand Esprit, & sur-tout
très-brave & vaillant, & qui croyoit
le Conseil, & luy obéyssoit fort pour
se faire grand; comme il l'eust esté,
si la Mort ne l'eust prévenu. Pour
sa prémiere Guerre, il fut Général
du Roy d'Espagne son Frere, en la
Guerre de Grenade, où il se fit si-
gnaler pour estre un très-vaillant Prince : & mesmes aucuns vieux Capitaines & Soldats, qui restoient encore
en Vie, de l'Empereur son Pere,
s'escriérent tous après : *Ea es verda-
dero Hyo del Emperador* ; c. à- d. *Il est
vray Fils de l'Empereur.*

À ce Coup, il fit une Chose très-
belle pour la Religion d'Espagne; car,
il chassa tous les Mores de Grenade : de-sorte qu'ils n'ont plus infecté
l'Espagne depuis, & ne se ressentent
plus du Marranne, comme ils faisoient, au moins aucuns de leurs
Voisins, pour traitter par trop avec
eux. Cela estant fait, par sa Renom-
mée qui voloit par le Monde, tant

des

des Chreſtiens que des Infideles, il fut fait Général de la Sainte Ligue; mais, pourtant, après le Refus de Monſieur le Duc d'Anjou, noſtre feu Roy dernier Henry III, & de Monſieur de Savoye; car, le bon Pape Pie cinquieſme leur ayant préſenté à tous deux l'Eſtandart, l'un après l'autre, Monſieur s'excuſa ſur les Affaires du Roy ſon Frere, & Monſieur de Savoye ſur ſon Indiſpoſition. Dom Juan ne fit pas comme les autres; car, de grande Joye, & très-volontiers, il accepta ce beau & ſaint Baſton de Général. Auſſi s'en acquitta-il très-bien en cette tant grande, tant ſanglante, & tant ſignalée Battaille de Lépante: & telle, que, depuis cette grande Battaille Actiaque, donnée entre Marc-Antoine & Céſar-Auguſte, jamais il n'en fut donnée une telle; encore celle-cy fut mieux cent fois débattue & combattue que la leur. Hélas! je n'y eſtois pas; mais, ſans Monſieur de Strozzy, j'y allois; tant pour un Meſcontentement que j'avois en la Cour d'un Grand, que pour faire ce beau Voyage, & voir cette belle Armée : & réſolument j'y euſſe eſté, comme fut ce brave Monſieur de Grillon; car,

j'ay

j'ay tousjours aymé à voyager. Monfieur de Strozzy m'amufa tousjours fur un grand Embarquement de Mer, qu'il vouloit faire : & mefme il me le fit commander par le Roy Charles d'en eftre ; & ainfi il m'amufa un An fans rien faire, au lieu que j'euffe fait le Voyage, & fuffe retourné affez à temps pour m'y trouver, comme fit Monfieur Grillon en ce bel Embarquement de Broüage, qui ne prit Pointe, & ne nous fervit que de Ruyne en nos Bourfes, de tant de nous autres qui avions des Vaiffeaux. Je conterois maintenant de cette Battaille au vray ce qu'il me faut emprunter de la Bouche d'autruy.

J'ay donc ouy dire, que l'Armée Turquefque partit le vingt cinquiefme d'Avril, le jour de Saint George; car, c'eft la grande Fefte des Turcs, & ils n'en chaument d'autre, ny ne révérent autre Saint : & mefme, que le Grand-Sultan Solyman faifoit ce Jour-là ordinairement fortir toutes fes Armées, tant de Terre que de Mer, en Campagne & fur Mer; fors que celle, qu'il envoya à Malthe, ayant anticipé le Jour, tant il luy tardoit de ruyner & prendre cette Place. Cette Armée donc eftant partie ce Jour-

là

là 1571, & après avoir fait plufieurs
grands Maux, Pilleries, Ravages, &
Prifes de pauvres Chreftiens, tant
fur la Terre ferme, où ils defcendoient,
que fur les Ifles, ayant fçeu comme
Dom Juan partoit de Meffine pour
la combattre, elle envoya vers le
Grand-Turc auffi-toft, pour fçavoir fa
Volonté, qui manda que l'on com-
battift réfolument. Ladite Armée eftoit compofée de deux cents trente-
deux groffes Galeres, fans douze que
Ucchialy, Vice-Roy d'Alger, y mena,
& autant de Galiottes. Après donc
plufieurs Maux faits, & battu la Terre de la Mer, depuis le quinziefme
d'Avril jufques au feiziefme de Septembre, partit Dom Juan de Meffine,
avec deux cents & huit Galeres, fix
Galeaffes, vingt-deux gros Vaiffeaux
& quarante Frégattes, fur lefquels il
y avoit huit mille Efpagnols, douze
mille Italiens, trois mille Adventuriers, trois mille Allemands, fans
conter les Mariniers, ce qui eftoit
peu pourtant.

Estant revenu le Chevalier Gil-
les d'Andrade de prendre Langue, &
ayant affeuré que l'Armée des Ennemis eftoit à Lépante, Dom Juan fit
affembler tout le Confeil, pour fçavoir

voir ce qu'ils auroient à faire. Il en
avoit parlé à part à Monfieur de Rommegas, qu'il eftimoit beaucoup : auffi
avoit-il Raifon ; car, c'eftoit le meilleur Homme de Mer qui fuft-là, fans
faire Tort aux autres , & qui avoit
plus fait la Guerre aux Turcs. Luy
ayant donc demandé ce qu'il luy en
fembloit ? *Ce qu'il m'en femble ?* dit
Monfieur de Rommegas. *Je dis, que
fi l'Empereur voftre Pere fe fuft veu
une fois en fa Vie telle Armée de Mer
comme cette-cy , il n'euft jamais ceffé
qu'il n'euft efté Empereur de Conftantinople , & l'euft efté fans Difficulté.*
Cela veut dire, dit Dom Juan, *qu'il
faut donc combattre, Monfieur de Rommegas ? Ouy , Monfieur.* Combattons
donc. Il en demanda auffi Advis au
Seigneur Antoine Colonne, qui eftoit Lieutenant de la Ligue, le Pape
l'ayant créé tel après Dom Juan. Il
luy refpondit feulement: *Etiamfi opor-
teat me mori, non te negabo* (1). Jean-
André Doria ne demanda auffi pas
mieux ; car, il a efté tousjours courageux : & il dit, qu'il faloit com-
bat-

____

(1) C. à- d. *Et quand même j'y devrois
périr, je ne vous abandonnerai point.*

battre. Les Généraux des Vénitiens, les Seigneurs Sebastien Venier & Justinian Barbarico le voulurent aussi, & de bon Cœur; car, c'estoit à eux & à leurs Terres, que les Turcs en vouloient, & desjà ils y avoient très-bien commencé. Le Seigneur de Requesens, grand Commandeur de Castille, & depuis Lieutenant du Roy en Flandres, le voulut aussi; mais, à ce que j'ay ouy dire à aucuns, il voulut peser trop toutes Choses, à la Mode Espagnole, & le Marquis de Sainte-Croix de mesme. Tant y a, que j'ay ouy dire, que plusieurs vouloient la Battaille, les autres non; & que si Dom Juan n'eust esté brave & vaillant, l'on n'eust jamais combattu : car, Monsieur de Rommegas l'a dit depuis à un Chevalier d'Honneur, qui me l'a dit; car, c'estoit luy qui augmentoit le Courage de tous.

Ces deux Armées donc résolues de se battre, la Turquesque part de Lépante le Soir, & à la Pointe du Jour se trouve en pleine Mer : la Chrestienne faisant grande Force contre le Vent, qui estoit contraire, apparut de mesme à la Pointe du Jour. La Turquesque venoit à pleines Voiles,

les, ayant le Vent en Pouppe. Soudain, Dom Juan fit mettre toute ſon Armée en Battaille, le pluſtoſt qu'il peut, & la rangea en quatre Battailles ou Bandes : l'une eſtoit de la Main droite, menée par le Seigneur Jean-André Doria, avec cinquante Galeres & deux grandes Galéaſſes : l'autre, à la gauche, eſtoit conduite par le Seigneur Juſtinian Barbarico, Général des Galeres Vénitiennes, avec cinquante Galeres auſſi, & deux Galéaſſes : &, au milieu des deux, Dom Juan mit toute ſa Battaille, qui eſtoit de ſoixante & dix Galeres : & à ſon Arriere-Garde venoit le Marquis de Sainte-Croix, avec tout le Reſte des Galeres, & deux Galéaſſes.

Là-dessus, Dom Juan, à la Teſte de la Battaille, ainſi en ſi bel Ordre, marcha en grande Braverie vers l'Ennemy : eſtant encore à quatre Milles loin, il fit tirer une Canonnade à l'Ennemy par Bravade, & comme à Coup perdu, & comme luy faiſant Signe par-là, qu'il eſtoit préparé à la Battaille, & alloit droit à luy, & luy monſtroit dequoy ; &, outre cela, il fit monter le Caro à l'Arbre, & la Flamme à la Pene, qui eſtoient tous Signals de Battaille. Et, voyant ſon

Armée en si bel Ordre, il descendit
en une Frégate, & alla par toute
l'Armée, visitant & animant un chacun à bien faire, & à mettre toute
son Espérance en Dieu : monstrant un
Crucifix, qu'il avoit en la Main, ce
disent aucuns, qui favoriseroit leur
bonne Cause ; prononçant ces Paroles
de si bonne & généreuse Grace, qu'il
n'y avoit nul qui ne l'admirast de sa
Résolution & de son Courage, & qui
ne se conformast du tout à luy, &
ne luy monstrast un Visage très-asseu-
ré , avec une très - grande Envie de
combattre. Soudain après cela, il
s'en retourna en sa Réale ; car, les
Armées (celle du Turc estant en un
très-bel Ordre de Croissant) s'appro-
choient de Voiles & de Rames les
unes des autres. A son Costé droit,
estoit, tout contre sa Réale, la Générale du Pape, sur laquelle estoit Antoine Colonne, Lieutenant de Sa Sainteté : & à son Costé, auprès de luy,
la Capitainesse de Savoye, comman-
dée par Monsieur de Ligny, un fort
honneste & brave Seigneur, bien digne de sa Charge, que j'avois veu à
Malthe, & qui m'offroit beaucoup de
Courtoisie, par le Commandement que
luy avoit fait Madame de Savoye ; &,
dans

dans cette Galere de Savoye, estoit le Duc d'Urbin. A son Costé gauche estoit la Générale des Vénitiens, & auprès d'elle à son Costé estoit la Capitainesse de Gennes, en laquelle estoit le Prince de Parme. Les deux derniers, qui faisoient Aisles à la Battaille, estoient la Générale de Malthe, & à Main droite celle de Paul Jourdan Ursin, avec celle de Lommelin à Main gauche, & à la Pouppe de la Réale pour la conserver estoient la Capitainesse du grand Commandeur de Castille, & la Patrone d'Espagne.

En cette belle Ordonnance l'on alla à eux, & ils firent la Moitié du Chemin ; car, ils présumoient tant d'eux, qu'ils croyoient, que jamais nos Chrestiens ne les attendroient. Lors, tout à coup on vit le Vent, qui estoit contraire, se faire bon environ Midy, que l'on commença la Battaille, laquelle fut commencée à la Corne gauche de la Battaille, où les deux Réales & Générales, tant d'un Costé que de l'autre, soudain qu'elles se virent, elles s'accostérent & s'investirent, taschant chacune à se rendre Maistresse de son Ennemie ; & tout le Reste de l'Armée, chacune de son costé, en fit de mesme. Enfin, après un très-grand

G 2

grand

grand Combat, la Réale de Dom Juan se rendit Maiſtreſſe de la Turque, & mit en Piéces tout ce qui eſtoit dedans: & la Teſte ayant eſté couppée au Baſcha, ſoudain elle fut miſe ſur le Bout d'une Pique, en ſigne de Trophée; ce qui eſtonna les Turcs, & anima encore plus les Chreſtiens: ſi-bien que toute l'Eſquadre des Galeres Turqueſques, qui eſtoient venues affronter & attaquer la Battaille Chreſtienne, fut traittée de meſme que leur Générale. Dom Juan, victorieux de ce qu'il (1) l'eſtoit venu charger & attaquer, rallia le plus de Galeres qu'il peut: &, voyant que, du coſté de ſa Corne droite, on eſtoit encore aux Mains, & bien dangereuſement, donna ſi à propos dedans, qu'il ſe fit bien-toſt Maiſtre de toute la Battaille, & caſſa & briſa tout ce qui ſe préſenta devant luy.

UCCHIALY donna beaucoup de Peine aux noſtres; mais, il fut chargé ſi à propos par le Seigneur Jean-André Doria, qu'après avoir fait tout ce qu'il peut, & rendu le dernier Combat, il ſe ſauva avec trente-deux Galeres. On luy donna la Chaſſe tant que l'on peut; mais, la Nuit ſurvint, qui empeſcha la Veuë & la Pourſuitte.

L ES

(1) qui

Les Vénitiens firent très-bien, où mourut le Seigneur Justinian Barbarico, leur Général, qui fit ce Jour-là merveilleusement bien, & estoit digne de sa Charge. En mourant, il dit, qu'il mouroit très-heureusement pour une telle Victoire.

Dom Juan coucha au Champ de Bataille : &, le Lendemain, il fit reconnoistre le Nombre des Vaisseaux quî estoient pris & mis à Fonds, où il s'en trouva entre les Galeres & Galiottes deux cents & sept : le Nombre des Morts dans ces Vaisseaux environ trente mille, & douze mille Chrestiens delivrez de la Chaine (ce qui a esté un bel Oeuvre) sans ceux qui furent noyés ou qui allérent mourir ailleurs, & de pris plus de six mille.

Le Roy Charles en eut pareil Advis, & manda cet Advis à l'Evesque de Paris, pour en remercier Dieu, & chanter le *Te Deum.*

Du costé des Chrestiens, il y eut bien de Morts & de Blessés jusques à huit ou neuf ou dix mille Hommes, tant sur les quinze Galeres qui furent prises & aucunes recouvrées, que sur les autres; desquelles quinze fut la Générale de Malthe, qui combattit long-temps contre sept Galeres Tur-

G 3

queſquefques ; mais, ce Maraut de Ucchialy vint, qui en emporta une des Chevaliers du Saint Efprit de Savoye, une de Gennes, une autre de Sicile, & une du Pape.

Ce font des Battailles celles-là, bien rendues & débattues, non pas celles où nous ne rendons de Combat pour un Double, & où la plufpart s'enfuyent, comme nous en avons veu de noftre Temps. Et, pour mieux faire remarquer cette-cy, voyez s'il vous plaift les grands Perfonnages morts du cofté des Turcs. Prémiérement, Pertau Bafcha Général de l'Armée de Mer, Haly Bafcha de Terre, Ahmal Bey Capitaine des Janniffaires, Affan Bafcha Fils de Barberouffe, Mehemet Bey Gouverneur de Metelin, Ydey Bey Gouverneur de Cion, Caraban Gouverneur de Soubaffels, Campfau Bey Gouverneur de Rhodes, Dely Soliman, Tapart Cheluby Proutfaga Gouverneur de Napoli de Romanie, Amipfa Bey Gouverneur ou Roy de Tripoly, Dardagan Bey Gouverneur de Tercenal, Muftaffa Cheluby Treforier général de l'Armée, Affit Cayga Capitaine de Galipoly, Pery Begoly Capitaine d'une Efcadre de Galeres, Ochiman Beoly Capitaine de Fanal, Datamus

támus Patron, Daly Bascha, Dondo-
my Capitaine de Fanal aussi, Jafer Aga
Vice-Roy de Tripoly de Surye, Ma-
ret Aga Fils de Dragut, les Enfans Daly (1) Mehemet, & Sahin Bey pris, Mehemet Gouverneur de Negrepont pris,
Sirocco Bey d'Aléxandrie pris, & Ca-
rachaly grand Corsaire sauvé avec Ucchialy. Il y en a eu une infinité d'autres morts & pris. Cependant, il faut
noter, quels Gens de Marque sont tous
ceux que je viens de nommer.

Ainsi se gagna cette Battaille,
sans raconter plusieurs autres Particularitez, qui seroient trop longues à
mettre par escrit : aussi a-elle esté
descrite au long par plusieurs. Mais,
il faut encore remarquer, que la Réale
portoit pour son Estendart un grand
Crucifix, & une Nostre-Dame de Pitié, & une (2) autre des Armes de la Ligue. La Corne gauche portoit un Gail-
lard jaune, la Corne droitte en portoit un verd, & l'Arriere-garde une
Banniere blanche & en Pouppe.

Jamais il ne fut donnée une si
belle Battaille de Mer : aussi celuy, qui
en porta les Nouvelles à Venize, s'ap-
pellant le Seigneur Laffran Justinian,
comme il vint devant le Doge ou Duc
de Venize, il mit le Genouil en terre

(1) d'Aly (2) un   &

G 4

& luy dit : *Séréniſſime Prince, je vous apporte la Nouvelle de la plus glorieuſe Victoire que la Chreſtienté eut jamais.* De fait, certes, elle l'eſtoit : &, ſi on l'euſt bien pourſuivie comme il faloit, Conſtantinople trembloit, & eſtoit auſſi toſt conquis. Mais, la Jalouſie de nos Princes Chreſtiens gaſta tout, & meſme celle d'aucuns que je ſçay, leſquels je ne nommeray point, qui, ne deſirans la Grandeur d'autruy, & portans Envie à Dom Juan, ſuſcitérent la Guerre ailleurs, où il n'y avoit ny Propos, ny Raiſon.

Puis-qu'il y alloit du Fait de la Chreſtienté, j'ay grande Peur que Dieu ne s'en ſoit irrité depuis ſur ces Perturbateurs. Les Vénitiens, de l'autre coſté, ſe faſchans de la Guerre, priérent le Roy de France de moyenner la Paix envers le Grand-Seigneur, où fut envoyé Monſieur l'Eveſque de Dax, de la Maiſon de Nouaille en Limouſin (1), fort grand & digne Perſonnage de cette Charge, les Vénitiens l'ayant eſleu & demandé au Roy ; lequel avoit d'autresfois, du Temps du Roy Henry ſecond, eſté Ambaſſadeur vers eux (2), & bien venu d'eux,

com-

___

(1) François de Noailles.
(2) Voïez ci-deſſus, pag. 87.

comme je l'y ay veu. Il fit un très-
heureux Voyage pour eux vers le
Grand - Seigneur, & en obtint la bonne Paix qu'ils desiroient : &, par ainsi,
de très - bonnes Occasions & bons Effets, qui n'eussent manqué d'en sortir
pour la Chrestienté, faillirent, à l'Ap-
petit des malheureuses Envies, Jalou-
sies, & Divisions de nos Chrestiens.
Ainsi se perdit jadis la noble Terre-
Sainte, laquelle, tant que les Princes
Chrestiens furent bien d'accord, fleu-
rissoit & augmentoit de jour en jour;
mais eux venans à se diviser & s'envier
tout à coup, elle nous eschappa vilainement des Mains.

GRANDE Honte certes à nous autres, & de ce Temps - là, & d'aujour-
d'huy! Car, pour asseuré, si les Princes Chrestiens se fussent bien entendus
& accordez, infailliblement l'on eust
fait un grand Effort sur l'Empire d'O-
rient. Car, j'ay ouy dire à des Gens,
qui estoient à Constantinople, pour
lors que les Nouvelles y furent ap-
portées de cette grande Défaitte, que
le Grand - Seigneur, tout son Conseil
de la Porte, & les Gens de Guerre,
estoient si estonnez, que si l'on eust
veu seulement cinquante Galeres Chres-

G 5

tien-

tiennes paroiftre , ils quittoient la Ville.

UNE Chofe fut bien contre nous , & pour les Ennemis : c'eft que ce fut en Hyver , & au Mois d'Octobre , que fe fit cet Efchec : & , pour ce , à caufe du mauvais Temps d'Hyver , & à caufe de Vents & Orages qu'il produit , la belle Occafion fe perdit. Mais , fi cela fuft arrivé en May ou Juin , la Victoire fe fuft pourfuivie : autrement , c'euft efté un grand Blafme & une grande Honte aux Vainqueurs. En renvoyant les Malades & Bleffés , comme auffi les Vaiffeaux caffez , rompus , & brifés , d'où ils eftoient venus , pour les remettre & refaire , on euft peu faire une Election tant d'Hommes que de Vaiffeaux frais & gaillards , & puis donner Voile , comme j'en ay ouy difcourir aux grands Difcoureurs. Il eft bien vray , que l'Année d'après il fe fit un nouvel Armement ; mais , il ne fit ny ne fervit de rien , fi-non qu'on alla en la Morée , & affiégea Navarain , mais on le faillit , à caufe du grand Secours qui vint.

VOILÀ que c'eft que d'avoir donné Loifir à l'Ennemy de refpirer , & de prendre Haleine & Courage. Cela arrive

rive souveet parmy les grands Capitaines, qu'après une grande Victoire, ils ne sont pas tousjours bien advisez & sages, & font tousjours quelque lourde Faute : &, qui pis est, ils sont si insolents & aises de leur Victoire, qu'il leur tarde à toute heure, qu'ils ne soient retournez en leur Patrie, pour se monstrer & entrer en Parade, & faire leur Triomphe. Ainsi que fit Antoine Colonne, à qui le Pape donna le Triomphe, & voulut qu'il entrast dans Rome triomphant, ny plus ny moins, & en la mesme Sorte, que les anciens Consuls & grands Capitaines Romains; ainsi que j'ay ouy dire à ceux qui le virent, & estoient à Rome pour lors, & que c'estoit une très - belle Chose à voir. J'estois à la Cour, quand ces Nouvelles vindrent : mais, j'y en vis aucuns Grands se mocquer de ce sot Triomphe, qu'ils appelloient ainsi. Cela eust esté mieux séant encore, si l'on en eust fait de mesme à Dom Juan, le grand Général, & qu'il eust esté suivy d'Antoine Colonne, du Général des Vénitiens, de Jean - André Doria, & de tous ces autres grands Capitaines tant de Mer que de Terre, qui avoient si - bien fait, & qui méritoient de triompher aussi-bien que le Seigneur Antoine, jusques

G 6

aux

aux braves & généreux Soldats, Adventuriers, & Mariniers, qui s'estoient si bien comportez. Car, en telles Choses, il faut que l'Honneur soit départy esgalement à un chacun de ceux qui ont bien fait. Voilà ce que pour lors on en discouroit.

Sur quoy il me souvient d'avoir leu en un Livre en Espagnol, que le Roy Dom Ferdinand d'Arragon, après que ses Capitaines, où Monsieur le Marquis de Pescayre estoit des plus advancés, eurent gagné une Battaille contre les Vénitiens, & défait fort heureusement leur Général, Barthelemy d'Alviano, auprès de Vincence, il récompensa tous les Capitaines & Soldats selon leurs Mérites; &, outre cela, il fit mettre par escrit dans les Livres des Trésoriers, Nom par Nom, tous les Capitaines & Soldats, jusques au dernier, qui avoit esté en cette Battaille, ensemble tous ceux qui y estoient morts, récompensant leurs Parens. Si-bien que, parmy les Papiers & Registres de la Chambre des Comptes, ce Papier se trouve, & y est enregistré, & qu'il demeure-là, pour insigne Mémoire à jamais de leur Valeur & Mérite. En quoy ce Roy méritoit d'estre loüé,

&

& qu'on le servist. De mesme, il ne devoit en cette Battaille de Lépante y avoir Capitaine , ny Adventurier, ny Soldat , ny Marinier, tant petits fussent-ils, dont les Noms ne fussent enrollez & escrits dans quelque beau Papier & Livre , qui servist à jamais de Souvenance de la Valeur de ces braves Hommes , tant de ceux qui y moururent, que de ceux qui en eschappérent vifs.

CELA devoit avoir esté fait de par Dieu, ainsi que j'ouys un jour à Malthe discourir un Gentil Capitaine Espagnol, que l'on devoit amasser tous les Os des Turcs, qui estoient morts en ce Siége, & d'estre curieux jusques-là de n'en oublier un seul ; & les mettre tous en un Monceau, & là en dresser une Montagne, afin qu'elle servist à jamais d'eternelle Mémoire & Insigne, & de mémorable Trophée , pour les braves Chevaliers qui les avoient défaits, & de leur Valeur ; à celle fin qu'on peust dire, *Voilà une Montagne des Ossemens des Turcs , qui moururent au Siége de cette Place, qu'ils ne peurent prendre :* & que là auprès on dressast une Aiguille en Piramide , où l'Escriteau en fust engravé. Certes, ce Capitaine estoit de bien noble Esprit, d'al-

G 7

ler

ler trouver cette gentille Invention,
qui devoit avoir esté prattiquée, pour la
Gloire de si braves Chevaliers. Ainsi
auprès de Nancy, où le Duc de Bourgogne fut défait & tué, l'on y voit
une Chapelle, où les Lorrains furent
curieux d'amasser & d'y poser tous les
Os des Bourguignons, qui moururent-
là ; & ce, en Signe de leur belle Victoire. Mais, je n'ay esté que trop long
en cette Digression, laquelle j'espere
que le Lecteur me pardonnera, parce
qu'elle n'est point mauvaise.

Pour retourner encore à Dom
Juan, à ce que je tiens de quelques
braves & grands Capitaines, qui l'ont
veu en Affaires, il estoit si brave &
vaillant, que, si tout le Monde l'eust
voulu croire, il se fust fait un Roy
ou petit Empereur de quelque Royaume ou Empire en Orient, & y eust
bien planté l'Evangile de nostre Dieu.
On l'a un peu blasmé pour la Perte de
la Goulette, & si-bien que dans Rome il s'en fit un Pasquin :

El Cardinal con Bragueta,
Dom Juan con la Raqueta,
Hanno perso la Goletta (1).

Ils

______

(1) C.-à-d. *Le Cardinal par sa Brayette,*
Et Dom Juan par sa Raquette,
Ont laissé perdre la Goulette.

Ils veulent dire, que le Cardinal de Granvelle, pour lors Vice-Roy de Naples, s'amuſant trop à l'Amour, & Dom Juan trop à joüer à la Paulme, dont il aimoit fort l'Exercice, avoient perdu la Goulette.

Il eſtoit aiſé à ceux, qui firent ce Paſquin, de braver. Mais, il ne tint nullement à Dom Juan : car, de jour en jour, il ſe préparoit pour l'aller ſecourir; mais, ceux de dedans le prévindrent, & ne tindrent comme on le préſumoit. Et on penſoit, que s'ils euſſent tenu la Moitié autant que ceux de Malthe tindrent, ils eſtoient bravement ſecourus, & tout de meſme : & on euſt fait un grand Eſchec ſur les Turcs, qui avoient toute leur Armée en Terre, & on les euſt pris à l'impourveu ; de-ſorte qu'il en fuſt allé très-mal pour eux. Voilà pourquoy Dom Juan n'eut-là aucune Coulpe, ny Faute.

Quelque temps après, le Roy d'Eſpagne l'ayant fait venir à ſoy en Eſpagne, & après l'avoir bien embouché, l'envoya en Flandres, où il alla en galant Cavalier, & non en Homme qui euſt Peur : ains, pour faire le Chemin, il y alla en brave Adventurier ; car, ſans autre grand Embarras de Train ny d'Armée, pour aller plus

aſſeu-

affeurément & affeurer fa Perfonne, il
prend la Pofte avec fix Chevaux feulement, ayant avec luy le Seigneur
Octavio Gonzague pour Confident, &
un Poftillon François, qu'il prit en Efpagne, un gentil Compagnon, & qui
fçavoit toutes les Poftes, les Chemins,
les Routes, & Traverfes de France,
lequel m'a mené auffi plufieurs fois
par les Poftes de France, & mefme
celles de Guyenne; & on difoit, qu'il
eftoit Suiffe Francifé, ou my-Savoyard
Efpagnolifé. Il le paffa par toute la
France, en un Temps dangereux, & en
un Pays fcabreux, & mefme par la
Guyenne, à la Veille de la Guerre, car
dans trois Mois après nous l'eufmes.
Il vint à Paris defcendre à la Ruë
Saint Antoine, tout devant le Logis
de l'Ambaffadeur d'Efpagne. La Nuit
eftant venue, il le va trouver, parle
un peu à luy ; &, fçachant que ce
Soir-là il y avoit un Bal fort folem-
nel au Louvre, il y vint deguifé avec
le Seigneur Octavio, voit danfer toute
la Cour, la contemple, & fur-tout
par grande Admiration la belle Reyne
de Navarre, Sœur de noftre Roy, la
Merveille du Monde. Il demeure pref-
que en Extafe de voir une telle Beauté : puis après, il fe remet, & s'en
va

va tout ravy & bien informé d'elle &
de noftre Cour ; ainfi que j'ay ouy dire
à un Sécrétaire de l'Ambaſſadeur d'Eſpagne. Le Lendemain, il ſe pourmene
par Paris, voit le Palais, admire ſa
Grandeur, & la Beauté de la Ville,
ſans eſtre connu, ny rien ſçeu de luy,
qu'après ſon Départ. Puis, il reprend
la Poſte, pourſuit ſon Voyage droit
à la Duché de Luxembourg, & de-là
en Flandres : où ayant trouvé Anvers
pris & ſaccagé, il fit une Paix, ſous
Condition d'en chaſſer les Eſpagnols,
ce qu'il fit ; & ils s'en allérent tous
en Italie, ſi chargés du Butin d'Anvers, qu'ils n'en pouvoient marcher.

C e Prince fut bien trompé en cette Paix ; & bien luy ſervit de ſe monſtrer bon, vigilant, & bon Capitaine.
Aucuns le blaſment de ce Traité de
Paix, de ſe deſarmer ainſi, & renvoyer ſes Gens. Et ce fut ce qu'un
jour ſçeut bien remonſtrer cette brave, généreuſe, & belle Infante, à qui
le Duc d'Arſchot (fut ou de luy, ou
d'autres qui l'en avoient prié,) porta
la Parole, que jamais elle n'auroit ſon
Pays-Bas paiſible, qu'elle n'euſt chaſſé
les Eſpagnols. A quoy luy reſpon-
dant, & luy donnant un grand Souf-
flet, elle luy dit: *N'avez vous pas*

Honte de me dire cette Parole, veu que vous sçavez bien, que, pour les avoir chassés, il en prit très-mal à Dom Juan d'Austriche mon Oncle? Comme de vray les Estats ne gardérent guéres la Paix, en quoy ils furent fort à blasmer. Car, ils assemblérent une fort grosse Armée de cinquante mille Hommes, composée de ceux de leur Nation, de François, d'Anglois, & de Reystres, que le Prince Cazimir avoit amenez. Mais, Dom Juan fit aller leur Armée à rien, & elle se dissipa de soy-mesme : car, il l'alla assaillir, encore qu'elle fust retranchée de grands Retranchemens ; &, leur donnant une Camisade, n'ayant avec luy que quatre mille Espagnols, luy à la Teste, fausse tous leurs Retranchemens & Barricades, enfonce & donne dedans, défait tout ce qu'il trouve : &, n'eust esté une brave Trouppe, fort petite pourtant, de François & de quelques Anglois, qui se résolurent à la Défence, là où se trouva aussi à propos Monsieur de la Nouë à faire Teste, & qui fit très-bien, il leur enlevoit résolument leur Logis, & leur défaisoit la pluspart de leur Armée, & mettoit en routte tout le Reste.

J'estois lors à la Cour, quand ces Nouvelles arrivérent au Roy, qui ne
se

se pouvoit saouler de loüer un tel Acte généreux & vaillant. Un peu auparavant, Monsieur de la Noüe m'avoit escrit, me priant de l'aller trouver, & me mandoit les Forces des Armées des Estats, qui estoient grandes, & m'escrivoit ainsi : „ Nous sommes plus forts „ que Dom Juan „ ; *mas, los Espagnoles disen que son superiores en Valor* (1). Tels estoient ses Mots.

OR, ce pauvre Prince ne joüit pas longuement de cette belle Gloire & Loüange ; car luy, qui avoit tant cherché de mourir dans un Camp rude de Mars, alla mourir dans un Lit mol & tendre, comme si c'eust esté quelque Mignon de Vénus, & non un Fils de Mars. Il mourut de Peste, qu'il avoit prise de Madame la Marquise d'Avré, disoit-on, de laquelle il estoit espris ; mais, tout le Monde ne dit pas cela, & mesme en Espagne : car, on tient qu'il mourut empoisonné par des Bottines parfumées ; & je m'en vay dire comment.

DOM Juan avoit un Sécrétaire, que le Roy d'Espagne luy avoit donné, & en qui il se fioit fort, qui s'appelloit le
Sei-

______

(1) C.à d. *Mais, les Espagnols se disent supérieurs en Valeur.*

Seigneur d'Escovedo : il avoit esté à
Dom Ruy Gomez. Ledit Dom Juan
l'envoya un jour de Flandres vers le
Roy, pour luy rapporter les Affaires
de son Estat. Estant à la Cour, après
avoir fait sa Légation & sa Charge, il
s'enquiert des Nouvelles de la Cour,
& mesme des Dames ; ainsi que nous
autres Courtisans sommes curieux aussi
tost de nous en enquérir, quand nous
y arrivons. On luy dit, que la Princesse d'Eboly, Veufve de Ruy Gomez
(que j'ay veu) une très-belle Femme, qui estoit de la Maison de Mendoza, traittoit fort l'Amour avec Antoine Perrez, que j'ay aussi veu Sécrétaire major du Roy Philippe, & son
principal Conseiller & très-favory,
un très-habile Homme, qui faisoit tout.
Escovedo, qui avoit esté, & à son
Mary, & à elle, & qui se ressentoit
encore de l'ancienne Amitié & Fidélité qu'il portoit à son feu Maistre, ne
peut supporter sur le Cœur cette Nouvelle, qu'il ne s'en deschargeast à feu
sa Dame & Maistresse, à sçavoir à ladite Princesse d'Eboly, & ne luy re-
monstrast le meschant Bruit qui couroit
d'elle, & le grand Tort qu'elle se faisoit. Elle, en colere aussi-tost de telles Remonstrances, le renvoya bien
loin

loin avec des rudes Menaces, & defcouvrit le tout à fon Amy Antoine Perrez, qui, en concevant la Vengeance, le fit tuer, & fuppofa force faux Mémoires, qu'il monftra au Roy d'Efpagne, par lefquels il le monftroit traiftre & infidele au Roy ; & que Dom Juan, fon Maiftre, traifnoit, pour s'impatronifer, non-feulement de l'Eftat de Flandres, mais de celuy de Milan & du Royaume de Naples. Bref, il ne manqua pas de fauffes Impofitions & Inventions à quantité. A quoy le Roy prenant pied, comme jaloux de fon Eftat, (car, quelle eft la Chofe qu'un Prince ne faffe, pour maintenir fon Eftat, quand on le luy veut efbranler ?) fait donner la Venuë à la Vie de Dom Juan, comme j'ay dit. En quoy le Roy eft excufable; mais, Antoine Perrez très blafmable.

DIEU, qui eft Juge jufte des mefchantes Actions humaines, en produifit auffi-toft la Punition. Car, le Préfident de Caftille, *El Conde Braias de la Caza de Sappatos* (1), en Arragon, avec Mattheo Vafquez, Sécrétaire du Roy, & tous deux grands Ennemis
d'An-

____

(1) C-à-d. *Le Comte Braias de la Maifon de Sappatos.*

d'Antoine Perrez, firent tant fur la Perquifition de la Mort d'Efcovedo, qu'ils en fçeurent la Vérité, & que pour le feur ladite Princeffe, & Antoine Perrez, l'avoient pourchaffée; &, de plus, defcouvrirent les fauffes Accufations & Impofitions du pauvre Dom Juan. Dequoy le Roy très-indigné, & fafché, fit mettre l'un & l'autre en Prifon; mais, cela ne répara pas la Vie du pauvre Dom Juan, ny du pauvre Efcovedo, ny les Regrets qu'en fit le Roy : non plus que fit le Roy Louys onziefme à l'endroit d'un Moine de fon Royaume, lequel voyant un jour le Roy difner, & ayant par Cas fortuït tout contre foy un Capitaine de Picardie, à qui le Roy en vouloit, il fit figne feulement de l'Oeil à Triftan l'Hermite, fon Grand-Prévoft ; car, le plus fouvent, il n'ufoit pas d'autres Commandemens, fi-non par Guignades & Signes. Triftan, penfant qu'il luy fift Signe du Moine, ne manque auffi-toft de le prendre dans la Baffe-Cour, & de le faire jetter dans un Sac en l'Eau. Le Capitaine, qui avoit veu le Signe du Roy, fe douta que c'eftoit pour luy : c'eft pourquoy, tout bellement il s'évada, & monta à Cheval, & picqua vers la Flandre. On dit au Roy le lendemain, qu'on l'avoit
veu

veu fur le grand Chemin, qui s'en alloit à belle Erre. Le Roy envoya
querir Triftan, & luy dit : *Triftan,
pourquoy ne fiftes vous hier ce dont je
vous fis Signe de cet Homme ? Hà ! il
eft bien loin à cette Heure,* dit Triftan.
Ouy, bien loin, dit le Roy : *on l'a
trouvé vers Amiens. Mais vers Roüen,*
dit Tiftan, *où il a desja beu fon Saoul.
Qui entendez - vous ?* dit le Roy. *Hé,
le Moine,* dit Triftan, *que vous me
monftraftes. Je le fis jetter auffi-toft
en un Sac dans l'Eau.* Comment ! dit le
Roy, *le Moine ! Hé ! Pafque-Dieu !* (car
c'eftoit fon Jurement) *c'eftoit le meilleur Moine de mon Royaume. Qu'avez
vous fait ? Hé bien, il luy faut faire
dire demain une Demie - Douzaine de
Meffes de Requiem : &, par ainfi, nous
voilà autant defchargés ; car, j'entendois
ce Capitaine Picard.* Voilà comme le
Moine fauva la Vie au Capitaine,
ayant efté pris pour l'autre. Ce fut
bien un *qui pro quo* d'Apotiquaire ;
mais, la Vie de l'autre n'en fut nullement réparée. Il n'eft pas bon de
faire tels Commandemens par Signes :
vous en voyez l'Inconvénient. Il
n'eft que de parler haut & clair, &
abfolument en Roy & Magiftrat fou-
verain.

A I N-

A i n s i , la Mort d'Escovedo, ny de Dom Juan , ne furent point réparées , ny remises, pour l'Emprisonnement d'Antoine Perrez, ny pour son Bannissement; lequel, rompant les Prisons , s'enfuit en Arragon, où il fit en partie cette belle Révolte de Saragosse & d'Arragon , qui eust pris grand Feu, sans la grande Prudence du Roy, qui, ne s'en estonnant autrement, y envoya Dom Alonzo de Varras , avec une grosse Armée de Castille, dont il estoit Général : lesquels (1), après avoir fait des mauvais assez , quand il falut venir au Bon du Fait, ils se rendirent & posérent bas les Armes : & , par Commandement , fut tranchée la Teste à la Justice d'Arragon, qui fut un grand Fait; car, elle a esté de tout Temps très - fiere , & si arrogante que rien plus.   Et le Juge s'appelloit Dom Jean de la Musa ; lequel, estant pris, le Roy ne fit qu'envoyer un petit Billet, qui portoit ainsi : *La présente veue, vous ferez trancher la Teste à la Justice d'Arragon, sans autre Délay, parce qu'il convient à nostre Service ; sur Peine d'Indignation.* C'est commander cela , en Mots briefs, & non par Signes,

(1) Arragonois, *s'entend.*

gnes, comme je viens de dire. Il fit aussi prendre prisonnier le Duc de Villermes, & le Comte d'Arande, tous Parens dudit Dom Jean, & mener en Castille. On ne sçait s'ils en ont (1) autant tous ces Rebelles. Aussi certes avoient-ils fait une grande Injure au Roy : car, ayant pris dans son Logis Dom Inigo de Mendoza, Marquis d'Almenara, Sur-Intendant de toutes les Affaires d'Arragon, & l'ayant sorty de sondit Logis & mené dans la Ruë, ils luy baillérent tant de Coups de Baston, qu'il mourut au bout de quinze Jours dans la Prison.

Q u a n t à Antoine Perrez, il se sauva tellement quellement, comme il peut, par les Montagnes ; avec toutes les Peines du Monde, par les Pluyes, Neiges, Glaces, & Vents. Il vint en Bearn, où il demeura long-temps avec Madame la Princesse Sœur du Roy, luy persuadant & mettant en avant beaucoup de belles Occasions, ainsi que font tousjours les Malcontents & Rebelles, pour conquérir par de-là ; si-bien que madite Dame y envoya quelques Gens : mais, la pluspart furent défaits, & s'en retournérent fort piétres. Après cela, ledit Antoine s'en alla avec elle à la Cour

(1) essuïé

trouver le Roy, & luy parler : de-là en Angleterre, où il n'a pas mieux fait fes Affaires qu'ailleurs ; & eft derechef retourné en France. A cette heure, il dit qu'il veut aller à Conftantinople, trouver le Grand-Seigneur, là-où, s'il peut, il nuira au Roy fon Maiftre, en tout ce qu'il pourra par fon grand Efprit, comme il l'a très-bon & habile, & qui fçait les Affaires de fon Maiftre mieux qu'Homme du Monde, les ayant maniées de long-temps, ce qu'il a fait à fouhait, & comme il vouloit. Il fera Homme poffible, dit-on, pour fe renier, eftant en tel Defefpoir ; & force Gens l'ont fait, & le feroient.

Ce fut luy, qui le prémier fut Médiateur & Traffiqueur des Amours de ladite Princeffe d'Eboly avec le Roy : &, par ainfi, faifant pour autruy, il vouloit faire auffi pour foy, n'eftant pas fi fol de s'oublier ; ainfi que couftumiérement tel Traitteurs d'Amours ou Porteurs de Poulets font couftumiers de faire : lefquels ne font pas fi remplis de Fidélité à l'endroit de ceux qui les employent (au moins la plufpart d'eux) qui (1) n'efchançonnent, & ne

taf-

____

(1) qu'ils

taftent, ou devant, ou après, le bon Morceau, qu'ils appareillent pour au-truy. Et ce fut ainfi que fit Antoine Perrez, dont mal luy en prit, & à la Dame. Car, le Roy l'avoit fervie & aymée long-temps : fi-bien que fon Fils aifné, que l'on appelle *El Duque de Paftrane*, luy reffemble du tout, ce dit-on, eftant blond ainfi que le Roy. Ruy Gomez le fçavoit bien ; mais, il faloit qu'il paffaft par-là : car, pour Récompenfe il luy faifoit de grands Biens & Faveurs ; car, il luy fit ef-poufer cette Femme, qui eftoit Fille du Duc de Franqueville, très-grand Seigneur d'Efpagne, dont fon Fils fe-cond en porte le Nom, mais pourtant il y en a Procès. Le tiers s'appelle, comme le Pere, Ruy Gomez. Pour la Fille, le Roy la maria avec le Duc de Medina Sidonia, celuy qui fut Géné-ral de cette grande derniere Armée Efpagnole en Angleterre. Bref, d'un fimple Gentil-Homme Portugais qu'il eftoit, quand il vint trouver le Roy, il eft mort un très-riche & grand Seigneur, & du tout gouvernant fon Maiftre.

J'AY ouy dire, que le plus grand Sujet, que le Roy prit de l'aymer, fut que, joüant un jour en Flandres à la

Prime, avec deux autres, un grand Reste
y allant de tout, qui montoit à vingt
mille Escus, le Roy d'Espagne allant
d'Affection à la Prime, la vint à rencontrer, dont il fut très-aise; car, qui
que ce soit, & mesme un grand Seigneur & libéral, est avare au Jeu. Soudain, s'escriant qu'il avoit Prime, Ruy
Gomez avoit cinquante-cinq, lequel,
pour n'empescher la Joye, que le Roy
son Maistre avoit d'avoir rencontré
Prime, en monstrant son Jeu au tiers
& au quart, il jette ses Cartes, & les
mesle parmy les autres, disant seulement, *Je le quitte*. Le Lendemain, le
tiers & le quart, qui estoient des grands
Seigneurs, & me semble que le Duc
de Feria y estoit, dirent au Roy le
Trait qu'avoit fait Ruy Gomez, luy
ayant dit, qu'il ne vouloit luy empescher & troubler la Joye & le Contentement qu'il avoit eu à rencontrer Prime, & qu'en nulle Façon il ne luy
vouloit donner Fascherie; comme certes le Serviteur doit tousjours tascher,
le plus qu'il peut en tout, de complai-
re à son Maistre, mesme à tel que celuy-là, & en telle Chose. Le Roy
luy en sçeut si bon Gré, qu'il l'en
récompensa au triple, & depuis l'en ayma plus qu'il n'avoit fait. Je tiens

out

tout ce grand Difcours précédent de
fort bon Lieu, & point vulgaire. Il
peut eftre du tout vray, ou à demy;
mais, un grand Seigneur François Efpagnolifé me l'a ainfi dit, & un Gentil - Homme, Capitaine Efpagnol.

Je romps cette Digreffion, pour
retourner encore à Dom Juan, de la
Valeur duquel j'ay parlé, & de fa Mort.
Pour fon Origine, j'en diray ce petit
Mot, & puis rien plus. Il fut Fils naturel du grand Empereur Charles - Quint,
& d'une grande Dame & Comteffe de
Flandres, Mere d'un Grand, dont nous
avons parlé, ou poffible en parlerons,
& non point d'une Boulangere de
Bruxelles, ou d'une Lavandiere, comme la plufpart du commun l'a dit; laquelle eftoit belle en toute Extrémité, & on la nommoit, Dame Barbe de
Plombergh, qui fut depuis mariée au
Seigneur Requel (*a*), Gentil-Homme du
Pays de Namur ou de Luxembourg.
De l'avoir bien aymée, & jouy d'elle,
il le faut croire : mais, qu'elle aye efté
Mere de Dom Juan, ce font Abus;
car,

____

(*a*) *Requem*, ou plûtôt *Reckem*, qui eft le
Nom d'une noble & ancienne Famille de Luxembourg. Le prétendu Nom de *Requel* n'eft connu,
ni dans le Duché de Luxembourg, ni dans le
Comté de Namur.

H 3

car, il tenoit par trop du Noble, & d'un Cofté & de l'autre. Auffi-toft qu'il fut né, l'Empereur fon Pere envoya quérir un riche Pafteur des Montagnes de Liege, & le luy donna à nourrir & à eflever fort curieufement, fans que beaucoup de Perfonnes lefçeuffent, & à endurer & s'endurcir au Travail, ny plus ny moins qu'un de fes Enfans, fans le nourrir mollement ny délicatement, & fans qu'il dift qu'il fuft Fils de l'Empereur; fi-non au bout de quelque Temps, qu'il vint à fe faire grand, & que l'Empereur voulut quitter le Monde, & fe retirer en Efpagne, qu'il commanda au Roy fon Fils de l'envoyer quérir, commanda au Pafteur pareillement de l'amener, & qu'il s'en fervift, & luy ordonna une Penfion fort belle & grande; & le luy recommanda plufieurs fois comme fi c'eftoit fon propre Frere. J'ay appris cela en Efpagne de quelques grands & habiles Hommes, qui le fçavoient bien.

Voilà que c'eft d'une belle & généreufe Naiffance. Celuy, qui avoit efté nourry en Maifon champeftre, comme un Pafteur, fe rendit depuis fi gentil, fi galant, fi honnefte, & fi agréable, comme il a efté, & fentant fi peu fa nourriture rurale, ainfi que j'ai veu en Efpagne; car il eftoit fort beau,

de

de fort bonne grace , comme j'ai dit : &
s'il avoit esté nourry en Vie rustique, si
n'en tenoit - il rien ; car , il avoit bonne
& belle Façon parmy les Soldats. Il
avoit bien aussi bonne & belle Grace
parmy les Dames , desquelles il estoit
fort doucement regardé , & bien venu
auprès d'elles.

A luy succéda en sa Charge de
Général en Flandres le Prince de Parme, son Nepveu , duquel pour cette
heure je ne parleray pas , d'autant que
j'en fais un Discours à part, sur une
Comparaison qui se peut faire de huit
grands Capitaines, & bien jeunes pourtant, de nostre Temps : à sçavoir nostre
Roy Henry second (1) , Monsieur le Duc
d'Alençon son Frere , le Roy de Navarre , Monsieur de Guise , Monsieur
du Maine son Frere , Monsieur le Prince
de Parme , le Comte Maurice , & Monsieur de Biron dernier mort (2) , de la
Valeur & Suffisance desquels j'espere
de dire ce que je pourray. Je remets
cette Partie à une autrefois , pour parler maintenant de feu Monsieur de Savoye Philibert dernier.

(1) *Ou* troisiéme.
(2) Dans l'*Epitre Dédicatoire* de ses *Dames Ga-
lantes* , il ne promettoit d'en comparer que *six*. On
n'a point cette *Comparaison* , mais un *Discours* sur
Mr. de Guise , & un sur le vieux Biron.

H 4

DIS-

✺✳✲✳✲✳✲✳✲✳✲✳✲✳✲✳✲✳✲✳✲✺

DISCOURS QUARANTE-DEUXIESME,

PHILIBERT, DUC DE SAVOYE.

MONSIEUR DE SAVOYE fut fort aymé du feu Empereur son Oncle ; car, il aymoit cordialement sa Mere, sa Belle - Sœur, Doñe Béatrix de Portugal, Sœur de Doñe Ysabel Impératrice. Aussi cette Belle-Sœur rendoit pareil Amour à son Beau-Frere : de telle sorte qu'elle fit perdre l'Estat à son Mary ; car, elle ne cessa jamais, qu'elle ne le brouillast (1) au Party de l'Empereur, au lieu qu'auparavant il estoit bien à son Aise, & il ne luy demandoit rien. Il se dit, & se lit, que l'Empereur estant à Naples, à son Retour de Thunis, Monsieur de Savoye, Mary de Béatrix, escrivit une Lettre à un Gentil - Homme, qu'il aymoit fort, & qui se tenoit

au-

______
(1) C.-à-d. ne l'attirast

auprès de l'Empereur, qu'il sçeust de luy comment il se devoit gouverner en ce Fait de la Guerre de Savoye, qu'il voyoit se préparer & tomber toute sur luy ? L'Empereur luy manda, qu'il se gouvernast à l'Accoustumée, en connivant, sans autrement se déclarer, ny pour l'un, ny pour l'autre. Mais, sa Femme, qui estoit altiere & d'un Courage animé, ne cessa jamais qu'elle ne le fist déclarer du tout ; dont mal en prit, & à l'un, & à l'autre. Car, il fut despouillé de son Bien : & elle, de Deuil de sa Perte, & de ce qu'elle en estoit cause, mourut à Nice comme desespérée. On dit que la Mere du Duc de Cleves mourut ainsi de Tristesse, quand elle vit son Fils privé de ses Biens, & réduit à petit Pied. Et dites que les Femmes meurent de Joye ? non pas ces deux-là. Enfin, cette Duchesse de Savoye fut très-mauvaise Françoise.

J'ay ouy conter à un vieux Gentil-Homme de nostre Pays, qui s'appelloit le Bon-Homme Prémillac, vieux Advanturier de Guerre du Temps passé, qui avoit près de cent Ans : lequel, retournant au (1) Royamme de Naples, après le Siege & la Mort de Monsieur de Lautrec, & après la Perte de nostre

(1) *ou du*

Ar-

Armée, il arriva au Jour de Pentecoſte en paſſant à Chambery, où il s'adviſa, avec quelque cinquante ou ſoixante Compagnons, qu'il avoit commandé comme Enſeigne, d'aller à la Porte de la grande Egliſe demander la Paſſade & l'Aumoſne à Leurs Alteſſes, quand elles iroient à la Meſſe, comme pauvres Soldats dévaliſés. Comme ils y eſtoient, voicy venir Madame la Ducheſſe de Savoye, avec ſon Arrogance & Superbité, tant de ſes Façons naturelles, que de ſes Habits, & avec ſa grande Beauté auſſi : car, elle eſtoit pourveue & de Beauté & de Gloire, comme il faloit. Ces pauvres François, eſtans tous de Rang, luy demandérent la Paſſade. Elle, les regardant dédaigneuſement, leur dit : *Vous eſtes François ? Je ne donne point d'Aumoſne aux Ennemis de l'Empereur mon Frere. Vous avez eſté bien eſtrillés d'où vous venez. Je voudrois que tant de François, qu'il y a en France, le fuſſent de meſme :* & ainſi elle paſſa, ſans leur faire du Bien autrement. Voilà le Bien que cette Ducheſſe nous ſouhaitoit.

MONSIEUR de Savoye donc, ſon Mary, ayant perdu tout ſon Eſtat, tant de Savoye que de Piedmont, au moins la plus grande Part, il ſe retira

à

à Nice, & son Fils, Monsieur le Prince de Piedmont, auprès de l'Empereur, qui le reçeut de très-bon Cœur, (j'en dirois bien aucunes Raisons secrettes, mais je m'en passeray,) & luy fait un très-bon Traittement, le tient en sa Cour fort honorablement, & l'esleve en luy faisant voir les Armes : si-bien qu'en peu de Temps il se rendit très-capable pour servir l'Empereur : &, pour avoir perdu son Bien, il ne perdit jamais le Cœur, mais l'en augmenta davantage ; &, pour mieux le favoriser, il prend pour Devise ces Mots de Virgile en l'Enéïde.

...... *Spoliatis Arma supersunt* (1). Comme voulant dire, que celuy-là n'est pas despouillé de tout, à qui restent encore les Armes en Main. Belle Devise certes, & digne d'un si courageux Prince : & elle paroist bien autant altiere & brave, que celle du Marquis de Villanne, l'un des plus grands Seigneurs d'Espagne, à qui l'Empereur ayant osté, fust ou par Justice, ou par Force, deux de ses plus belles Terres ; néanmoins, pour cela, il n'en demeura pas si pauvre & desnué, qu'il

ne

(1) C.-à-d. *Il reste des Armes aux Malheureux.*

ne luy en restast encore davantage, tant il estoit opulent. Et, pour ce, il fit faire un jour un Saye sans Manches, & le Bas du Saye très-long & fort ample; &, tout à l'entour, il y avoit cet Escriteau en Broderie très-riche, en plusieurs Endroits dudit Saye : *Aunque me han quitadas las Mangas, no me faltan las Saldas*; c.-à-d. *Encor, qu'on m'ait osté les Manches, les Pans de la Robe, ou le Bas du Saye, ne me faillent, & me sont restez.* Et ainsi il se pourmenoit en la Cour de l'Empereur avec son Saye & ses Escriteaux, qu'un chacun admiroit, & les lisoit par grande Curiosité, comme Chose extraordinaire. Ce Marquis de Villanne estoit celuy, auquel l'Empereur ayant commandé de loger en son Logis Monsieur de Bourbon, il luy fit Response, qu'il le feroit, puis qu'il luy commandoit : mais, qu'il ne trouvast pas mauvais, si, après qu'il en seroit party, qu'il y mist le Feu; car, il ne voudroit pas qu'il luy fust reproché, que sa Maison eust servy de Retraitte à un Traistre & à un Infidele à son Roy.

MONSIEUR de Savoye le jeune s'estant donc rendu bien expert aux Armes, l'Empereur en eut si bonne Opinion, qu'il luy donna à mener a-
vec

vec le Duc d'Albe l'Avantgarde en la
Guerre des Proteſtans : puis, il le fit
ſon Lieutenant - Général en la Guerre
de Picardie, & on ne l'appelloit que
le Prince de Piedmont ; & meſme aux
Priſes de Therouane &. d'Heſdin, (où
je perdis mon pauvre Frere le ſecond,
dit le Capitaine Bourdeille, l'un des
Braves de ſon Temps,) là-où il ſe remit & ſe rempluma un peu. Car, encore que l'Empereur luy baillaſt tout
ſon Entretien de ſa Maiſon, ſi eſt-ce
qu'il luy faloit beaucoup deſpenſer
ailleurs ; &, pour ce, bien ſouvent
les Moyens luy failloient : &, en ces
deux Priſes, il y gagna force Priſonniers, les plus grands Chefs, comme
à luy deus ; &, pour les moyens, il
les acheta à vil Prix des Soldats, &
puis après il en tira de grandes Ran-
çons. Dont auſſi Monſieur de Bourdeille, mon Frere, ainſi pris-là à Heſdin, en fut d'un grand Eſcot, qui a
porté grand Préjudice à noſtre Maiſon.
Puis, il fut Général du Roy d'Eſpagne à
la Battaille de Saint-Quentin & au Siége ; là-où il gagna beaucoup auſſi, & de
meſme façon, des Priſonniers comme
des autres. Enfin, il fit ſi bien, & ſervit
ſi bien ſes Maiſtres, que la Paix ſe faiſant entre nos Rois, en une Heure, & avec
un Trait de Plume, il recouvra tous

ſes Biens & ſes Terres, qu'il avoit perdu és Gueres en trente Ans. Quel
Heur voilà! Outre plus, il eut force
Argent, il eut de bonnes Penſions,
& d'un Coſté & d'autre : meſme, une
Choſe, que guéres on n'a veu avoir,
qui eſt deux Compagnies de cent Hommes d'Armes ; l'une du Roy de France, très - bien entretenue, appointée,
& payée, dont j'ay veu le Comte de
Montravel Lieutenant ; & l'autre du
Roy d'Eſpagne, entretenue de meſme.
Cette - cy pour ſervir le Roy d'Eſpagne, & l'autre pour ſervir le Roy de
France : laquelle ne failloit, quand elle
eſtoit mandée, de venir & ſe rendre
comme les autres où elle eſtoit comman-
dée. Je l'ay veue ſouvent, & meſme au
ſiege de la Rochelle, où elle entra en
ſon Quartier : & il la faiſoit très - beau
voir ; car, elle eſtoit très - bien mon-
tée de bons Hommes, avec les Caſa-
ques très-belles, tout de Velours cra-
moiſy en Broderie d'Or & d'Argent.

TANT que Madame ſa Femme, noſtre
bonne Fille de France, fut en Vie, il
ne fit point de Faux-Bonds contre la
France ; car, elle l'eſclairoit, & le ga-
gnoit, & amadoüoit, de tout ce qu'elle pouvoit : & tant auſſi que nous te-
nions encore Pignerol & Savaillan dans
ſon Pays, qui luy ſervoient d'Eſpine
en

en son Pied. Mais, il ne cessa jamais qu'il ne les eust, en gagnant le Roy par belles Paroles & Persuasions , & par la bonne Chere qu'il luy fit en ses Terres; comme aussi par les bons Melons d'Ast, qu'il luy donna à manger, & par la fraische Glace qu'il luy donna à boire, tous petits & foibles Appas pourtant, pour l'induire à le récompenser au double par ces deux Villes. Mais , on croit qu'à grande peine le Roy en eust dit le Mot, sans Madame de Savoye , sa bonne & vraye Tante, qui méritoit un tel Présent, voire encore un meilleur, pour la bonne Amitié qu'elle luy portoit, & à la Grandeur de son Estat.

Il offrit de plus au Roy quelques trois ou quatre mille Hommes de sa Milice, (ainsi estoient-ils nommez,) que nous pourrions comparer proprement à nos Légionnaires. Mais, quelle Milice estoit-ce ? Très-piétre. Et quels Gens de Guerre ? Qui ne servoient que de Nombre, & non de Faction. Tesmoin le Siége de Leveron, où s'il n'y eust eu devant de nos braves Soldats François ; ceux de dedans, avec trois cens Hommes, les eussent mis en Piéces cent fois, & n'y eust esté jamais parlé de Milice. Or, avec
tous

tous ces Artifices, il obtint du Roy tout ce qu'il vouloit.

TOUT cela euft efté bon, (car, fait fes Affaires qui peut,) fi, quelques Années après, il n'euft tenu la Main, avec le Marquis d'Ayamont, Gouverneur de l'Eftat de Milan, au Marefchal de Bellegarde, de peur de s'emparer (1) du Marquifat de Saluces ; & ainfi fe rendre rebelle au Roy, afin de l'impatronifer & rendre propre à luy par après : comme a fait Monfieur fon Fils depuis, lequel, le trouvant defnué de Gens, d'Argent, & de Moyens, l'ufurpa au grand Defpit du Roy ; qui, un jour, en ayant fçeu les Nouvelles, ainfi qu'il eftoit fur le Point d'aller à la Meffe & de faire fes Pafques, il s'en retourna & ne les fit point, tant il fut en Colere : & comme Monfieur des Urfins, un fort grand Perfonnage, & digne de fa Charge, voire d'une plus grande, Ambaffadeur de Son Alteffe devers Sa Majefté, luy en voulut faire des Excufes, il en fut bien rejetté. Et entr'autres il allégua, que fon Maiftre avoit eu Advis, que Monfieur de Lefdiguieres, & tous fes Huguenots, luy en vouloient ; & , pour ce, il avoit gagné les Devans ; d'autant qu'ils eftoient fes Ennemis. Le Roy difoit par-

toutt

______

(1) *ou plûtôt*, pour s'emparer.

tout, qu'il ne vouloit point de tels Officieux que celuy-là : que, quand bien Monsieur de Lesdiguieres l'euſt pris, il luy euſt auſſi-toſt oſté, quand il luy euſt pleu : & qu'à luy-meſme il le luy oſteroit, & luy feroit cher couſter cette Charité, tellement qu'un jour il luy en bailleroit ſi ſerré ſur les Doigts, qu'il s'en repentiroit ; veu que ſa Force, au Prix de la ſienne, eſtoit ſi foible, qu'il n'en oſeroit quaſi parler.

Le Roy, qui de ſoy-meſme n'eſtoit pas autrement trop eſchauffant ny turbulent, on le trouva à ce Coup fort eſchauffé, dont il faloit bien dire, qu'une telle Surpriſe le touchoit juſques au vif. Tout de meſme luy toucha-il, quand le Pere ſouſtenoit ainſi le Mareſchal de Bellegarde, de telle façon, qu'il le faiſoit ordinairement coucher en ſa Chambre : auſſi le Roy luy ſçeut-il bien rendre envers ceux de Geneve, deſquels il en prit la Protection, contre ſon Gré pourtant, parce qu'il hayſſoit leur Religion, mais pour Vengeance il le fit ; dont Monſieur de Savoye s'en trouva très-mal, ſur les Entrepriſes qu'il y vouloit faire deſſus.

En cela, Monſieur de Savoye eſtoit bien de cette Humeur, que, pour ſa
Gran-

Grandeur, il bouchoit les Yeux à tout ; comme il l'avoit monstré long-temps auparavant en nos Guerres estrangeres ; car, durant la Trefve de l'Empereur & du Roy, il fit une Entreprise une fois sur la Ville de Mets, par le Moyen de quelques Cordeliers, & la faillit : & ainsi que Monsieur des Sept-Fontaines, Ambassadeur pour le Roy en Flandres, (depuis Evesque de Limoges, grand Personnage certes, & qui avoit peu de ses pareils, de la Maison de Laubespine (a),) luy remonstroit le Vio-

(a) Sébastien de l'Aubespine. *Septem Fontium Monasterium* dans M. *de Thou.* Il y a en France deux Abbayes du Nom de *Septem Fontes* ; l'une de l'Ordre de *Citeaux*, *Sept-Fonts* ; & celle dont il s'agit ici, qui est de l'Ordre de Prémontré. Voïez *Gallia Christiana*, Sept-Fontaines est du Diocèse de Reims, & Sept-Fonts de celui de Langres. Le Prélat en question étoit Evêque de Limoges en Janvier 1577. duquel Tems il y a de lui dans les *Mémoires du Duc de Nevers* Tom. I. pag. 268, un Avis au Roi Henri III. sur la Guerre, que ce Prince étoit à la Veille de faire á ses Sujets de la Religion Réformée. Le même, étant Ambassadeur ordinaire de France á Londres en 1587. lorsqu'on y faisoit le Procès à Marie Stuart, y trama en faveur de celle-ci une Conspiration contre la Vie de la Reine Elizabeth, du Consentement des Guises, dont il étoit la Créature. *Actes de* Rymer, ou du moins *Camden* Original, car, le Traducteur François a supprimé ce Fait.

Violement de Foy & de la Trefve, il luy fit Responfe : *Comment le Roy François prit-il mes Pays , lors qu'on ne s'en doutoit aucunement, & en Tref- ves ? Doutez-vous de moins, que je n'en voulusse faire autant , si je pouvois ? Car, c'est alors qu'on n'y pense point, & qu'on ne se donne pas Garde, que les belles Entreprises se font.* Il avoit Raison de parler ainsi : car, comme je tiens de plusieurs grands Capitai- nes, & mesme de Monsieur du Bel- lay, au Livre de l'*Art Militaire*, il se faut donner de Garde de ces Tems de Trefves, & de ces Surséances d'Ar- mes , plus que de la chaude Guerre; parce que, bien souvent, il se pré- sente de si bons Morceaux, que pour eux on peut bien rompre son Jeusne : &, après que la Chose est faite, il n'y a plus de Réparation. Et ce Mot est si mal-sonnant , quand on dit : *Je n'eusse jamais pensé une telle Meschance- té , que de violer ainsi la sainte Foy don- née.* Enfin, Monsieur de Savoye, pour faire ses Affaires , estoit peu scrupu- leux , & fort habile. Aussi avoit-il fort pasty , ayant esté despouillé : & s'il n'eust esté tel, il ne s'en eust pas fait accroire, par son Espée qui luy estoit restée, & par sa Valeur; il fut

de-

demeuré le plus pauvre Prince qui fut jamais.

IL a laiſſé Monſieur ſon Fils, qui eſt aujourd'huy ſon Succeſſeur en tout, & qui pour ſon jeune Age s'eſt rendu un bon & vaillant Capitaine, en ayant appris de fort bonne heure l'Uſage. Auſſi ay-je ouy dire à des Soldats Eſpagnols : *Que no ha en el Mondo qu'un Rey, un Ducque, y un Conde* (1). Entendant le Roy de France, le Duc de Savoye, & le Comte Maurice. Je m'esbahiſſois pourtant, comment ce Duc, duquel je parle ailleurs, peut ſitoſt s'accommoder à la Fatigue de la Guerre ; car, je l'ay veu en ſon Enfance ſi tendret, & ſi délicatement nourry de par Madame ſa Mere, que je n'euſſe jamais penſé qu'il fuſt-jamais venu à cette grande Gloire qu'il a. J'eſpere d'en parler ailleurs. Bref, il eſt vray Fils de Pere. Bien eſt-il auſſi vray, à ce que j'ay ouy dire, qu'il n'a pas tant la Grace de Soldat que le Pere, lequel l'avoit très-bonne.

AUSSI tiens-je d'un vieux Capitai-

---

(1) C. a-d. *Qu'il n'y a au Monde, qu'un Rey, un Duc, & un Comte.*

taine Espagnol ; qui estoit son Maistre d'Hostel , qu'en son jeune Age , estant aux Armées de l'Empereur son Oncle, il se plaisoit fort parmy les Soldats Espagnols , & estoit parmy eux le plus souvent, jusques à porter l'Arquebuse & le Fourniment comme eux , & aller aux Escarmouches ; à quoy l'Empereur prenoit tous les Plaisirs du Monde.

Il mourut non guéres vieux, du Mal de Reins & de Gravelle dont il estoit tourmenté : si bien qu'il ne portóit jamais son Espée au Costé , à cause de la Ceinture , qui luy eust trop eschauffé les Reins ; mais, il la portoit tousjours sous le Bras comme un Sergent : & cela ne luy séoit point mal ; car, il avoit très - bonne Grace en tout, & il sentoit fort son Soldat, & aymoit tous honnestes Exercices, & sur-tout à forger des Canons d'Arquebuses. Il en faisoit de très-bons. J'en ay veu sa Forge, où il nous faisoit Monstre de son Exercice.

On disoit, qu'il ne ressembloit guéres à feu son Pere, duquel j'ay veu le Monde en France en faire de si fats & de si scandaleux Contes, qu'il n'en faut rien croire ; car, à ce que j'ay

ouy

ouy dire à ceux qui l'ont veu, il n'eſtoit point Homme pour faire toutes ces Sottiſes, veu qu'il eſtoit très-ſage & fort Homme de Bien.

C'EST aſſez, pour ce Coup, avoir parlé de Monſieur de Savoye, juſques à une autre fois; car, il ne faut pas tout en un Coup débiter toutes ſes Denrées.

❋❋❋❋❋❋❋❋❋❋❋❋❋❋❋❋❋❋❋❋❋❋❋❋

DISCOURS QUARANTE-TROISIESME.

LE COMTE D'AIGMONT (1).

NOUS parlerons de Monſieur le COMTE D'AIGMONT, lequel a eſté un fort brave & vaillant Capitaine, pour ſi peu qu'il en a fait le Meſtier; car, au plus beau Coup de ſes Alliances (2), la Paix ſe vint à faire entre la France & l'Eſpagne, après qu'il venoit de frais de gagner la Bataille de St. Quentin & Gravelines. Car, à ce que je tiens de la pluſpart

des

(1) Ou mieux d'EGMONT.
(2) Vaillances.

des Efpagnols, Flamands, & François,
qui y eftoient, ils luy en at tribuoient
le feul Gain : fi bien que le Commandement luy ayant efté fait par Monfieur de Savoye , Lieutenant - Général du Roy d'Efpagne, & par Ferdinand de Gonzague principal Chef du
Confeil , d'aller feulement reconnoiftre l'Ennemy , & l'amufer , cependant
que le Gros arriveroit ; voyant à l'œil ,
qu'il y faifoit bon pour luy , il ne
voulut point temporifer , mais avec
fa Trouppe de Rèyftres , & de Lan-
ciers Bourguignons , il chargea fans aucun Refpect de Commandement , & fi
à propos , qu'il mit en Route toute
noftre Armée , & avoit quafi demy a-
chevé , lors que le Gros arriva.

U N An & demy après , il donna encore luy feul une autre Battaille à Monfieur le Marefchal de Termes près de
Gravelines , qu'il gagna , le défit , &
le prit prifonnier , comme j'ay dit cy-
devant (1). Ce qui fut un fecond Contre - Coup à la France fort dangereux.
Que fi le tiers s'en fuft enfuivy , elle eftoit trouffée ; & je croy que fans
la Paix , cet Homme nous euft bien
porté Dommage ; car , il nous eftoit
fort

(1) Page 192.

fort Ennemy, & fort heureux & vaillant : avec cela auſſi, le preſumoit-il fort, & en eſtoit beaucoup plus enflé de Gloire.

SUR quoy je me ſouviens qu'à noſtre Retour du Voyage de Malthe, ainſi que j'eſtois allé baiſer les Mains à Monſieur de Savoye, me faiſant pourmener dans ſon Jardin de Thurin où eſtoit ſa Forge, il me dit le Commencement des Troubles de Flandres, deſeſpérant pourtant fort des Affaires des Rebelles, s'ils n'avoient d'autres Chefs, qu'un qui s'eſtoit desjà déclaré, qu'on appelloit le Sieur de Brederode, grand Seigneur du Pays & grand Homme d'Eſtat, & qui fut le principal Auteur de ces Révoltez, qu'on nomma les *Gueux* : Nom certes vil, par trop bas, fatal, & malheureux, bien différent de celuy qui eſt venu après, qu'on nomme les *Eſtats*, qui eſt un Nom beaucoup plus beau, plus ſpécieux, & plus heureux, que ce prémier. Et ſi Monſieur de Savoye n'eſtimoit pas trop ledit Seigneur de Brederode pour la Guerre, il eſtimoit bien autant ledit Comte d'Aigmont : diſant, que, s'il ſe déclaroit, comme il s'en doutoit, que leur Affaire iroit fort bien ; le tenant pour un fort grand & vaillant Capitaine, ſi la Gloire ne

le

le perdoit. *Car*, me difoit-il, *je l'ay veu fi glorieux, & fi outrecuidé, après nos deux Battailles dernieres, gagnées contre vous - autres, qu'il luy fembloit nul n'eftre efgal ny digne d'eftre parangonné à luy; eftimant fort peu un autre. Mais, je luy en rabattois fort bien les Coups: & fort fouvent en avons-nous eu Different enfemble, comme quafi me voulant defdaigner pour fon Général; mais, je luy fis bien reconnoiftre après ce qu'il devoit.*

Je croy que mondit Sieur de Savoye prophétiza alors de ce Comte; car, il préfumoit tant de foy, qu'il luy eftoit Advis, que jamais le Roy d'Efpagne ne luy feroit mauvais Tour, ny que le Duc d'Albe ofaft luy faire mettre la Main fur le Collet: mais, il en arriva bien autrement; car, ayant efté convié en un Feftin à Bruxelles, luy & le Comte de Horn, grand Seigneur, & des principaux du Pays; après le Difner, le Duc d'Albe s'eftant retiré en fon Cabinet & Confeil, il les envoya tous deux conftituer Prifonniers.

Ce fut le Capitaine Salines, non celuy qui eftoit Habitant d'Aft, mais fon Coufin, qui eut Charge de conftituer Prifonnier le Comte d'Aigmont, auquel ayant dit, avec toute Révérence Espagnole, qu'il le faisoit Prisonnier de par le Roy, & qu'il laissast l'Espée, ce fut le Comte d'Aigmont, qui fut fort estonné, & dit au Capitaine Salines tels Mots : *A moy, Capitaine Salines, oster mon Espée, qui ay si bien servy le Roy! Puis donc que telle est sa Volonté, qu'elle soit faite :* & luy-mesme se l'osta & la donna au Capitaine Salines, lequel le mena en la Prison qui estoit destinée pour luy. Estans si bien séparez, luy & le Comte de Horn, qu'ils ne se virent plus, jusques au Jour de leur Supplice.

Auquel Jour, la Sentence estant donnée audit Comte d'Aigmont, il l'apprit fort patiemment, & soudain demanda l'Evesque d'Ipre, fort Homme de Bien & digne Prélat, & fort familier, auquel il se confessa fort saintement, & luy donna une Bague fort riche, que le Roy d'Espagne luy avoit donnée, lors qu'il fut en Espagne, & en Signe d'Amitié, pour la luy renvoyer & faire tenir. Ce fut lors qu'il luy alla proposer toutes ces belles Choses contre la France, que j'ay dit cy-dessus (1) : & puis il luy envoya

(1) Page 105.

voya ses humbles Recommandations ,
le priant d'avoir pitié de sa Femme &
de ses Enfans.   Et l'Heure de l'Exécution estant venue , il fut conduit
par le Capitaine Salines , & Julien
Romero , estant au milieu des deux ,
& passa tout du long de la grande Place , au bout de laquelle estoit l'Eschaffaut , toute remplie de trente Enseignes de Gens de Pied Espagnols en
Battaille , au beau Milieu desquels il
passa , & saluant tous les Capitaines &
Soldats , avec une fort belle , douce ,
& triste Façon, la Larme à l'Oeil , & eux
tous aussi , qui tous d'une Voix disoient, que c'estoit grand Dommage
de la Perte d'un si grand Capitaine.
Il s'en alla à l'Eschaffaut tout couvert
& paré de Drap noir : &, sans estre
attaché , comme l'on voit en France
nos Criminels , il monta dessus , &
harangua le Peuple , se recommanda à
Dieu ; & puis l'Executeur, ayant tiré
un Rideau , pour n'estre exécuté à la
Veuë du Peuple , il luy trancha la
Teste.   Le Corps fut jetté au dessous
de l'Eschaffaut , par une Trappelle faite à propos , avec celuy du Comte de
Horn , & la Teste présentée au Peuple , le Rideau estant tiré ; comme
fut aussi celle du Comte de Horn , le-
I 2   .   quel

quel fut bientoft auffi exécuté après le Comte d'Aigmont. Voilà la Façon de la Mort de Monfieur le Comte d'Aigmont, comme plufieurs le difoient de ce Temps-là, & d'autres qui en ont efcrit.

MAIS, d'autant que Monfieur de Mondoucet, lors Ambaffadeur pour le Roy en Flandres vers Madame de Parme & le Duc d'Albe, en envoya l'Advis au Roy, je le veux inférer ici, lequel vint à Monfieur de l'Aubefpine le jeune, Sécrétaire de Commandemens, l'un des vertueux & honneftes Seigneurs de fon Temps, & qui aymoit tant la Nobleffe, que, quand il mourut en fort jeune Age & en fa grande Beauté, comme il eftoit très-beau, elle y perdit beaucoup. Il me tenoit pour un de fes grands Amis, & fe plaifoit quelque-fois à me conter des Nouvelles : dont ce matin qu'il reçeut celles dudit Comte, ainfi que je l'eftois allé voir, il me monftra cet Advis, lequel eftoit tel. Le fecond jour de Juin, les Comtes d'Aigmont & de Horn, après avoir efté gardez quelque Temps dans la Citadelle de Gand, fortirent par le Commandement du Duc d'Albe, pour eftre menez à Bruxelles, dont le Capitaine
Al-

Almada en eut la Charge. Ledit Comte d'Aigmont estoit dans un Coche fait en Chariot, dans lequel estoit le Capitaine Tordezillas , & un autre Capitaine Espagnol. Au devant d'iceluy marchoient quatre Compagnies d'Arquebusiers Espagnols , & autour dudit Charoit les Arquebusiers de la Compagnie dudit Capitaine Tordezillas , & derriere estoient les Picquiers des Compagnies dites cy-dessus. Après cela, suivoit le Chariot du Comte de Horn , dans lequel estoit avec luy Antoine d'Avila, & le Capitaine Erraffo, & autour les Arquebusiers dudit Erraffo , & après ses Picquiers en rang, & ceux de Dom Antoine de Tolede & de Dom Hernando de Sayaveda (1) , & tous avec leurs Enseignes desployées & Tambour battant. Le tout estant accompagné aux Costez de la Compagnie de cinquante Lances de Dom Sanche d'Avila à l'Avant-Garde , & autant à l'Arriere-Garde : & en cet Ordre ainsi ils entrérent dedans Bruxelles sur les deux Heures après Midy. Le quatriesme de Juin, ils marchérent (2) dans la Ville en Battaille, avec une Batterie de Tambours & de Piffres (3) si piteuse, qu'il n'y avoit Specta-

(1) Sayavedra,   (3) Phifres.
(2) Midi , le 4 de Juin. Ils marchérent

tateur de si bon Cœur, qui ne pal-
list, & ne pleurast, d'une si triste Pompe funebre. Toutes les Compagnies
furent logées, les unes dans la Ville,
& les autres demeurérent pour la Garde en la Maison du Roy, qui est devant la Place ; & ils furent menez &
logés separément, les Portes & les
Fenestres de leurs Chambres estant toutes fermées. Sur les onze Heures du
Soir, on leur vint annoncer leur Ar-
rest, pour avoir le Lendemain leurs
Testes tranchées.

LE Comte d'Aigmont, qui dormoit
lors, trouvant fort estrange une si triste Nouvelle, s'estomaqua & s'altéra
outre mesure, & avec grande Excla-
mation demanda, comment il estoit
possible, qu'on le voulust traitter
de cette Façon ; ne pensant avoir fait
aucune Chose, contre le Service de
Dieu ny de Sa Majesté, indigne de son
Devoir. Bien disoit-il, que la Mort
ne luy estoit point ennuyeuse, pour
ce que c'est un Passage inévitable, &
une Dette à laquelle nous sommes naturellement obligés ; mais, ce qui luy
estoit plus en cela douloureux, estoit
la Perte qui en résultoit de son Honneur & de sa Réputation. Puis, il réï-
téra, en disant : *Voilà une Sentence*
très-

très-severe. Je ne pense point avoir tant offensé Sa Majesté, que je mérite une Punition si cruelle. Toutesfois, si j'ay failly, que ma Mort soit l'Expiation de mes Fautes, sans qu'on me deshonore, & honnisse les miens, pour l'Advenir, & que ma Femme & mes Enfans ayent à souffrir, mes Biens estans confisqués: outre qu'il me semble, que mes grands Services passez méritent bien qu'on use de quelque Grace à mon Endroit. Mais, puis que c'est le Plaisir de Dieu mon Créatteur, & du Roy mon Seigneur, je m'attends de prendre la Mort en Patience. Puis, il se leva de son Lit & s'habilla, prit de l'Encre & du Papier, & escrivit une Lettre au Roy d'Espagne, par laquelle il luy demandoit Pardon de ses Fautes : le suppliant très-humblement d'avoir pour recommandée sa pauvre & desolée Femme, & d'avoir Pitié de ses Enfans ; lesquels, pour les Péchés du Pere, demeuroient très-pauvres, & en Termes d'estre misérables toute leur Vie : s'asseurant tant sur Sa Majesté, que courtoisement de Benignité il leur useroit telle Grace, puis qu'ils estoient innocens des Fautes de leur Pere ; aussi pour l'Amour des grands Services qu'il luy avoit faits par le Passé. Après qu'il eut fermé la Lettre, & bien sellée, il la donna

 à

à l'Evesque d'Ipre, pour la faire tenir seurement au Roy d'Espagne, avec une Bague qu'il avoit au Doigt, que le Roy son Maistre luy avoit donnée, dont il le pria bien fort : ce que l'Evesque luy jura sur sa Foy, de l'envoyer très-fidelement à Sadite Majesté ; à quoy il ne faillit aussi : & on dit, que le Roy Catholique la leut avec Pitié, bien fasché qu'il avoit esté contraint d'en venir-là ; mais, il n'estoit plus temps, & cela ne servoit plus de rien. Ledit Comte se confessa puis après fort dévotieusement audit Evesque d'Ipre, qu'il avoit choisi pour son Confesseur, & tant parce qu'il l'aimoit de longue main, que parce qu'il le tenoit pour un fort Homme de Bien.

Le Comte de Horn du commencement ne se peut si bien asseurer & se résoudre, se despita outre mesure, maugréant & regrettant fort sa Mort, & se monstrant quelque peu opiniastre en la Confession, la rejettant fort, & disant qu'il s'estoit assez confessé : toutesfois, après avoir songé à soy, & digéré son Fait, & connu qu'il n'y avoit nul Remede pour la Prolongation de la Vie, enfin de son propre Mouvement il demanda un Confesseur, & continua depuis à user d'Apparence de bon Chrestien & Catholique, & non

fans

sans grande Contrition de ses Fautes : & en ces Alteres ils demeurérent jusques à neuf Heures du Lendemain au matin, ne parlants d'autre chose que de leur Fait de Consciene, & du Tort qu'on leur faisoit, au Respect de la Fidélité & Obéyssance qu'ils avoient tousjours portée à leur Prince.

En après, le Comte d'Aigmont commença à solliciter fort l'Advancement de sa Mort ; disant, que, puis qu'il devoit mourir, qu'on ne le devoit pas tenir si longuement en ce Travail. Sur les dix Heures, on le tira dehors, & il fut conduit sur l'Eschaffaut, accompagné du Maistre de Camp & du Capitaine Salines, d'aucuns Prestres, & de l'Evesque d'Ipre son Confesseur. Il estoit vestu d'une Juppe de Damas cramoisy, & d'un Manteau noir avec du Passement d'Or, les Chausses de Taffetas noir, & les Bas de Chamois bronzé, son Chappeau de Taffetas noir couvert de force Plumes blanches & noires, & un mouchoir ouvré en la Main, sans qu'il eust les Mains liées aucunement, lesquelles on luy avoit laissées libres sur sa Parole de Cavalier, & qu'il ne donneroit aucun Empeschement, par lequel le Bourreau peust faillir son Coup. Il n'es-

I 5

toit

toit suivy, ny de Bourreau, ny de Sergens : bien est-il vray, que le Prévost se tenoit auprès de l'Eschaffaut avec une Baguette rouge, pour représenter la Justice. Et, allant audit Eschaffaut ainsi accompagné, il passa au travers de toutes les Compagnies que nous avons dit cy-dessus, & qui estoient toutes en Battailles ; &, en passant au beau Milieu, il saluoit & disoit Adieu à tous les Capitaines & Soldats qui estoient-là, lesquels pleuroient, & regrettoient de voir un si grand Capitaine mourir ainsi. Puis, estant monté sur l'Eschaffaut, qui estoit tendu tout de Drap noir, il se mit à Genoux. Puis, jettant les Yeux vers le Ciel, il commença à haute Voix à faire quelques Clameurs & Exclamations, sur la Contrition connue de la Repentance de ses Infidélitez & Desobéyssances ; tellement que le Peuple en estoit esmeu à grande Pitié : &, bientost après, il se despouilla son Manteau & sa Juppe, &, se remettant à Genoux, il baissa son Chappeau sur ses Yeux, & puis dit l'Oraison, *In manus tuas Domine, &c.* (1) fort dévotement : &, comme

(1) C. à-d. *Seigneur, je remets mon Esprit entre tes Mains.*

me il commençoit à la redire, le Bourreau, qui s'eſtoit tousjours tenu caché, commença à paroiſtre, qui luy
enleva & fit ſauter la Teſte de deſſus
les Eſpaules fort dextrement. Le Corps
fut incontinent levé, & couvert de Drap
noir.

Le Comte de Horn ſuivit bientoſt
après, qui fut deſpeché de meſme.
Il ne fit point de ſi belles Prieres,
que le Comte d'Aigmont : il ne pria
que le Peuple de prier Dieu pour luy.
Leurs Teſtes furent poſées ſur des Baſ-
ſins, & demeurérent en Spectacle l'eſpace de deux Heures. Le Corps du
Comte d'Aigmont fut mis dans un Cercueil bien enbaumé, & porté en une
de ſes Terres, où il fut enſevely ;
comme fut auſſi celuy du Comte de
Horn en ſa Comté. Les Gens du Comte d'Aigmont plantérent ſes Armes &
Enſeignes de Deuil à la Porte de ſon
Palais ; mais, le Duc d'Albe, en eſtant
averty, les fit bientoſt oſter & emporter.

La grande Amitié, que le Peuple
portoit audit Comte d'Aigmont, &
l'exceſſive Douleur, que chacun avoit
conçue de ſa Mort, fut telle, que pluſieurs allérent à l'Egliſe Sainte Claire,
où giſoit ſon Corps, baiſans le Cer-

I 6   cueil

cueil avec grande Effufion de Larmes, comme fi c'euffent efté les faints Offemens & Reliques de quelque Saint; & tous d'un Accord prioient pour le Repos de fon Ame : ce qu'on ne fit pas pour l'autre Comte, lequel eftoit à la grande Eglife.

Quoy qu'il en foit, il n'y eut perfonne, qui ne pleuraft ledit Comte d'Aigmont, & n'y eut Efpagnol, qui ne le plaignift. Voire, le Duc d'Albe - mefme en donna grande Démonftration de Trifteffe, encore qu'il l'euft condamné : car, c'eftoit un des vaillans Chevaliers & grands Capitaines qui fuft au Monde. Cet Advis eft le plus vray.

Après cette Exécution faite, le Duc d'Albe fit battre aux Champs, & marcha avec toute fon Armée, pour aller faire la Guerre à outrance, & venger la Mort du pauvre Comte d'Aremberg, qui avoit efté tué à une Défaite par le Comte Louys de Naffau en Zélande. Dont le mefme Jour, que le Comte d'Aigmont fut exécuté, fa Femme, Madame la Comteffe, fort honnefte, fage, & belle Dame, eftoit venue à Bruxelles, pour confoler (ce qui eft à noter,) Madame la Comteffe d'Aremberg, fur la Mort de fon Mary;

ry; laquelle, ainſi qu'elle eſtoit en ſa Chambre, & ſur ces Propos, on luy vint annoncer qu'on alloit trancher la Teſte à ſon Mary. Je vous laiſſe à penſer ſi elle eut beſoin de Conſolation, au moins de celle qu'elle donnoit à foiſon à l'autre Comteſſe. De ſorte que toutes deux avoient bien beſoin de Dieu; & plus encore la Comteſſe d'Aigmont, puiſque ſon Mary n'avoit pas reçeu une Mort ſi honorable que le Comte d'Aremberg.

VOILÀ donc la Fin de ce pauvre Comte, duquel, avant que je l'acheve je diray de luy, que c'eſtoit le Seigneur de la plus belle Façon, & de la meilleure Grace, que j'aye jamais veu, fuſt-ce parmy les Gens de Guerre, & parmy les Dames; l'ayant veu en France & en Eſpagne, & parlé à luy.

MAIS, pourtant, voyez, & conſidérez un peu une belle Choſe, que je vous veux dire, & que j'ay appriſe de Madame de Fontaines, l'une des plus ſages, belles, vertueuſes, & honneſtes Dames, qu'il eſt poſſible de voir: laquelle, du tems qu'elle eſtoit Fille, & qu'on l'appelloit Mademoiſelle de Torcy, (Sœur de feu Monſieur de Torcy, gentil Cavalier & Capitaine,) el-

le

le fut nourrie comme Fille de la Reyne Eleonore en France & en Flandres,
où ladite Reyne alla se tenir avec l'Empereur son Frere, & avec la Reyne
d'Hongrie sa Sœur, après qu'elle fut
veufve du Roy François. Or, ladite
Dame de Fontaines, estant une des plus
belles Filles d'alors, qui ne cédoit en
Beauté & Gentillesse, ny à Espagnole,
ny à Flamande, ny à Allemande, ny à
Italienne, ny à toute autre, fit un long
Séjour avec la Reyne sa Maistresse ; &
ce fut-là où elle vit le Comte d'Aigmont, fort jeune encore, & à son commencement, & comment il vint : mais,
elle m'a dit, qu'en toute la Cour il n'y
avoit point de jeune Homme plus neuf
que luy, & d'assez mauvaise petite Grace, & à qui on en faisoit fort la Guerre, & les Hommes, & les Dames ; mais,
après plusieurs petites Algarades re-
çeues, il se rendit ainsi galant, honneste, brave, & vaillant Homme, comme nous l'avons veu. Possible, que la
Nourriture, & la Guerre continuelle
qu'on luy faisoit, luy apporta ce Changement.

DIS-

DISCOURS QUARANTE-QUATRIESME.

ARTICLE I.

LE PRINCE D'ORANGE (1).

A CE Festin des Comtes d'Aigmont & de Horn avoient esté pareille-ment conviés LE PRINCE D'ORANGE, & le Comte LOUYS DE NASSAU son Frere; mais, ils sentirent la Fricassée de loin : &, pour ce, ils se retirérent en Allemagne; ce qui fascha fort le Duc d'Albe. Car, il avoit fait Dessein (disoit-il) de pescher & prendre les grands Saumons, & laisser les petites Truittes & Sardines. Comme depuis il se vanta, qu'il en avoit attrappé deux grands : mais, que les autres ne s'estoient pas voulu jetter dans les Rets & Filets; ce qui fut cause que son Festin fut imparfait, par le Manquement des Conviés faillis qu'il y avoit designés.

CEPENDANT, le Prince d'Orange ne chauma pas, & amassa une grosse

___
(1) GUILLAUME DE NASSAU.

fe Armée en Allemagne : & force François s'y jettérent auffi, jufques à mille ou douze cents Chevaux, & force Arquebufiers des Contrées de France, qui n'avoient peu paffer les Rivieres & franchir les Paffages, pour fe joindre à Monfieur le Prince de Condé avec Monfieur l'Admiral ; les Chefs defquels eftoient Meffieurs de Genlys, de Moicy, d'Antricourt, Guidon de la Compagnie de Monfieur d'Anjou noftre Général, & autres. Enfin, l'Armée eftoit très-belle, & plus grande deux fois que celle du Duc d'Albe ; mais, en temporifant, & ufant de Prudence accouftumée, le Duc fit aller toute cette Armée en Fumée, & la chaffa hors de Flandres, & la renvoya d'où elle eftoit venue : & de ces Desbris & Reliques plufieurs François fe joignirent avec le Duc de Deux-Ponts ; mefme le Prince d'Orange & le Comte Louys fon jeune Frere, y eftoient tous joints enfemble (eftant ledit Prince de Deux-Ponts mort) à Branthome chez moy, où je m'eftois reriré du Camp, à caufe d'une groffe Fievre quarte, qui m'avoit fi vilainement faifi, que je ne m'en peus deffaire de dix Mois.

ET ce fut-là, que je vis tous ces
Mef-

Meſſieurs chez moy, qui me firent, & François Eſtrangers (1), tant les plus grands que les plus petits, tous les Honneurs & toutes les meilleures Cheres du Monde, ſans qu'il me fuſt fait aucun Tort, ny à ma Maiſon, non pas une ſeule Image d'Egliſe abbattue, ny une Vitre caſſée ; juſques - là , par maniere de dire, que ſi la Meſſe y euſt eſté en propre Perſonne , on ne luy euſt fait un ſeul petit Mal, pour l'Amour de moy. Auſſi leur fis - je trèsbonne Chere : & meſme le Roy de Navarre m'aimoit, & Monſieur l'Admiral ſur-tous, à qui j'appartenois de fort près, à cauſe de Madame l'Admirale ſa Femme. Bref , j'eus grande Occaſion de me contenter fort d'eux ; entre leſquels j'avois beaucoup de mes bons Amis & Parens.

CE fut donc - là , que je vis ces Princes eſtrangers, & entretins un aſſez long - temps ledit Prince d'Orange , en une Allée de mon Jardin. Je le trouvay un fort grand Perſonnage à mon gré , & qui diſcouroit bien de toutes Choſes. Il m'entretint du peu d'Effet de ſon Armée , & en donnoit la Coulpe à la Faute d'Argent , & aux

Eſtran-

(1) & François & Eſtrangers ,

Eſtrangers, qui l'aymoient demeſurement ; mais, il dit qu'il ne s'arreſteroit pas en ſi beau Chemin, & qu'il revoleroit bientoſt. Il avoit une fort belle Façon, & eſtoit d'une fort belle Taille. Le Comte Louys ſon Frere l'avoit plus petite. Je le trouvois un peu triſte ; & il monſtroit par ſa Mine, qu'il ſe ſentoit accablé de la Fortune. Mais, ledit Comte Louys eſtoit plus ouvert en ſon Viſage, & ſe monſtroit plus joyeux : & on le tenoit pour plus hardy & hazardeux, que le Prince d'Orange ; &, en récompenſe, le Prince auſſi pour plus ſage que luy, plus meur, & plus adviſé. Auſſi l'Empereur Charles-Quint l'avoit nourry, & il ſe reſſentoit ſi bien d'une ſi belle Nourriture, que depuis il s'en eſtoit bien ſervy en toutes les grandes Affaires qu'il a maniées : ayant tant donné de Traverſes au Roy d'Eſpagne, qu'il s'eſt veu n'avoir guéres de Terres en Flandres, tant il luy avoit brouillé cet Eſtat ; & le brouilla encore de telle ſorte, que le Roy d'Eſpagne, n'en pouvant avoir Raiſon par Guerre deſcouverte, il la falut avoir par la couverte, où rien ne fut oublié pour en trouver force Façons.

E N-

Enfin, un pauvre Maraut d'Efpagnol Bifcain, qui s'appelloit Jean Jauregny, ayant efté prefché & perfuadé par quelques-uns, ou plutoft charmé & enforcellé, entreprit de le tuer. Et un jour, eftant entré dans la Salle, l'ayant veu difner à fon Aife, & ouy difcourir de plufieurs Cruautez, que les Efpagnols avoient commifes en Flandres; après avoir difné, & s'en allant en fon Antichambre, où il monftroit à ceux qui avoient difné avec luy, tant Flamands que François, comme Meffieurs de Laval, Bonnivet, & des autres principaux, une Tapifferie, où eftoient reprefentez quelques Soldats Efpagnols ufants de leurs Cruautez; voicy venir ce Galant, qui eftoit fi réfolu en fon Fait, qu'il tire un Coup de Piftolet chargé d'une feule Balle, de laquelle il l'attaignit au deffous de l'Oreille droite, & le perça de part en part, la Balle eftant paffée par le Palais, & fortie par le Jouë gauche, près de la Mafchoire de deffus. Ledit Seigneur (comme depuis il dit) ne fçavoit ce que c'eftoit, & penfoit qu'il y euft quelque Ruyne d'une Partie de la Maifon; car, il ne fentoit point d'avoir efté frappé : toutesfois, la Veuë luy en fut esblouye

quel-

quelque temps. A l'inftant, les Seigneurs & Gentils-Hommes mirent l'Efpée au Poing, qui donnérent des Coups d'Efpée à travers du Corps de ce pauvre Diable : & ce fut Monfieur de Bonnivet, qui donna le premier Coup ; & ils le tuérent.

MONSIEUR le Prince, eftant revenu à foy, cria qu'on ne le tue pas ; mais, cela eftoit desjà fait. Car, en en telles Chofes fi importantes, comme eft la Vie d'un Grand, on ne peut pas eftre fi fage & retenu : toutesfois, il le faudroit, pour beaucoup de Secrets. Cet Efpagnol fut fouillé & vifité. On trouva fur luy force Billets, qu'on luy avoit donnez ; luy faifant accroire, qu'il feroit invincible : ce qui fut caufe qu'il entreprit ce Coup ; mais, il y fut trompé.

ON dît que ce Prince, eftant revenu à foy, s'efcria, *Ah! que Son Alteffe perd aujourd'huy un bon Serviteur en moy!* Laquelle Alteffe eftoit pour lors à Anvers. Que fi l'on n'euft trouvé beaucoup de Chofes dans les Poches de cet Efpagnol, le Peuple fe vouloit efmouvoir contre les François : car, on ne fçavoit d'où venoit le Coup, & on les en foupçonnoit ;

mais,

mais, en un rien qu'on l'eut defcouvert, le tout s'appaifa.

CEPENDANT, le Prince fe fit penfer, & fut fi bien fecouru, qu'il efchapa de cette Bleffure ; &, pour Revanche, affeurez - vous qu'il ne chauma pas à brouiller l'Eftat, pis que jamais, contre le Roy d'Efpagne, & luy faire le pis qu'il peut : mais, comme ce qui doit eftre ne peut faillir, & que nos Vies & nos Morts, voire leurs Façons & Genres de les mener, filer, & achever, font efcrites parmy les Arrefts de Dieu, il fut tué quelques Années après fort eftrangement. Je vous le vais dire, ainfi que je l'ay appris d'un Gentil-Homme, qui eftoit lors en la Ville de Delft, où il mourut; & que les Nouvelles en vindrent à la Cour où j'eftois.

IL faut donc fçavoir, que, quelques fix ou fept Semaines (1) avant fa Mort, fut faite une Entreprife fur la Ville de Befançon en Bourgogne, dite la Franche - Comté ; & ce, par la Menée de Monfieur le Prince d'Orange, lequel eftoit Maire perpétuel de ladite Ville : & il s'aida à cela de la Conduite d'un certain Homme de - là,

qui

______

(1) *Ou plûtôt* Ans, *comme le demande la Suite du Difcours.*

qui conduifoit toutes fes autres Affaires, lequel fe nommoit Briet. Mais,
la Ville, eftant à demy prife, fut re-
gagnée par Monfieur le Cardinal de la
Baume, de grande & illuftre Maifon,
Homme de Bien, d'Honneur, & de
Valeur. Il eftoit Coufin de Madame
de Carnavallet, l'une des honneftes
Dames de France, des plus belles,
& agréables. Ce Cardinal eftoit jeune, brave, & valeureux, lequel s'ef-
meut fentant cette Rumeur, & fe rallia fi bien avec quelques fiens Amis
& les Serviteurs du Roy d'Efpagne,
qu'il chaffa les Preneurs & Entrepre-
neurs de la Ville : de forte qu'il la
remet (1) en fa prémiere Liberté, &
en la Puiffance de fon Maiftre ; & en
fit pendre quelques foixante ou quatre-
vingt des Ennemis, dont ce Briet fut
des prémiers.

Au bout de quelques Jours, un
jeune Homme, natif de Nogarol en
Bourgogne, où il y a un Chafteau près
de Befançon, qui eft au Roy d'Efpagne : il partit de-là, & vint en Flandres tout gueufement habillé, & tout
malotru ; & ainfi un jour il fe pré-
fenta au principal Sécrétaire du Prince d'Orange, & fe donna à connoiftre
à luy, en luy difant, qu'il eftoit Fils
de

(1) remit

de Briet, & qu'il euſt pitié de luy. L'autre, entendant nommer Briet, & luy demandant encore s'il eſtoit ſon Fils, il le préſenta au Prince d'Orange, qui, pour l'Amour du Nom du Pere, & pour ce qu'il eſtoit mort pour luy, le reçeut en ſon Service, & le donna au Sécrétaire, pour apprendre ſous luy à eſcrire; car, il avoit aſſez bonne Façon, & eſtoit beau, & il le fit très-bien habiller & le mettre bien en point. Au bout de quelque temps il apprit donc ſi bien ſous ce Sécrétaire & ſon Maiſtre, que, bien ſouvent, en ſon abſence, le Prince ſe ſervoit de luy : tellement que, ce prémier Sécrétaire eſtant venu à mourir, le Prince luy donna ſa Place, & ſe ſervoit ainſi de luy, lequel le ſervit l'eſpace de cinq Ans très-fidélement; au bout deſquels, il ſe reſout de le tuer, encore qu'il euſt veu joüer le Jeu auparavant à l'Eſpagnol qui faillit de le tuer.

NONOBSTANT cela, une fois ayant eſpié le Jour, le Temps, l'Occaſion, & l'Heure, ainſi que le Prince eut diſné & fut l'entré dans ſon Cabinet, pour ſes Affaires, ce Briet (car il eſtoit tousjours ainſi nommé, ſe diſant tousjours Fils de Briet) luy apporta un grand Fatras de Lettres pour ſigner : &, par

ainſi,

ainſi, eſtans tous deux renfermez dans le Cabinet, les Gardes diſnant, & le reſte de la Maiſon auſſi, il tire un Piſtolet, & en donne au Prince, & de la Dague trois ou quatre Coups; &, ſans faire aucun Bruit, & ſans que les Gardes en euſſent rien ouy, il ſortit auſſi réſolu comme les autres fois, portant ſes Lettres en la Main: encore dit-il au Capitaine des Gardes, qu'il ne faiſoit que travailler nuit & jour, & qu'il n'eſtoit pas poſſible de s'y pouvoir plus tenir.

QUELQUES jours auparavant, il avoit acheté un fort beau & bon Cheval d'Eſpagne, que le Prince avoit voulu voir: & il luy avoit fait accroire, que c'eſtoit pour quelquesfois paſſer le Temps; ce que ſon Maiſtre approuva fort. Ainſi, eſtant revenu en ſon Logis, il prend ſon Cheval, qu'il avoit fait tenir tout preſt, & monte deſſus, & s'en va le plus viſte qu'il peut. Mais, le Malheur fut pour luy, qu'arrivant à Dordrecht, il trouve que le Batteau, qui eſtoit ordonné pour le Paſſage, eſtoit par de-là; ſi bien qu'encore qu'il criaſt fort après, & l'appellaſt fort, il ne peut venir aſſez à temps, d'autant que le Trajet y eſt aucunement grand & large. Que
s'il

s'il l'euſt trouvé à propos de ſon Coſté, ſans doute il eſtoit ſauvé. Cependant, il ſe fait tard, on trouve
que Monſieur le Prince demeure dans
ſon Cabinet plus que de Couſtume.
Ses Gentils - Hommes & Gardes ſe
doutent de quelque Mal, s'appro-
chent du Cabinet, ils n'oyent nul
Bruit, regardent par le Trou de la
Serrure, voyent le Prince mort eſtendu: là-deſſus, ils rompent la Porte,
& le trouvent en ce pitoyable Eſtat.
Les Gardes diſent, que pour le
ſœur (1), nul n'y eſtoit entré, ny
ſorty, que Briet: parquoy, ils ſe doutent qu'il avoit fait le Coup, vont à
ſon Logis, ne le trouvent point. Le
Capitaine & ſes Gardes courent après,
le trouvent ſur le Port du Paſſage,
qu'il attendoit le Batteau ; & ainſi
qu'ils luy criérent, il s'eſcria auſſi:
Eſt - il mort? Tuez - moy auſſi ; mais,
laiſſez - moy prémiérement un peu prier
Dieu. Ah! Pendart, dit le Capitaine,
tu n'és pas digne de mourir d'une ſi
bonne Main que la mienne : il faut
que tu meures de la Main d'un Bour-
reau. On s'eſtonna, qu'il ne ſe préci-
pita dans la Mer avec ſon Cheval,

pour

(1) ſeur

pour tenter le Sort, & se sauver avec son - dit Cheval à nage ; ou bien se noyer comme d'autres ont fait, qui n'ont pas voulu donner la Gloire de leur Prise ny de leur Supplice. Dieu ne le voulut pas ainsi.

ILS le prindrent donc, & le menérent à Delft, où estant, il confessa soudain, qu'il avoit fait le Coup, & que nul ne luy avoit fait faire, ny incité à ce faire, si - non son propre Instinct ; & qu'il avoit reconnu le Prince si meschant Homme, qu'il n'estoit pas digne de vivre. ,, Et en
,, cas qu'il ne soit vray ,, , disoit-il,
,, allez - vous - en en tels Cabinets,
,, vous y trouverez en tels & tels
,, Endroits des Instructions amples,
,, escrites, tant de la Main du Prin-
,, ce, que de la mienne, comment il
,, vouloit faire mourir le Roy & rui-
,, ner la France ; de mesme autant
,, contre le Roy d'Espagne ; autant
,, contre la Reyne d'Angleterre, qui
,, l'avoit si bien assisté ; tout autant
,, encore contre aucuns Flamands de
,, ses plus grands Amis ; & autant con-
,, tre l'Allemagne. Bref, dit - il,
,, c'estoit le plus meschant Homme
,, qui naquit jamais, & pire encore
,, que Néron ; lequel encore sous om-
,, bre

„ bre de Religion euſt voulu ruiner
„ toute la Chreſtienté : ſi bien , dit-il,
„ qu'en ayant Pitié, j'ay penſé faire
„ une Oeuvre agréable à Dieu de le
„ tuer. „ Notez la Ruſe & la Meſ-
chanceté de cet Homme, d'aller in-
venter telles Menteries : ainſi fait
tout Deſpéré (1).

Tout cela eſtant confeſſé , il fut
condamné à la Mort ; & prémiérement
il eut la Geſne ordinaire & extraordinaire très - cruelle, ſans qu'il ſonnaſt
jamais Mot , ſi-non qu'il perſiſtoit
tousjours en ſon Dire. Puis, avant
que mourir, l'Eſpace de dix-huit Jours,
il fut martyriſé très - cruellement: Le
prémier Jour il fut mené en la Place,
où il trouva une Chaudiere plcine
d'Huile toute bouillante, dans laquelle
luy fut enfoncé le Bras, dont il avoit
fait le Coup. Le Lendemain, le Bras
luy fut couppé, lequel eſtant tombé
à ſes Pieds, luy tout conſtamment le
pouſſa du Pied du haut en bas de l'Eſ-
chaffant. Le troiſieſme Jour, il fut
tenaillé par devant aux Mammellés &
par le devant du Bras. Le quatrieſme,
il fut de meſme tenaillé par le derriere aux Bras & aux Feſſes. Et ainſi
con-

(1) Deſeſpéré.

K 2

conſécutivement fut cet Homme martyriſé l'Eſpace de dix - huit Jours, &
tousjours remené en la Priſon, endu-
rant tous ces Martyres très - conſtamment. Le plus grand qu'il endura a-
près celuy de la Mort, c'eſt qu'il fut
attaché tout nud au milieu de la Place,
& tout à l'entour de luy furent miſes
quelques Charetées de Charbon, auquel on mit le Feu ; & , eſtant en Brai-
ſe & en Flamme ardante, ce Miſéra-
ble ſe roſtit - là tout un long temps ;
& alors il s'eſcria, & perdit Patience, & puis il fut oſté par après. Pour
la Fin, & pour le dernier Martyre,
il fut roüé & maillotté , dont il ne
mourut point pourtant, parce qu'on
ne luy avoit donné que ſur les Bras
& les Jambes, pour le faire plus lan-
guir, & il veſcut encore plus de ſix
Heures, demandant un peu d'Eau pour
boire, mais on ne luy en oſa pas donner. Enfin, le Lieutenant Criminel
fut prié de le faire parachever & eſtrangler, afin que ſon Ame ne ſe deſeſpé-
raſt & ne ſe perdiſt. Le Bourreau vint
donc ; & , ainſi qu'il fut près de luy,
il luy demanda comment il ſe portoit ?
Il luy reſpondit : *Comme tu m'as laiſſé* ; mais, ayant tiré la Corde pour la
luy mettre au Col, il ſe releva, &
com-

comme ayant Appréhenfion de la Mort, qu'il n'avoit pas encore eue (ce qui fut un grand Cas , & que plufieurs obfervérent en luy) il dit au Bourreau : *Hà ! laiffe-moy; me veux-tu encore martyrifer ? Laiffe-moy mourir ainfi :* &, ayant efté eftranglé, il finit ainfi fa Vie. Voilà de terribles Tourmens ! Ce Gentil-Homme, qui vit tout cela, me l'a ainfi conté; & telles Nouvelles arrivérent à la Cour à Paris : je m'en rapporte à la Vérité.

TANT y a, que fi le Prince d'Orange avoit entrepris ce que dit Briet, c'eftoit un grand Cas; dont je me rapporte auffi de mefme à la Vérité. Ce que pourtant nul Homme de Bon-Sens & Jugement ne croira: car, ce Prince avoit une Ame, & un Dieu, & une finguliere Générofité.

IL a laiffé après luy une brave Lignée, le Prince d'Orange d'aujourd'huy, qui, après une longue Prifon, fut délivré par fon Roy, & remis en tous fes Biens, dont il n'a pas efté ingrat, & l'a très-bien fervy, tenant fon Party, & celuy de l'Infante. L'autre eft ce brave Comte Maurice, dont je parle ailleurs à part. Du troifiefme Mariage il n'a eu que des Filles, comme Mefdames la Comteffe Palatine,

de

de Bouillon, de la Trimouille, Madame la Princeſſe d'Orange, & encore une autre ; toutes Filles de Madame de Jouars, qui quitta l'Habit de Religieuſe, pour eſpouſer Monſieur le Prince d'Orange. Du quatrieſme lit eſt ſorty Monſieur Henry-Frideric, Comte de Naſſau, qui, pour ſon beau Commencement, dès ſon jeune Age, monſtre desjà bien qu'il ne dégénere en rien de ſes Prédéceſſeurs, tant du coſté du Pere, que de la Mere, Louyſe de Colligny, très-belle, ſage, & honneſte Dame, Fille de Monſieur l'Admiral de France, & Veufve de cet honneſte Homme Monſieur de Theligny, tué au Maſſacre de la Saint-Barthelemy.

LE Roy d'Eſpagne gagna beaucoup à la Mort de ce grand Prince d'Orange, comme il a paru depuis : car, il a eſté plus paiſible Seigneur de la Flandres, que durant ſon Vivant ; dont par-là il s'eſt monſtré très-grand & très-habile Capitaine : meſme les Eſpagnols le diſoient bien ; car, il leur donnoit bien de l'Affaire.

Article II,

LOUYS, COMTE DE NASSAU.

SI le Comte Louys son Frere eust vescu plus qu'il ne fit, il l'eust esté bien aussi ; car, il se rendoit très-vaillant , & se faisoit tous les jours un très-habile Homme, comme j'ay dit. Le Prince son Frere vint en France, mais il n'y demeura guéres ; car, il s'en alla à la Rochelle, & là s'embarqua par Mer , pour s'en aller en Allemagne , & laissa en France ledit Comte son Frere, lequel, pour son Entrée, servit bien son Party. Car, ce fut luy qui fit cette belle Retraitte à la Battaille de Moncontour , secondant fort à propos Monsieur l'Admiral , qui avoit esté fort blessé. Au bout de quelque temps, il alla en Flandres, où, avec Monsieur de la Nouë, & plusieurs Gentils - Hommes & Soldats François, il prit Valancienne & Monts : là où soudain ce grand Duc d'Albe le vint assiéger, sans luy donner loisir de prendre Halaine ; ce qui

K 4

fut

fut un Trait de grand Capitaine. Car, à un Révolté (comme je le tiens d'un Grand) il le faut prendre tout chaud, & luy donner sur les Doigts, & l'empescher sur-tout qu'il ne gagne Temps, par quelque Temporisement dont on pourroit user envers luy. C'est ainsi que fit le Duc d'Albe; car, après avoir repris Valancienne par la Citadelle, il vint aussi-tost bloquer & assiéger Monts, & de telle Furie, que l'autre n'eut dequoy la tenir, & ledit Comte (qui tomba malade) fut contraint de faire Capitulation, avec honneste Composition, laquelle luy fut très-bien gardée jusques à un seul Point.

Voyez comment les Loix de la Guerre doivent estre aussi saintes & aussi religieusement observées comme les autres. Car, il ne faut point douter, que si le-dit Duc eust pris ailleurs, & d'autre Façon, ledit Comte, qu'infailliblement il luy eust fait son Procès, & l'eust fait aller par le mesme Pas que les Comtes d'Horn & d'Aigmont : & ainsi le Roy l'ordonnoit : mais, la Foy de Guerre, si sainctement donnée, le sauva. En quoy fut grandement à loüer ledit Duc, au prix de plusieurs que j'ay veus & connus,

qui

qui n'en ont pas fait de meſme en telles Occaſions ; diſant pour Excuſe,
qu'à un Rebelle, & à un Hérétique,
il ne faut pas garder la Parole, ny la
Foy. Cela eſt bon pour ces Capitaines, qui ſont ignorants de l'Art de la
Guerre, & pour ceux-là auſſi, qui
ne vont point aux Coups ; qui jugent
dans leurs Chaires tribunales, comme il leur plaiſt ; qui ne ſe ſoucient
pas d'aller à la Guerre, & n'appré-
hendent point de ſe trouver en telles
Occaſions, pour leur eſtre rendue la
Pareille : mais, les grands & braves
Capitaines, qui ſe treuvent ordinairement aux Hazards de la Fortune de
Mars douteux, y adviſent bien, &
penſent deux ou trois fois à ces fols
Jugemens, & ne violent pas ſi aiſé-
ment leurs Paroles, ny Promeſſes.

J'ay ouy dire, que le Duc d'Albe, ſe trouvant lors à la Porte, ainſi
que l'on ſortoit, il ſalua fort courtoiſement le Comte Louys, qui eſtoit
fort malade dans une Litiere, & luy
fit beaucoup d'honneſtes Offres, luy
tenant de fort briefves Paroles pourtant ; mais bien plus longues à Monſieur de la Nouë, auquel il fit grand
Honneur, & admira fort ſa Valeur &

K 5

Ver-

Vertu. Il falua auſſi tous les Capitaines & Soldats François fort courtoiſement. Cela s'appelle ſçavoir bien ſon Entregent de Guerre. Quelque Fat de Général n'euſt pas fait cela; ains, euſt fait du Fendant & du Mauvais, du froid, du retiré, & de l'altier. Le Comte Louys s'eſtant retiré, & conduit très-ſeurement où il avoit demandé, & où avoit eſté arreſté, adviſa à ſe guérir: & puis, eſtant bien guéry, il reprit mieux que devant le Harnois, ſe remet à la Guerre, & ſe trouvant en une Rencontre contre le Duc d'Albe, il y fut tué & tous ſes Gens défaits, où il y avoit pour le moins ſix à ſept cents François, très-braves Soldats; leſquels, eſtans eſchappez du Siege de la Rochelle, & caſſez (comme j'en vis & connus quelques-uns) s'eſtoient allez mettre à ſon Service. Ainſi finit ce brave Comte: que ſi la Mort ne l'euſt gagné, il euſt donné autant d'Affaires au Duc d'Albe, que fit ſon Frere.

ARTICLE III,

LE COMTE D'AREMBERG.

IL, commença contre ce brave COM-
TE D'AREMBERG, qu'il défit en
Zélande, par l'Opiniaſtreté des Eſpagnols, qui crioient à toute heure
audit Comte, qu'il les menaſt au Combat contre ces Hérétiques, & ces
Chiens : mais, ledit Comte leur remonſtrant le Danger éminent, qui ſe
préſentoit à leurs Yeux, de les charger en Lieu ſi deſadvantageux, ils ne
déſiſtérent de rien pour cela ; ains,
comme Gens prédeſtinez à leur Malheur, & à celuy de leur Général,
ils criérent plus que devant contre luy, juſques à l'appeller Traiſtre,
& qu'il s'entendoit avec les Ennemis.
Luy, qui eſtoit tout noble & courageux,
leur dit : *Ouy, je vous monſtreray ſi
je le ſuis* ; & donna la Teſte baiſſée ſur
ſes Ennemis, où combattant très-vail-
lamment il tomba mort par terre : &
de ces opiniaſtres, mal diſciplinez à
obéyr à leur Général, les uns furent
tuez, les autres ſe ſauvérent à la Fuite ; deſquels, au moins d'aucuns des

K 6

plu

plus opiniaſtres & coupables, le Duc d'Albe en fit Punition, autant pour donner Exemple & Leçon à tels Soldats mal créez, que pour le Regard de la Perte qu'il eut d'un ſi bon & loyal Capitaine, comme il le fit paroiſtre-là, & l'avoit fait en pluſieurs Endroits. Comme à nos Guerres eſtrangeres, eſtant Lieutenant aux Armées de la Reyne d'Hongrie, qui l'avoit choiſi pour très-capable : ainſi qu'il fut au Siége de Metz, où on appelloit ſon Quartier, le Quartier & le Camp de Barbançon ; car, il eſtoit de cette Race des Barbançons, bonne & noble Race, dont nous en avons en France.

Outre ſes Valeurs, il eſtoit un très-agréable Seigneur, ſur-tout de fort grande & haute Taille, & de très-belle Apparence. Il vint ſervir le Roy de France à nos Guerres ſecondes, où il mena douze cents Lances Bourguignonnes, qu'il faiſoit très-beau voir ; & luy en Général leur commandoit. Il ne tint pas à luy, qu'on ne combattiſt à Noſtre-Dame de l'Eſpine ; & meſme il demandoît fort la Pointe. La Paix de Chartres s'en enſuivit : & luy, cependant que ſes Trouppes ſe rafraiſchiſſoient un peu
par

par le Pays , (vivant pourtant très-mo-
deftement, car le Roy d'Efpagne les
payoit fort bien,) il fe tint quelque
temps à la Cour, & quafi tout le Ca-
refme, fe tenant à l'Hoftel de Ville-
Roy auprès du Louvre , depuis chés
Monfieur d'Anjou & chez la Reyne
de Navarre. Le Roy le défrayoit de
tout pendant fon Séjour, & eftoit fervy de fa Cuifine & de fes Officiers.
Il venoit ordinairement à la Cour chez
le Roy & chez la Reyne , auffi privément , que s'il euft efté de la Cour-
mefme. Auffi Leurs Majeftez & Al-
teffes luy faifoient très - bonne Chere :
& luy leur rendoit très - grand Honneur
& Humilité, autant que nos Seigneurs
de France. Il paroiffoit bien , qu'il
avoit efté très - bien nourry , & qu'il
avoit bien retenu ce qu'il avoit veu
en la Cour de l'Empereur fon Maiftre.

IL devint fort amoureux de la Beauté de Mademoifelle de Chafteauneuf
de Rieux, qui pour lors emportoit le
Los des plus belles : & , pour ce, il
fe mit à la fervir, mais avec un tel
Refpect , & telle Difcrétion , qu'il
donnoit bien à connoiftre d'avoir fervy en bon Lieu, & en celuy dont il
a eu Réputation ; mefme que je l'ouys
dire un jour à la Reyne - Mere, qu'il
paroiffoit bien que ce Seigneur n'avoit

K 7

aimé

aimé ny servy en bas Lieu. Et, d'autant que Monsieur de Strozzy & moy estions fort Serviteurs espris de cette belle Demoiselle de Chasteauneuf, il se mit à nous aimer davantage, & à nous accoster si bien, que quasi ordinairement il nous convioit d'aller manger avec luy, & nous envoyoit chercher, luy estant tousjours (comme j'ay dit) servy de la Cuisine du Roy : & la pluspart de nos Devis estoient de nostre Maistresse. Et, quand il estoit auprès d'elle dans la Chambre de la Reyne, & que nous luy déférions comme il méritoit, il vouloit que nous fussions quasi tousjours ensemble à l'entretenir. Ses Propos n'estoient nullement communs ny pauvres, mais très-rares & très-riches ; car, il parloit fort bien & très-bon François, comme encore quelques autres Langues. Bref, il estoit très-vertueux & très-parfait.

Il avoit, avec sa grande Beauté, une grande Défectuosité en luy, qu'on n'eust pas aisément reconnu ; qui estoit, qu'il ne voyoit goutte d'un Oeil : & cet Oeil estoit si beau, & si pareil au bon, qu'on n'y reconnoissoit rien, & estoit aussi-beau que l'autre. Il y avoit esté blessé d'un Coup. Pensez,

qu'il

qu'il eut bien la Curiofité de le faire
guérir, & n'y efpargna, ny Moyens,
ny Inventions, pour le faire bien penfer, afin de ne fe rendre difforme, ny
defagréable à la Dame qu'il fervoit
pour lors; de laquelle je luy en jettois
quelquesfois quelques Traits & Atta-
ques en l'Air & à la Volée, avec toute Difcrétion, felon que je le voyois
quelquefois en fes bonnes Heures : il
refpondoit de mefme, avec toutes les
Loüanges & Vertus & (1) cette Dame, & non fans en monftrer encore
une fourde Paffion & des Regrets couverts.

ENFIN, ce Seigneur eftant mandé
du Duc d'Albe, il délaiffa noftre Cour
& noftre France, non fans Trifteffe.
Ce fut au Mois d'Avril ; & il alla
mourir en Flandres à cette Défaitte.
Il laiffa après luy une Femme, qui
en fut très-défolée. C'eftoit une très-
belle Dame, fage & vertueufe, & elle
eftoit digne d'un tel Mary. Nous la
vifmes en France, quand elle accompagna noftre Reyne Elizabeth, que
l'Impératrice luy avoit donné pour fa
principale Conduite. Elle n'y demeura
guéres : car, après les Nopces accom-
plies, elle s'en retourna. Il la faifoit
très-

(1) de

très-beau voir : &, si elle y eust demeuré davantage, la Cour en eust esté embellie davantage.

DISCOURS QUARANTE-CINQUIESME,

DOM SANCHE D'AVILA.

AVEC le Duc d'Albe en ce Voyage fut Dom SANCHE D'AVILA, lequel estoit Castellan du Chasteau de Pavie, lors que le Duc d'Albe le prit-là, & en fit estonner beaucoup de Personnes, d'autant qu'on ne le tenoit pas pour si grand Capitaine qu'il fut puis après ; & il en faisoit grand Cas, & quelquefois il en prenoit Advis. Il faloit qu'il eust quelque Bon-Sens naturel, & quelque Valeur naturelle aussi : car, de l'Acquis, ny de la Pratique, il en avoit peu ; parce qu'il avoit fait plus de Cas de garder son Chasteau, & demeurer léans ordinairement comme une vraye Morte-Paye, que d'aller aux Champs brusquer Advanture. Mais, estant avec le Duc d'Albe, il se façonna de telle Façon,

par

par l'affidue Continuation de la Guerre qu'il exerça, qu'en peu de temps
il fe rendit un très-bon Capitaine.

Et, pour ce, il fut efleu Gouverneur de la Citadelle d'Anvers, la nom-
pareille Fortereffe du Monde, & le
vray Rampart de toute la Flandres,
pour le Roy d'Efpagne. Auffi fut-elle
mife en très-bonnes Mains & très-
fideles : car, il la garda très-bien,
fans nul Reproche ; où il fut puis a-
près affiégé par tous les Eftats, qui
tout à coup s'eftoient révoltez, & em-
parez quafi de toutes les Villes de
Flandres : & il faloit nommément,
qu'ils euffent la Citadelle d'Anvers ;
car, autrement, leur Victoire & Révolte demeuroit manque. Ayant donc
affemblé plufieurs grandes Forces, ils
la vindrent affiéger, la Ville tenant
pour eux, & la firent battre fort furieufement & la tenir fort à l'eftroit.
Il y pouvoit avoir dedans quelques
douze cents braves Efpagnols, qui
tous, avec leur Général, ne s'efton-
nérent nullement, & firent très-bien
Tefte.

Par Cas fortuït, (comme à quel-
que-chofe fert le Malheur & le Defordre,) quelques quinze cents Soldats Efpagnols peu auparavant s'eftoient

toient mutinez pour leurs Payes, &
s'eftoient faifis de la Ville d'Aloft,
où ils faifoient le Diable. Eux,
oyans le Bruit des Canonnades, que
l'on tiroit à leurs Compagnons, (car
Aloft n'en eftoit qu'à cinq Lieuës;)
& fçachans comme ils eftoient fort à
l'eftroit & ferrez, touchés d'une am-
bitieufe Charité envers leurs Compagnons, & d'une Crainte qu'il ne leur
fuft reproché de les laiffer perdre à
faute de leur Secours; ils vont prendre tous par un matin Réfolution de
les aller fecourir, quand bien ils de-
vroient tous mourir. Parquoy, tous
fortent (1) de leur Ville, & jurérent
tous, qu'ils ne boiroient ny ne man-
geroient, qu'ils ne fuffent entrez dans
la Citadelle, & qu'ils n'euffent combattu & chaffé l'Ennemy qui la tenoit
affiégée. Ils marchent donc très-dé-
terminez, chacun prenant fa Fafcine,
& la portant fur une Efpaule, & fur
l'autre l'Arquebufe ou la Picque; &,
pour plus grande Bravade, ou pluftoft
pour Préfage de Victoire, chacun prit
un Rameau de Chefne, qu'il pendit
fur fon Morion & fa Bourguignotte.
Sans avoir donc peur de rien, ils
marchent réfolus & ferrez, & vindrent

____

(1) fortirent

drent droit à la Citadelle, où ils font entendre leur Réfolution à Dom Sanche & à fes Compagnons. Ils entrent par la Porte du Secours : ils font reçeus, Dieu fçait comment bien, de Dom Sanche & de leurs Compagnons ; lefquels, après s'eftre bien embraffés & entrefaluez, ainfi qu'on les convioit de fe rafraifchir & faire la Collation, que Dom Sanche avoit très-bien fait apprefter, ils firent Réponfe, qu'ils avoient tous juré de ne manger ny boire, qu'ils n'euffent veu l'Ennemy, ne l'euffent combattu, & ne l'euffent jetté de-là où il eftoit; &, pour ce, qu'ils vouloient tenir leur Serment : parquoy, ils demandérent qu'on leur ouvrift la Porte, & qu'on les laiffaft aller, & que Dom Sanche les menaft au Combat.

A cette fi belle Occafion & Réfolution, Dom Sanche ne voulut faillir & temporifer : parquoy, après avoir très-bien ordonné de l'Affaut, il fait foudain ouvrir la Porte de la Citadelle ; &, auffi-toft, ces braves & déterminez Soldats donnérent la Tefte baiffée dans les Retranchemens, en criant, *Sant Jago, Sant Jago, Efpaña, Efpaña* (1): &, de prime Abord, ils donnérent

néreni

(1) C.-à-d. *St. Jaques* ! *Epfagne* !

nérent à celuy qui tenoit quelques six cents François, qui pour lors s'estoient mis avec les Estats, qui estoient tous vieux Soldats, qui, par Plaisir, & par Courage, s'estoient tous desbandez des vieilles Garnisons des Frontieres de Picardie & de Champagne.

Tout ainsi que les Espagnols les assaillirent vaillamment, les François aussi leur respondirent bravement ; car, ils alloient pair à pair. Ce qui fut cause, que les Espagnols s'escriérent : *Estos son Francezes ; dexainos los, por que son Diabolos : vainos a combater los Hombres.* C'est-à-dire. *Ceux-cy sont François : laissons - les, parce que ce sont des Diables ; & allons combattre les Hommes.* Et, courans du long de la Tranchée, ils vindrent où estoient les Flamands & les Allemands avec quelques Anglois, qu'ils fausserent & emportérent fort aisément ; de sorte que sauve qui peut. Les Espagnols se mirent à suivre la Victoire, tousjours crians : *Sant Jago, Sant Jago ; España, España ; Sierra, Sierra ; Carne, Carne ; a Sangre, a Sangre ; a Fuego, a Fuego ; a Sacco, a Sacco*(2). Et, par ainsi, ils donnérent

(1) C.-à-d. *Saint Jaques ! Espagne ! Au Carnage, à Feu, à Sang, à Sac !*

rent si bien la Chasse à l'Ennemy,
qu'il y en demeura beaucoup de morts
sur la Place. Le jeune Comte d'Aigmont se sauva avec les François,
qui se sauvérent & se retirérent bravement. Je tiens ce Conte, tant d'aucuns Soldats François qu'Espagnols,
que j'entretins quelque temps après
cette Défaitte, estans venus à la Cour
à Blois, aux prémiers Estats.

Les Victorieux, estans absolus Mais-
tres de la Ville, commencérent à bien
la piller, & à se faire tous riches :
car, trois mille Hommes butinérent
une Ville, qui estoit assez bastante
pour saouler & rassasier une Armée de
cinquante mille Hommes, dont j'ay
desja parlé ailleurs.

Mais, tant y a, qui considérera
ce bel Exploit, quelque Ennemy qu'il
soit de la Nation Espagnole, ne pourra faire qu'il ne loüe à jamais ces braves Soldats & leur Général Dom
Sanche ; lequel, un temps après, fut
tué au Siege de Mastric, dont j'espere
de parler en la Vie du Prince de Parme (1). Par ainsi, ce Dom Sanche
s'estoit rendu si bon Capitaine, par
ses continuelles Factions, qu'il est mort

en

____

(1) On n'a pas cette Vie.

en grande Réputation , & au grand
Deuil du Roy d'Espagne , & de tous
les bons Hommes de Guerre de sa Nation & d'autre.

DISCOURS QUARANTE-SIXISÉME,

CHIAPPIN VITELLY.

AINSI fut presque en mesme temps
CHIAPPIN VITELLY , lequel fut un
très - bon Capitaine. Aussi , en ses Ans
plus vigoureux , il en monstra de très-
grandes Preuves , en la Guerre de Sienne : duquel s'aida fort le Marquis de
Marignan , ensemble avec Astolphe ou
Rudolphe Baillon , d'une brave & vail-
lante Race ; qui depuis fit bien dans
Famagouste en Cypre , & mourut mar-
tyr : dont je parle ailleurs. Tous deux
luy assistérent bien , & nous nuisirent
beaucoup en cette Guerre.

Le Roy d'Espagne commanda au
Duc d'Albe de se servir de ce Chiappin Vitelly , pour la Suffisance qu'il
connoissoit en luy , & qui le rendit
son Pensionnaire. Aussi le Duc d'Albe le tint en telle Estime , qu'il luy
bailla

bailla la Charge de commander à toute
fon Infanterie, dont il s'acquita très-
bien, comme les Effets en ont fait
Foy. Outre cela, il eſtoit le prémier
de ſon Conſeil. Il mourut quelque
temps après de Maladie en Italie.

DE cette brave Race de Vitelly ſont
ſortis de braves & vaillants Hommes,
dont j'en ay connu aucuns de mon
jeune Temps, comme le Seigneur A-
lexandre, le Seigneur Vincence, &
le Seigneur Alphonſe Vitelly, que le
Roy Henry deuxieſme avoit nourry
Page de ſa Chambre : lequel avoit un
Oncle, qui eſtoit le Cardinal Vitelly,
un très-habile Homme de ſa Robbe,
que j'ay connu à Rome, & eſtoit bon
Partiſan dudit Roy Henry, & point
ingrat de la Penſion qu'il luy donnoit.
Il eut une grande Attaque une fois en
plein Conſiſtoire, contre le Cardinal
de Lorraine, qu'il diſoit eſtre trop
bouillant pour le Bien de la France,
d'où il eſtoit natif, & à qui il devoit
tant : j'en parle ailleurs. Il y a eu
auſſi de braves Capitaines & vaillans
Hommes de Guerre des Vitelloſi,
ſortis du meſme Eſtoc des Vitellis.

✳✳✳✳✳✳✳✳✳✳✳✳✳✳✳✳✳✳✳✳

DISCOURS QUARANTE-SEPTIESME,

BERTHELEMY D'ALVIANO.

BERTHELEMY D'ALVIANO a esté de son Temps un très-grand Capitaine, mais pourtant estimé plus vaillant, hardy, & hazardeux, que sage, considéré, & prudent. Deux Conditions contraires, qui ont servi à aucuns, & nui à d'autres : ainsi qu'il luy arriva à la Battaille d'Agnadel, contre nostre grand Roy Louys douziesme, sur lequel il donna, & le chargea furieusement, & sans considération ; contre l'Advis du Comte Petillano, Général de l'Armée des Vénitiens, dont ils en eurent Différent ensemble, & contre celuy de la Seigneurie, qui l'avoit défendu expressément, ains seulement de temporiser & amuser l'Armée du Roy. Mais, enfin, comme brave & hazardeux, il vouloit combattre, & à son Dam ; car, il fut pris en combattant bravement, jusques à n'en pouvoir plus : & estant mené devant le Roy, il luy fit très-bon

Recueil,

Recueil, comme à un tel vaillant Prisonnier de Guerre. Et luy ayant demandé, ce qu'il penfoit faire, de hazarder ainfi une Battaille avec tout l'Eftat Vénitien, il luy refpondit, qu'il n'euft fçeu jamais mieux faire, ny acquérir plus de Gloire & Honneur, à Perte ou Gain, que de combattre un fi grand, brave, & puiffant Roy & Prince ; & que, voulant effayer la Fortune, il en eftoit venu à ce Combat.

Et de fait, luy & fes Gens, pour la prémiere Pointe, firent très-bien : mais, venant Monfieur de Bayard avec fes Gens-de-Pied, qui eftoient à l'Arriere-Garde, & s'advançant bravement, il donna fi à propos par le Flanc & aux Coftez des Vénitiens, dit l'Hiftoire, qu'ils perdirent Courage, & ne firent puis après rien qui vaille, fi non quelques bons Soldats, efleus du-dit Berthelemy, habillés de blanc & rouge, qui, s'opiniaftrans au Combat, demeurérent fur le Champ. Braves Gens, certes ! Le Roy, qui combattoit vaillamment, ne chauma pas de fon Cofté : &, pour ce, la Battaille eftant gagnée, & mis à mort pour le moins quatorze à quinze mille Hommes ; & ledit Alviano bleffé & pris, & tombé

en-

entre les Mains du brave Monſieur de Vandeneſſe, Frere de Monſieur de la Pallice. Le Comte Petillano, voyant ſes Gens-de-Pied défaits, ſe retira un petit plus viſte que le Pas, avec ſa Gendarmerie & Cavallerie reſtée de la Mortalité; avec peu de Perte de nos braves François.

LE-DIT Alviano eſtant donc méné devant le Roy, & deviſant avec Sa Majeſté, ce fut lors, qu'il luy dit ce que j'ay dit cy-devant. Elle avoit fait donner une fauſſe Allarme, pour connoiſtre ſi ſes Gens eſtoient trop desbandez, & pour les rallier, & les connoiſtre s'ils ſeroient prompts & diligens auſſi-toſt à une ſi grande Affaire, ou au grand Beſoin, s'il ſurvenoit; & ainſi qu'elle demanda au-dit Alviano, ce que ce pouvoit eſtre, il reſpondit en riant: *Je ne ſçay pas, Sire, ſi-non que vous voulez vous combattre les uns les autres; car, de nos Gens, je vous aſſeure bien qu'ils ne vous viſiteront de quinze Jours.* Le Roman de Monſieur de Bayard le dit ainſi. Il ne faut point douter, ſi le Roy trouva ce Mot-là bon, qui tendoit touſjours d'autant plus à ſa Gloire.

OR, tout ainſi que ce Capitaine eſtoit

toit hardy & vaillant, & comme la
Vaillance, Hardiesse, & l'Ardeur de
Courage ne rit pas tousjours à son
Homme, selon que la Fortune varia-
ble fait en Guerre, & qu'elle est jour-
naliere en Hardiesse, aussi-bien qu'en
la Pusillanimité ; il fut taxé d'avoir
failli en son Courage bouillant, & de
s'estre retiré par trop viste à la Battaille mémorable de Vincence, contre
le Vice-Roy Dom Raymond de Car-
done, Prosper Colonne, & le grand
Marquis de Pescayre, qui fut le principal Autheur du Gain, comme disent les Espagnols : lesquels disent
aussi, que, du commencement, ledit
Alviano & ses Trouppes, avec Paul
Baillon, bon & vaillant Capitaine aussi,
ainsi qu'en porte la Race de long-
temps, donnérent fort furieusement &
firent un bon Eschec ; mais, l'Infanterie Espagnole & Allemande, conduite par ce grand Marquis, arrivant à
propos, attaqua la Cavallerie du-dit
Alviano avec telle Furie, qu'elle la
desordonna aussi-tost, & la mit en
Route de telle sorte, que ledit Baillon fut pris, ainsi qu'il courroit incon-
sidérement & imprudemment, disent
les Espagnols, pour chercher un Chemin
court pour attendre Alviano (que

huia a prieffa (1).) Il tomba dans un Champ plein d'Eau, là-où il fut pris : & Alviano paffant le Ruiffeau Reron à grande preffe, fe fauva à Padouë ; non fans fe defpiter, & maugréer Dieu, dit l'Efpagnol, *de que era Ennemigo del Nombre de los Italianos, y Amigo de los Efpañoles* (1).

Q U A S I tel Blafpheme cuidérent faire les pauvres Chreftiens dans Antioche, eftans perfécutez d'une fi extrême Famine, que les plus grands ne fçavoient où trouver du Pain : que pouvoient donc faire les petits ? Si que tous enfemble defefpérez de cette male Rage de Faim, peu s'en falut qu'ils ne s'addreffaffent à Dieu, & ne le maugréaffent, & ne l'accuffaffent d'Ingratitude, de n'avoir Efgard à leurs Peines, Maux, & Travaux, avec la Perte de leurs Biens, qu'ils avoient vendus & mis à l'Abandon, ny à la Sincérité de leur Dévotion ; mais, comme à un Peuple eftranger, permettoit qu'ils fuffent ainfi livrez & abandonnez és Mains des Ennemis de fa Foy. Voyez-en le Conte dans l'*Hif-*

---

(1) C. à - d. *qui s'enfuïoit en grande Hâte.*
(1) C. à - d. *de ce qu'il étoit Ennemi du Nom Italien, & Ami des Efpagnols.*

l'*Histoire de la Guerre d'Orient.* Il ne faut point douter, que, par tel Despit & telle Rage, il y en eut plusieurs, qui, ou dans leur Ame, ou ouvertement, firent tels Blasphemes : car, qui est celuy, qui, pour telle Rage & tel Desespoir, ne dise davantage ; si ce ne sont ceux, qui sont confits en telle Religion & Dévotion, & qui se sont bien résignez à la Volonté de Dieu, ainsi qu'il faut faire ? Parquoy, il ne faut point douter, que cet Alviano n'en aye dit pis encore que je ne dis, tant en Despit, que par Desespoir ; veu que, de tout Temps les Gens de Guerre se dispensent aisément à tels Blasphemes : mais, plus jadis qu'aujourd'huy, les Italiens ont esté grands Blasphémateurs, comme je l'ay veu la prémiere fois que je fus en Italie. Je ne les veux pas accuser tous : car, il y en a d'aussi Gens-de-Bien, qu'en tous autres Pays ; & aussi aujourd'huy ils en sont fort corrigés. J'en parle ailleurs (1).

E t, pour retourner encore au-dit
Al-

____

(1) A la Fin de ses *Rodomontades Espagnoles* il y a un *Traité des Juremens & Blasphemes Espagnols* mêlez de quelques *Italiens.*

Alviano, il faut prendre Exemple en luy, que tout vaillant & hardy Capitaine, ou aucun autre, ne se peut jamais vanter tel en sa Vie, qu'après sa Mort, laquelle seule couronne nos Vies (2). Car, bien-heureux est celuy, qui n'a fait quelque Eschapade reprochable en la Guerre; ainsi qu'en arriva ce coup à ce vaillant & généreux Berthelemy, tout vaillant comme l'Espée qu'il estoit.

IL eust mieux valu, qu'il luy fust arrivé ce qui arriva cette fois mesme au Providitor Loredano, qui avoit esté aussi le Motif, avec ledit Alviano, de l'Attaque du Combat: lequel, estant pris, & promettant à quelques Soldats Espagnols une grande Quantité d'Or pour sa Rançon, le traisnant les uns & les autres à qui l'auroit, fut enfin jetté de Despit dans un Fossé plein d'Eau, & là se noya. C'est un Inconvénient, qui arrive souvent aux Guerres à force hon-

(2) Voilà la Sentence de Solon ainsi exprimée par Ovide:

. . . . . . *Ultima semper*

Expectanda Dies Homini est: dicique beatus

Ante Obitum Nemo, supremaque Funera debet.

Ovid. Metam. *Lib. III.*

honneftes Gens , pris & débattus
pour pareille Altercation à qui l'aura,
comme j'en parle ailleurs.

Le-dit Seigneur Alviano pourtant ne perdit pas Courage pour tel
Malheur arrivé : mais, s'eftant remis
& reftauré mieux que jamais, il fe
remet en Campagne , & mieux que jamais guerroye & fatigue fes Ennemis,
par Rencontres, Combats, Courfes,
& Surprifes ; & notamment en une,
où il cuida attrapper ce grand Marquis de Pefcayre , par une grande &
longue Cavalcade , qu'il fit un jour.
Car, plufieurs de fes Capitaines Efpagnols , le voyant fort loin d'eux,
& négligeans leur Garde, ne la faifoient qu'à demy : fans que le Marquis (foit qu'il fe doutaft de cet Homme turbulent & qui n'eftoit jamais oi-
fif, ou qu'un bon Démon l'en ad-
vertift,) fit ce foir - la renforcer fes
Gardes , & redoubler fes Sentinelles ;
fi-bien que , fans telle Prévoyance,
ledit Berthélemy l'attrappoit , & luy
enlevoit fon Logis, à fa grande Honte, & avec grande Perte de fes Gens :
& oncques puis après , dit l'Hiftoire
Efpagnole, ledit Marquis ne faillit de
commander à fes Capitaines de faire
tousjours leur Garde auffi ferrée, ef-
L 4

troit-

troitte, & renforcée, comme s'ils euſſent eu l'Ennemy en Teſte, ou en Queuë, & à Coſté. Je vous laiſſe donc à penſer, ſi ledit Berthélemy eut Deſpit d'avoir failly ſon Coup; car, il en eſtoit très-aſſeuré, ſans ce bon Ordre & cette Prévoyance du-dit Marquis.

A CET Exemple du-dit Alviano for-ce braves & vaillans Capitaines, Che-valiers, & autres Gens de Guerre, & meſmes les jeunes Gens, y doi-vent bien penſer & regarder; leſ-quels, pour avoir fait un ou deux Coups de Vaillance, en deviennent ſi inſolens, & enflez comme Crapaux de Gloire, qu'il leur ſemble n'avoir ja-mais de Peur, & qu'ils combattroient le Diable, s'il ſe préſentoit devant eux: mais, il ne faut qu'une mauvai-ſe Heure, que, venans à faillir de Cœur, ils prennent telle Eſpouvante, aux plus belles & plus eſclairées Fac-tions, qu'ils en ſont deshonorez à bon eſcient, comme j'en ay veu pluſieurs en ma Vie. Et ne conſiderent-ils pas, pauvres Aveugles qu'ils ſont, que tout Homme eſt journalier, ſoit de la Nature, ſoit de la Volonté de Dieu? Ne conſiderent-ils pas auſſi, que les Eſpées que nous portons à nos Coſ-tez,

tez, & que nous tenons pour les plus
luisantes, pour les plus asseurées, &
pour les plus esprouvées, nous vien-
nent à faillir quelquefois au plus grand
Besoin que nous les employons ? Et
ainsi, rien ne nous est asseuré, par
nous, ny par nos Espées que nous
portons, ny mesmes nos Cœurs qui
les veulent faire valoir ; car, tout Bien
nous doit venir d'enhaut.

Et si, pour rabiller leurs Fautes
& s'en nettoyer, les Hommes repren-
nent les Armes, il faut qu'ils y fassent des Miracles de Valeur & de
l'Espée, comme plusieurs grands Capitaines & Hommes de Guerre ont
fait, par de beaux Combats & Exploits qu'ils ont faits, comme je les
nommerois bien : & comme fit ce brave Alviano en plusieurs belles Occasions, qu'il chercha de luy-mesme,
ou qui d'ailleurs se présentérent à luy ;
& mesme à la Battaille de Marignan,
où ne pouvant arriver (estant Général des Vénitiens, ligués avec nostre
Roy pour lors,) avec son Infanterie,
& avec tout le Reste de l'Attirail de
son Armée, il prit l'Eslite de sa Cavallerie, & par une grande Cavalcade
il y arriva sur les dix Heures du Matin, comme on estoit aux Mains, &

 vint

vint bien à propos. Car, il n'y a si
grand Capitaine, ny si vaillant Homme de Guerre, que voyant arriver à
l'improviste un nouveau Secours ino-
piné, qui n'en prenne l'Allarme, &
ne s'en estonne, voire ne bransle.
Aussi dit-on de luy, que ç'a esté le
prémier, qui, par sa grande Vigilan-
ce & Diligence, a esté Inventeur des
grandes Courvées & Cavalcades de
Guerre, pour aller de bien loin rechercher son Ennemy dans son Camp
& son Logement : ainsi que fit le brave Monsieur de Nemours en la Re-
prise de Bresse, dont je parle en son
Lieu.

LE prémier Commencement de
Guerre du-dit Alviano fut lors qu'il
alla trouver, avec aucuns de ses braves Compagnons & avec les Capitaines des Ursins, le grand Consalve à
Naples : où s'estant jetté & reserré,
pour ne pouvoir bien tenir la Campagne contre nos braves François, &
se voyant renforcé par ces nouvelles
Forces survenues, il dressa une Armée de neuf cens Hommes d'Armes,
& mille Chevaux légers, avec neuf
mille Hommes de Pied, se mit aux
Champs, & plus ne regarda à la Dé-
fensive comme auparavant, ains du
tout

tout à l'Offensive : & , depuis , nos Affaires allérent très-mal par de-là. Voilà ce que nous vallut cette fois Alviano avec ses Trouppes & sa Personne, qui, estant fort jeune, & tout de Feu, fit Rage en cette Guerre ; ce que le grand Capitaine Consalve reconnut très-mal envers luy, après que, s'estant mis à faire la Guerre aux Florentins, Consalve les vint secourir contre luy : très-mal reconnu du Service passé, que j'ay dit devers Naples ; une grande Ingratitude pourtant !

Or, pour venir à la Fin du-dit Alviano, après plusieurs beaux Faits, & plusieurs bons Services rendus à la Seigneurie de Venize, ainsi qu'il estoit sur les Desseins de retirer ou reprendre Bresse & Vérone, comme il l'eust fait sans doute, il luy vint une Maladie de Flux-de-Ventre, qui l'emporta, n'ayant pas encore atteint soixante Ans. Les Vénitiens le regrettérent fort, & tous les Soldats de l'Armée encore plus : car, ne se pouvans saouler de se ressouvenir de luy, ils retindrent son Corps vingt-cinq Jours durant auprès d'eux tousjours en l'Armée, ainsi qu'elle marchoit, l'accompagnant tousjours d'une Pom-

 pe

pe funebre & trifte, pour le conduire
en toute Seureté jufques à Venize,
afin qu'il ne luy fuft fait aucun Ou-
trage; à luy, dis-je, fur lequel fes
Ennemis mal difcrets euffent bien voulu fe venger : & comme les Vénitiens
voulurent demander Saufconduit à
Marc-Antoine Colonne, commandant
en Breffe & Vérone, pour le conduire en Seureté, Théodore Trivulce,
très-bon & brave Capitaine, ne le
voulut jamais permettre; difant, qu'il
n'eftoit pas raifonnable, ny bien-
féant, que celuy, qui en fa Vie n'a-
voit jamais eu Peur de fes Ennemis,
qu'en fa Mort il fift Signe de les craindre. Et, ainfi, il fut porté feure-
ment en Terre à Venife, avec grande
Magnificence en l'Eglife de St. Eftienne, où j'ay veu encore de mon jeune Temps fa Sépulture, la prémiere
fois que j'y fus.

VOILÀ la Mort de ce grand Capitaine, qui nous fit en fa Vie, & du
Bien & du Mal, & qui eftoit, ores
pour nous, ores pour d'autres; n'ayant
pas reçeu la Mort en la Guerre, qu'il
avoit tant recherchée, comme plufieurs grands Capitaines, que j'ay
nommez, & nommeray encore en
mon Livre. Il faut loüer le fusdit
Thé-

Théodore Trivulce en sa Résolution, de n'avoir voulu demander le Sauf-conduit. Il hazardoit bien pourtant ce pauvre Corps, s'il eust esté pris & enlevé de ses Ennemis.

La Pompe funebre faite à Messire Bertrand du Guesclin fut bien aussi belle & honorable ; car, estant mort devant le Chasteau de Randon, ceux de dedans s'estans rendus, il fut or-donné & advisé, par ceux de l'Ar-mée, qui commandérent après luy, qu'on porteroit sur son Thau, où es-toit le Corps, les Clefs, en signe d'Obédience & d'Humilité. Beau Trait, certes ! Les uns, comme Monsieur de Saillan (1), le tiennent en ce Chasteau ; & moy j'ay veu en un vieux Roman de sa Vie, escrit en Lettres Gottiques, que ce fut devant le Chasteau de Bernardieres ou de Condac, deux petits Chasteaux & Bicoques en Perigord, qui ne valent pas en parler, qui sont près de moy-mesme, où les bonnes Gens & les bonnes vieilles Femmes de-là le di-sent encore. Je m'en rapporte à ce qui en est ; car, c'est le moindre de mes Soucis.

Tels

(1) du Haillan, *probablement.*

TELS Convoys & telles Pompes funebres, certes, contentent certaines Personnes, soit, ou qu'elles leur soient attribuées en leur Vivant, ou tendans à la Mort, que leurs Parens & Amis les pensant plus honorer les fassent faire telles : bien contraires à ce grand Saladin, Soldan de Babylone, de Damas, & Roy d'Egypte, l'un des grands Capitaines à mon gré qui ait esté en Orient, tant pour ses beaux Faits, que pour ses gentilles Façons, belles Honnestetez & Courtoisies ; si nous voulons croire Bocace en un des Contes qu'il fait de luy, qui est très-admirable, pour avoir quasi traversé toute la Chrestienté, desguisé en simple Marchant, pour venir connoistre des Chrestiens, & sur-tout des François, leurs Formes & Façons de faire & leur parler. Après donc qu'il eut fait & parfait tant de belles Choses contr'eux, & fait trembler tout l'Orient devant son Nom & ses Armes, mourant en la Cité d'Ascalon, il ordonna qu'après son Trespas sa Chemise seroit portée sur une Lance, à travers toute la Ville, par un sien Escuyer, Héraut, ou Trompette, faisant un tel Cry à haute Voix : *Le Roy de tout l'Orient, qui l'a tant fait*

fait craindre sous soy, est mort, &
n'emporte de tous ses Biens avec luy que
cela. Voilà la Pompe funebre, dont
se contenta ce grand Prince.

Nos Roys, nos Empereurs, nos
grands Princes & Capitaines Chrestiens, ne se contentent pas de si peu,
& font bien : car, certes, tels Honneurs, que l'on défere à leurs Funé-
railles, sont beaux & fort à estimer ;
& je croy, que telles Magnificences
n'offensent point Dieu, puisque Messieurs les grands Supérieurs de l'Eglise le permettent, voire s'en veulent
ressentir, comme je l'ay veu en deux
de nos Roys, qui sont certes belles,
dévotieuses, contrites, & pitoyables.
Les anciens Empereurs Romains ont
apporté la plus grande Part de ces Façons de faire : mais, nous en avons
converty leur Abus en une bonne,
pure, & sainte Religion, & pie Cérémonie. J'en parle ailleurs.

DISCOURS QUARANTE-HUITIESME,

CÉSAR BORGIA,

DIT

LE VALENTIN.

POUR retourner encore à nos autres grands Capitaines, que je ne veux encore délaisser, Machiavel, & ses bons Adhérans, ont fort loüé CÉSAR BORGIA, & l'ont mis au Rang des grands Capitaines, comme certes en son Vivant il l'a fait paroistre par aucuns beaux Exploits. Voyez-en les Histoires Italiennes & autres, & mesme Guichardin : &, pour ce, je ne veux faillir à le colloquer en ce Rang, tant parmy les Italiens, que les Espagnols.

Il fut Fils de Roderic Borgia, natif de Valence, & puis Pape nommé Alexandre VI. Ce César fut fait Cardinal par le Chapeau de son Pere, qu'il eut après la Création de son Papat.

pat. Il le fit Partisan de la France, où il se maria avec Mademoiselle d'Albret, l'une des belles Filles de la Cour, qui y avoit esté nourrie, comme j'en parle ailleurs en un Discours de cela. Il eut cent Lances des Ordonnances du Roy Louys douziesme, bien entretenues. Il eut aussi la Duché de Valantinois, avec grosse Pension. Il fit, en son Temps, du Bien, & du Mal, comme je diray. Son-dit Pere eut un Fils aisné, qui fut Duc de Gandie; & César Borgia fut le second, qui fut fait Cardinal, & eut le Chapeau de son Pere après estre créé Pape. Mais, se desgoustant de la Robbe, & ayant la Fantaisie dressée aux hautes Entreprises & Conceptions du Monde, il la quitta, & portant Envie à son dit Frere, que le Pere eslevoit de tout ce qu'il pouvoit en l'Estat temporel, il le fit une nuit, par des meschans Garnemens, ses semblables, & à ce appostez, tuer, & jetter dans le Tybre; dont le Pape en conçeut une extrême Fascherie, pour tel Scandale & misérable Tour. Il dissimula pourtant le Fait, & aida ce César en ce qu'il peut, pour le faire grand au Monde : dont il commença de plein Abord à exterminer

en

en la Romagne , & és Terres du Pa-
trimoine de Saint - Pierre , tous ces
petits Seigneurs particuliers & Tyrans,
qui pilloient & ruinoient tous leurs
pauvres Peuples & Sujets , par une
Infinité de Concuſſions , Rançonne-
mens , & Pilleries ; de - ſorte qu'enfin
ils les m'ena ſi bien & beau , qu'il
les réduiſit au petit Pas. Il réduiſit
auſſi en Subjection la Romagne , Boulogne , Ravenne , & Civita Caſtellana,
qu'il fortifia par le Moyen de ſon Pere de telle ſorte , & la Ville , & le
Chaſteau , que je penſe n'avoir veu
jamais Place de Terre ferme plus forte que celle - là. Si - bien que les Fer-
ruccis , qui auparavant la tenoient en
Subjection , n'oſerent oncques plus
revenir , ny lever la Teſte. Il remit
encore pluſieurs autres Places en l'Eſtat Eccléſiaſtique : & il ne ſe parla
oncques plus de ces petits Tyranneaux ;
dont l'Egliſe luy en eut cette bonne
Obligation.

A PROPOS de ces Tyranneaux, il
faut que j'en diſe ce Mot. Et en voulez - vous un plus grand , quaſi en ces
meſmes Temps , que Sigiſmond Mala-
teſta , Seigneur d'Arimini , grand Homme de Guerre certes , mais très · mal
conditionné ; qui , ne ſe contentant
de

de faire mille Maux aux Hommes, il s'addreſſa à ſes propres Femmes. La prémiere fut Fille du Comte Crimignolla, qui luy apporta un très-beau & grand Mariage, belle Dame & bien honneſte. Après ſon Pere mort, il la répudia : mais, paſſe celuy-là ; car, il fit mieux envers elle, qu'il ne fit à la ſeconde, qui eſtoit Fille de Nicolas d'Eſt, Duc de Ferrare, très-ſage Femme, bonne, & chaſte : il la fit mourir de Poiſon. La troiſieſme fut Fille de Franciſque Sforce, Duc de Milan, une très-belle Femme auſſi ; &, pour combler la Meſure de ſes Meſchancetez, il l'eſtrangla de ſes propres Mains.

Or, ſi la Fortune euſt ry autant à ce Valantin ſur la Fin, que ſur le Commencement, il ne faut pas douter, qu'il euſt tout gardé pour luy, & fait fort petite Part de tout ſon Butin à Monſieur St. Pierre, tant il eſtoit ambitieux & avare.

On dit que le Dragon ſe fait & ſe forme d'un gras Serpent, devorable qu'il eſt en dévorant & mangeant pluſieurs autres Serpens & Serpenteaux : &, pour ce, on donna à cedit Céſar pour Deviſe un Dragon dévorant pluſieurs Serpens, avec ces Mots : *Unius*

Com-

Compendium , alterius Stipendium (1).
Ainſi devint puiſſante & s'accreut jadis Rome par les Ruynes de la Ville
d'Albe ; & ainſi ledit Céſar devint
opulent & enrichy des Deſpouilles de
ces Tyranneaux : & on le pouvoit bro-
carder de meſme, comme fit le Roy
Louys XI une fois l'un de ſes Capitaines, qui en ſes Guerres avoit picoré
quelques Calices & vieilles Reliques
d'Egliſe , d'Or, & de Perles, & de
Pierreries, dont il fit faire un fort beau
& riche Collier , qu'il portoit ordinairement au Col.   Et ainſi qu'il parut un jour devant Sa Majeſté, & ſa
Cour, il y eut aucuns Courtiſans, qui
voulurent toucher ledit Collier en ſa
Préſence, le Roy s'eſcria auſſi - toſt en
leur diſant : *Hà ! n'y touchez pas.   Ce
ſont des Reliques : vous ſerez excom-
muniés.*   De meſme euſt - on peu dire
des Deſpouilles qu'avoit gagné ledit
Céſar , ſur l'Egliſe, qu'il fit paroiſtre
en pluſieurs Façons, & meſme en une
que je vay dire.

I L faut donc ſçavoir , que, lors
qu'il vint en France , pour eſpouſer
Mademoiſelle d'Albret , comme j'ay
dit ,

____

(1) C.-à-d. *Le Malheur de l'un fait le Bonheur
de l'autre.*

dit, & qu'il fit son Entrée à la Cour du Roy Louys douziefme, pour lors eftant à Chinon, (j'en ay trouvé & veu le Difcours dans le Tréfor de noftre Maifon, affez-bien efcrit, & en Rime telle quelle pour ce vieux Temps, & affez groffiere : &, pour ce, je ne m'en fuis icy voulu ayder, car elle pourroit importuner le Lecteur ; mais, je l'ay mife en Profe du plus clair & net Langage, où il eft dit) qu'il entra ainfi le Mercredy dix-huitiefme Jour de Décembre, mille quatre cents quatre vingt-dix-huit.

PRÉMIÉREMENT marchoient devant luy Monfieur le Cardinal de Ruan (1), Monfieur de Raveftain, Monfieur le Senefchal de Thoulouze, Monfieur de Clermont, accompagnés de plufieurs Seigneurs & Gentils-Hommes de la Cour, jufques au bout du Pont, pour luy faire Compagnie à fon Entrée. Devant luy, il y avoit vingt-quatre Mulets fort beaux, chargés de Bahus, Coffres, & Bouges, (ainfi porte l'Original,) couverts de Couvertures, avec les Efcuffons & Armes dudit Duc. Après encore venoient vingt-qua-

____

(1) Rouën, comme ci-après ; favoir George d'Amboife, Prémier Miniftre de Louïs XII.

quatre autres Mulets avec des Couvertures de rouge & jaune mi-parties :
car, ils portoient la Livrée du Roy,
qui estoit jaune & rouge ; comme j'ay
veu la Reyne Marguerite d'aujour-
d'huy, sa Petite-Fille (1), les porter
long-temps par ses Pages & Laquais.
Puis après suivoient douze Mulets
avec les Couvertures jaunes de Satin,
barrées tout à travers. Puis venoient
dix Mulets ayant Couvertes de Drap
d'Or, dont l'une Barre estoit de Drap
d'Or frizé, & l'autre ras : qui font en
tout soixante & dix par compte. Quand
tout les Mulets furent entrez dans la
Ville, ils montérent tous au Chasteau.

Et après vindrent seize beaux grands
Coursiers, lesquels on tenoit en main,
couverts de Drap d'Or rouge & jaune, ayans leurs Brides à la Gennette,
& à la Coustume du Pays, comme dit
l'Original. Item après cela venoient
dix-huit Pages, chacun sur un beau
Coursier, dont les seize estoient vestus
de Velours cramoisy, & les deux autres de Drap d'Or frisé. Pensez que
c'estoient, disoit le Monde, ses deux
Mignons, pour estre ainsi plus braves
que les autres. De plus, par six
La-

(1) Arriere-Petite-Fille.

Laquais estoient menez, comme de ce Temps l'on en usoit fort, six belles Mules, richement enharnachées de Selles, Brides, & Harnois, tous complets, de Velours cramoisy, & les Laquais vestus de mesme.

En après venoient deux Mulets portant Coffres, & tous couverts de Drap d'Or. Pensez, disoit le Monde, que ces deux-là portoient quelque chose de plus exquis que les autres, ou de ses belles & riches Pierreries pour sa Maistresse & pour d'autres, ou quelques Bulles ou belles Indulgences de Rome, ou quelques saintes Reliques, disoit ainsi le Monde. Puis après venoient trente Gentils-Hommes, vestus de Drap d'Or & de Drap d'Argent. C'estoit une trop petite Trouppe, disoit la Cour, veu le grand Attirail précédent. Il en faloit, pour le moins, cent on six vingts, les uns vestus à la Mode de France, & les autres à celle d'Espagne.

Item, il y avoit trois Menestriers, c'est à sçavoir deux Tambours & un Rebec, dont l'on usoit fort en ce Temps-là, comme aujourd'huy font les grands Seigneurs d'Allemagne & les Généraux d'Armées, qui usent de leurs Tymballes quand ils marchent, que l'on l'on appelle *Heerpauque* en Allemand: ainfi que fit le Baron d'Ome (*a*) par grande Oftentation ; mais, ce brave & grand Monfieur de Guife les luy caf-fa, & en fit taire le Son à fa grande Honte. J'ay veu auffi ce grand Roy de Navarre, Antoine, Pere de noftre Roy, en ufer de mefme, à l'Imitation d'Allemagne, lors qu'il fut Lieute-nant - Général du Roy Charles neuvief-me, quand il marchoit ; ce qu'il fai-foit beau voir à la Guerre, fonnant tousjours devant luy : & cela nous don-noit beaucoup de Plaifir en Chemin, qui nous foulageoit d'autant. On di-foit, que le Duc de Saxe luy en avoit fait Préfent. Et, pour retourner en-core à la Mufique dudit Céfar Borgia, ces deux Tabourineurs de cy - deffus eftoient veftus de Drap d'Or, ainfi qu'eftoit la Couftume de leur Pays, dit le Texte de l'Original, & leurs Rebecs accouftrez de Fil d'Or ; & auffi les Inftrumens eftoient d'Argent avec des groffes Chaines d'Or : & alloient lefdits Meneftriers entre lefdits Gen-tils - Hommes & le Duc de Valenti-nois, fonnans tousjours.

I T E M, quatre Trompettes & Clai-rons

______

(*a*) Lifez de Dhona.

rons d'Argent, richement habillés,
sonnans tousjours de leurs Instrumens.
Il y avoit aussi vingt-quatre Laquais,
tous vestus de Velours cramoisy my-
party de Soye jaune ; & estoient tous
autour dudit Duc, auprès duquel estoit
Monsieur le Cardinal de Roüen, qui
l'entretenoit.

Quant audit Duc, il estoit monté sur un gros & grand Coursier, har-
naché fort richement, avec une Robbe de Satin rouge & de Drap d'Or
my-party, je ne puis pas bien com-
prendre quant à moy cette Estoffe (a),
& brodée de force riches Pierreries
& grosses Perles. A son Bonnet estoient doubles Rangs de cinq ou six
Rubis, gros comme une grosse Fe-
ve, qui monstroient une grande Lueur.
Sur le Rebras de sa Barette y avoit
aussi grande Quantité de Pierreries,
jusques à ses Bottes, qui estoient toutes lardées de Cordons d'Or, & bor-
dées de Perles.

Et un Collier, pour en dire le Cas,
Qui valoit bien trente mille Ducats.

Ainsi

(a) Apparemment que cette Robe étoit à Bandes, l'une de Drap d'Or, & l'autre de Satin
rouge.

Ainſi dit la Rime dudit Eſcrit.

Le Cheval, qu'il montoit, eſtoit tout chargé de Feuilles d'Or, & couvert de bonne Orfevrerie, avec force Perles & Pierreries. Outre cela, il avoit une belle petite Mule pour ſe pourmener par la Ville, qui avoit tout ſon Harnois, comme la Selle, la Bride, & le Poitrail, tout couvert de Roſes de fin Or eſpais d'un Doigt.

Et, pour faire la Queuë de tout, il y avoit encore vingt-quatre Mulets, avec des Couvertes rouges, ayans les Armoiries dudit Seigneur ; avec auſſi force Cariage de Chariots, qui portoient force autres Beſoignes, comme des Lits de Campagne, de la Vaiſſelle, & autres Choſes.

Ainſi entra, pour avoir grand Renom,
Ledit Seigneur au Chaſteau de Chinon,

Ce dit la Rime.

Voilà l'Equippage du Galant (a),
dont

(a) *Galant*, Synonime de *Valentin*, comme on appelloit communément le Duc de Valentirois, l'eſt auſſi de *Drôle*, de celui dont on dit qu'il a mangé le Lard. Frere Jean, L. 4. C. 32. de Rabelais, après avoir ouï faire le Portrait du Carême prenant. *Voila le Gualland, c'eſt mon Homme, c'eſt celui que je cherche, je lui vais mander un Cartel.*

dont je n'ay rien changé du Sens de l'Original.

Le Roy, eſtant aux Feneſtres, le vit arriver : dont il ne faut pas douter, qu'il ne s'en mocquaſt, & luy & ſes Courtiſans, & qu'ils ne diſſent, que c'eſtoit trop pour un petit Duc de Valentinois.

Je croy que le Roy Louys XI en euſt bien dit ſon Mot, & l'euſt bien brocardé avec ſa Robbe de Bure, & ſon Chappeau de Laine velu, & avec ſon Image de Plomb de Noſtre - Dame, qui y eſtoit attachée : &, ſur cette Vanité de Parade, je m'en vay faire une petite Digreſſion, dont il me ſouvient.

Noſtre dernier Roy, Henry troiſieſme, faiſant un jour la Diete à Saint Germain en Laye, où il s'eſtoit retiré à part hors de ſa Cour, qu'il avoit laiſſée à Paris avec la Reyne ſa Mere; & moy y eſtant un jour, pour luy demander un petit Don, duquel on m'avoit donné Advertiſſement; il me fit cet Honneur de me laiſſer entrer en ſa Chambre à ſon Diſner, & l'Huiſſier luy en ayant demandé Congé, ainſi qu'il le permettoit à pluſieurs, & non à tous, je le vis diſner : où eſtoit Monſieur d'Arques, ne faiſant qu'entrer

M 2

trer

trer en Faveur, depuis appellé Monfieur de Joyeufe. Durant fon Difner, il fe mit à parler de la grande Defpenfe, que faifoient les Gentils-Hommes de fon Royaume, & principalement ceux de fa Cour; que, bien qu'il fift de grands Dons à fa Noblefle, & non pas encore tant qu'il voudroit, que pourtant il ne faloit pas qu'elle en abufaft, & qu'elle mift tant en Defpenfes fi fuperflues & exceffives qu'elle faifoit, tant pour les Habillemens, que pour les grands Trains de Suite, de Chevaux, d'Oifeaux, de Chiens, & d'autres Chofes. Car, il faloit efpargner au bon Temps de la Paix: & quand il viendroit un Voyage, & quelque bonne Affaire de Guerre, il faloit alors defpenfer bien à propos, en luy faifant Service & à tout le Royaume. Et, fur ce, s'addrefla à Monfieur d'Arques, luy remonftra & le réprima de ce qu'il avoit d'ordinaire quatre Mulets, tant de grands Chevaux, Courtauts, Oifeaux, & Chiens, & qu'il faloit fe retrancher deformais de tout cela: &, fur ce, il luy allégua le Train du Roy Charles fon Frere & luy, l'un eftant Duc d'Orléans, l'autre eftant Duc d'Angoulefme, qui n'avoient tous deux que fix Mulets

&

& quatre petites Hacquenées pour leurs Montures , & demie - douzaine de Courtauts pour leurs Escuyers. Il allégua aussi avoir ouy dire à la Reyne sa Mere , que le Roy François son Grand - Pere , qui commença les Pompes & Magnificences , n'eut jamais que douze Mulets , tant de sa prémiere que de sa seconde Chambre : & que Monsieur le Dauphin , avant qu'il fust marié , n'en avoit que quatre ; & puis luy , & Madame la Dauphine , en eurent dix. Monsieur d'Orléans aussi n'en eut pas plus que quatre : mesme , il dit que son Train estoit trop grand , & qu'il le vouloit retrancher. Bref , le Roy en fit un ample Discours , addressant tousjours sa Parole à Monsieur d'Arques , d'une si belle Façon & Grace (car il l'avoit très-bonne , avec l'Eloquence qui luy estoit fort familiere ,) qu'un chacun des Assistans admira & loüa fort cette Remonstrance , qui estoit fondée sur la Vérité & sur des bonnes Raisons ; non pas sans que ledit Sieur d'Arques en rougist , & n'en fust un peu estonné.

Aucuns disoient : *Qui eust jamais cru , que ce grand Roy , remply de toute Grandeur, Libéralité , & Magnificence, se*

fust

fuſt mis ainſi ſur l'Oeconomie, ou ſur
le Reglement & la Parcimonie! Ah!
que cela ne dura guéres: il eſt trop
généreux, libéral, & magnifique. Comme de vray, il ne put commencer en
luy, pour donner Exemple aux autres, ny regler Monſieur d'Arques,
ny ſes autres Favoris : car, il les
remplit de ſi grands Dons & Bienfaits, qu'un ſeul d'eux avoit & menoit
plus grand Train, que ne firent jamais
les Roys François, Henry, & autres
Enfans de France.

Si ce grand Roy euſt fait ce Reglement, il euſt fait beaucoup pour
luy, & pour ſa Nobleſſe. Car, quelle
Raiſon, que tant de Seigneurs, & petits & grands, veulent imiter les
Princes du Temps paſſé, voire les
ſurpaſſer? Nous en voyons à la Cour
par milliers. Je me ſouviens, moy
eſtant petit Garçon, nourry en la
Cour de cette grande Reyne de Navarre, Marguerite, (ſous ma Grand-
Mere, ſa Dame d'Honneur, & Seneſ-
challe de Poictou,) ne luy avoir jamais veu que trois Mulets de Coffre,
& ſix de ſes deux Littieres, la prémiere & la ſeconde: bien avoit-elle
trois ou quatre Chariots pour ſes Filles.

les. Aujourd'huy, on ne se conten-
te pas de si peu , ny Hommes , ny
Femmes. Mais, c'est le moindre de
mes Soucis : bien qu'on me pourroit
objecter, d'avoir fait cette Digression.
Je ne l'ay faite , que pour autant dé-
primer la Vaine - Gloire & la Bomban-
ce sotte de ce Duc de Valentinois ;
auquel pour retourner, je veux conter sa Fin.

APRÈS qu'il en eut bien fait des
siennes , & usé de ses Tours incons-
tants & peu asseurez de sa Foy, il
se fit hayr à nostre Roy , qui estoit
son principal Appuy , & puis au Pape
Jule : & ne sçachant où se recourre ,
il envoya au grand Capitaine Consalve , pour luy demander un Passeport
& Saufconduit, pour l'aller trouver
en Seureté à Naples , & pour conférer avec luy de beaucoup de belles Choses. L'autre le luy envoya
fort librement bon & ample, où estant, & luy proposant de grands Desseins pour s'emparer de toute la Toscane , un jour luy ayant donné le
Bon - Soir en sa Chambre pour se retirer en la sienne , & ledit Consalve
l'ayant embrassé de bon Cœur par un
beau Semblant, aussi - tost en sortant
de la Chambre il fut constitué & re-
M 4

tenu

tenu prisonnier dans le Chasteau, &
Consalve envoya à l'heure-mesme en
son Logis oster & prendre le Saufconduit, qu'il luy avoit donné auparavant, (il n'estoit point besoin de
faire cette Cérémonie:) &, pour Ex-
cuse, ledit Consalve dit, que le Roy
Ferdinand son Maistre luy avoit mandé, & commandé, de le tenir prisonnier, & que son Commandement pouvoit plus que son Saufconduit; parce
que la Seureté, qui se bailloit de l'Au-
thorité du Serviteur, ne valoit rien, si
la Volonté du Maistre ne la ratifioit.
Mesme il luy reprocha, que, ne se
contentant pas de ses Meschancetez
passées, il alloit allumer (selon les
Desseins qu'il avoit entendu de luy)
un Feu, qui alloit embraser & ruiner
toute l'Italie. Quelle Conscience de
ce grand Capitaine Consalve, & sur
quoy fondée! Car, s'il l'eust peu sur-
prendre autrement, pour luy, & pour
son Maistre, il l'eust fait sans doute,
& sans aucun Scrupule.

En ces Saufconduits plusieurs y
doivent bien regarder, comment ils se
donnent, & se reçoivent. J'en fais
un Discours sur ce Sujet, en celuy
de Monsieur de Nemours Jacques de
Savoye (1). Enfin, il n'y a que de les
avoir

(1) Tome VIII, Art. LXXI, pag. 1 &c.

avoir des Roys, Supérieurs, & grands Souverains; car, ils font fujets à révoquer ceux que leurs Serviteurs donnent: & fe doivent regler à un Trait que fit le Duc Sforce, le dernier Duc de Milan, lequel, banny de fon Eftat & réfugié à Venize, obtint, par le Moyen du Pape, des Vénitiens, & d'autres de fes Amis, un Saufconduit de l'Empereur, pour le venir trouver à Boulogne à fon Couronnement, fans fe fier à aucun que luy euft peu donner Anthoine de Leve, pour lors Gouverneur de l'Eftat, ou autre de fes Capitaines: &, ainfi qu'il fit la Révérence à Sa Majefté, il dît: *Voilà mon Saufconduit, qu'il vous a plu me donner pour venir à vous, & me jetter à vos Pieds, pour vous rendre Compte de mon Ignorance. Lors que je vous le demanday, ce n'eft point pour aucune Meffiance que j'euffe de vous, & de voftre généreufe Bonté, Vertu, & Miféricorde; mais, je me deffiois de vos Capitaines & Généraux, qui m'ont fait tant de Tort, & m'en euffent fait de mefme, m'eftant mis en Chemin fans voftre Seureté: bien qu'ils me vouloient donner la leur; mais, j'ay eu plus de Fiance en la voftre. A cette Heure, que je fuis auprès de Voftre*

M 5

Im-

*Imperiale Personne & Sacrée Majesté,
je ne crains rien, & n'ay plus besoin
de Saufconduit ; &, pour ce, je vous
le rends : me te nanten toute Franchise,
puis que je suis auprès de vous.* L'Empereur trouva ce Trait fort beau, &
l'en ayma davantage, & luy remit sa
Duché, qu'il ne garda guéres ; car, il
mourut tost après, comme j'ay dit ailleurs : & il fit encore plus ; il luy
donna une très - belle & honneste Femme, Christine de Dannemarc, l'une des
belles & honnestes Dames du Monde,
dont je parle ailleurs (1).

VOILÀ comme le Saufconduit de
l'Empereur servit bien à ce Duc, &
celuy de Consalve mal au Duc de Valentinois. Pourtant, il n'est que de bien
tenir sa Foy, en quelque Façon que
ce soit, pour régner : mais, pour oster
la Vie à un pauvre Diable desjà abbattu de la Fortune, ou luy faire espouser une Prison perpétuelle, comme
vouloit faire le Roy d'Arragon. Par
ainsi, Consalve fit mal, & il y alla de
sa Réputation : car, l'Honneur d'un
grand Capitaine, voire de tout autre,
est un grand Cas ; & là où il marche,
il faut fermer les Yeux à tout, si ce
n'est qu'on veuille s'armer du Dire,

que

(1) Tom. I, Discours VIII, Art. V, pag. 484.

que c'eſt la Raiſon, par la Volonté-
meſme de Dieu, qu'à celuy qui rompt
ſa Foy, on la luy peut rompre ſans
Reproche. Ainſi que ce Valentin fut
fort touché de ce Vice en ſon Temps
en pluſieurs Endroits, deſquels, ſans
en alléguer beaucoup, je ne diray que
celuy qu'il fit au petit Roy Charles
huitieſme, en allant à Naples, luy
ayant juré & donné ſa Foy ſi inviolable, avec celle de ſon Pere le Pape
Alexandre, il la luy rompit & la quitta tout à plat. Encore un autre plus
grand & plus énorme fit-il, c'eſt
qu'ayant aſſiégé Aſtor, Seigneur de
Faenza, dans cette ſienne Ville, &
l'ayant priſe par Compoſition, la Vie
& Bagues ſauves de luy & des ſiens;
ſous ombre d'un bon Traitement pour
quelques Jours, & après en avoir a-
buſé & l'avoir vilainement gaſté, comme eſtant d'une extrême Beauté & encore jeune Garçon, il le fit ſécréte-
ment mourir, & pluſieurs autres des
ſiens. Quelle Vilainie! Ainſi Bajazet,
ayant pris Conſtantinople, après avoir
abuſé & violé l'Impératrice & ſes Filles, & les ayant proſtituées à d'autres, il les fit puis après auſſi mourir
meſchamment.

VOILÀ comme il en prit à la fin

à

à ce Valentin ; lequel, ayant tant de fois rompu fa Foy & aux uns & aux autres, Dieu voulut qu'on luy en fift de mefme ; & je croy, que fa Vie euft couru Fortune, ce me dit une fois un vieux Bon-Homme, Maiftre de la Pofte de Medina del Campo, lequel, me monftrant la Roque, où avoit efté emprifonné ledit Valentin, & ferré fort eftroitement, il me dit : *Señor, por a qui fe falva Cefar Borgia por gran Milagra* (1). Comme de vray ce fut un grand Miracle. Car, s'eftant fubtilement dévalé par une Corde de ce grand Précipice (*a*), il s'enfuyt au Royaume de Navarre, vers le Roy Jean fon Beau-Frere ; & ce fut un grand Cas auffi de s'eftre ainfi fauvé par le beau Milieu de toute la Caftille. Toutesfois, le Maiftre de Pofte me dit auffi, que quelque fien Efprit familier y avoit opéré & l'y avoit aidé,

(1) C.-à-d. *Monfieur, par-là fe fauva très-miraculeufement Cefar Borgia.*

(*a*) On contoit la Chofe autrement à Rome. C'eft que certain Moine étant venu trouver en Prifon le Valentinois, qui demandoit un Confeffeur, le Prifonnier tua ce Moine, & fe fauva déguifé des Habits du Mort. Voyez, *Luth. Colloq.* &c. §. 63, de la 2. Part.

dé, comme on tenoit pour lors en Castille qu'il en avoit un.

Estant donc en Navarre comme desespéré, le Roy Louys douziesme ne le voulant plus recevoir, pour ne desplaire au Roy d'Arragon, & parce qu'il estoit mal-content de luy, il se mit à faire la Guerre contre l'Espagnol au Camp de Viane, Place du susdit Royaume, où il fut tué d'une Zagaye, par les Ennemis sortans d'une Embuscade, non sans avoir bravement & vaillamment combattu. En quoy furent trompez plusieurs François, Italiens, & Espagnols, de ce qu'il avoit fait une si belle & honorable Fin, là-où l'on pensoit qu'il en deust un jour prendre une misérable & honteuse par l'Espée de Justice, pour expier les grands Maux & les Cruautez, qu'il avoit fait en sa Vie. Il est à présumer, que Dieu eut Miséricorde de luy, par quelque Repentance qu'il en fit. Ainsi, sa Bonté toute divine s'estend aussi-bien sur les mauvais que sur les bons, selon qu'ils la reclament & font Repentance.

Or, pour finir ces derniers Propos contre ces Violateurs de Foy, je m'en vay rapporter une Action admirable

 du

du Pape Sixte, le plus redouté Pape pour la Juſtice en toute l'Italie ; duquel & de ſa Sœur ayant eſté fait un Paſquin, ſur ce que ledit Paſquin veſtu d'une Chemiſe fort ſale ſe plaignoit qu'elle n'eſtoit point blanche, & que ſa Lavandiere l'avoit quitté pour ſe faire Ducheſſe. Il diſoit cela, parce qu'il n'y avoit pas longtemps que la Sœur du Pape avoit eſté Lavandiere, comme de vray il avoit raiſon de l'annoblir. Le Pape en fut ſi en Colere, qu'il fit faire un Ban, que quiconque ſçauroit l'Autheur de ce Paſquin, ou l'auroit fait luy-meſme, en le luy révélant, qu'il luy donneroit la Vie ſauve, & dix mille Eſcus. L'Autheur fut ſi impudent, & ſi deſireux du Gain, que luy-meſme ſe vint accuſer à Sa Sainteté, & luy alla dire franchement qu'il l'avoit fait, & demander ſon Salaire promis par le Ban. Le Pape, le regardant, luy dit : *C'eſt la Raiſon. Ce que je t'ay promis, je te le tiendray ; &, pour ma Vie, je ne voudrois pas te fauſſer ma Foy. Parquoy, je te donne la Vie ; & viſte, qu'on luy donne dix mille Eſcus : mais auſſi, ce que je ne t'ay pas promis, je te le tiendray ; qui eſt, qu'on te coupe le Poing & la Main qui a ſi mal*
eſ-

eſcrit, afin qu'il te reſſouvienne de n'eſcrire jamais plus de paroles ſi ſcandaleuſes & touchant de ſi près. Pluſieurs grands Perſonnages n'euſſent pas ſi eſtroitement, en un tel Fait ſi ſcandaleux & injurieux, gardé leur Parole : &, pour ce, il faut loüer ce grand Pape, monſtrant en cela, qu'il importe beaucoup ſouvent à garder & rompre ſa Foy, & qu'il y va de la Conſcience, & de la grande Conſéquence de l'Honneur, d'aller à l'encontre ; ainſi que j'en fais un Diſcours ailleurs, aſſez beau, & remply de beaux & bons Exemples de nos Temps.

DISCOURS QUARANTE-NEUVIESME,

JEAN-JAQUES TRIVULCE.

LE Seigneur JEAN-JACQUES TRIVULCE fut un grand Capitaine Italien, toutesfois très-bon François, & qui fit de très-grandes Monſtres d'Armes pour le Service de la France, mais pourtant mal reconnu du
Roy

Roy François prémier ; qui, ayant conçeu quelque léger Soupçon contre luy, par la Suscitation de Monsieur de Lautrec, qui luy porta de l'Envie, & le desfavorisa fort de ses Bonnes-Graces : de telle façon, que ledit Roy estant un jour à Chartres, & par un matin retournant de la Messe, s'estant fait porter ledit Jean-Jacques dans une Chaire (parce qu'il estoit fort boiteux, goutteux, & âgé de quatrevingts Ans, comme aussi fort cassé de grandes Courvées de Guerre, qu'il avoit fait & souffert en sa Vie) ainsi que le Roy vint à passer sans faire semblant de l'avoir veu, ledit Jean-Jacques s'escriant luy dit : *Sire, ah !* *Sire, au moins un Mot d'Audience !* le Roy, tournant la Teste de l'autre costé, ne voulut ouyr. Dont ce Bon-Homme conçeut un si grand Despit, que de-là il s'alla jetter dans le Lit, & n'en releva jamais jusques à ce qu'il fut mort. Et comme, durant sa Maladie, on en dit la Cause au Roy, touché en sa Conscience, il l'envoya visiter ; mais, pour toute Response il dit : *Hélas ! il n'est plus temps. Le Desdain, duquel il a usé envers moy, & mon Despit, ont desjà fait leur Opération en moy. Je suis mort.* Le Roy en fut puis après fort marry, & s'excusa cufa fort de ne l'avoir bien reconnu en fes Services notables, qu'il avoit faits aux Roys Charles huit , Louys douze, & à luy-mefme.

MONSIEUR de Lautrec fut caufe de fa Desfaveur, comme j'ay dit, par le Moyen de Madame de Chafteau-Briand, fa Sœur, que le Roy aimoit. Auffi, quelque temps après, Dieu permit qu'il euft fa Venuë, après qu'il eut perdu l'Eftat de Milan : &, tout ainfi que le Roy ne fit Cas dudit Jean-Jacques, & le defdaigna tant, de ne vouloir parler à luy, de mefme le Roy en ufa envers Monfieur de Lautrec ; car, voulant faire fes Excufes de la Perte de Milan, Sa Majefté ne le voulut voir, ny ouyr, que par feconde Perfonne au commencement, & puis après il parla à luy tellement quellement.

AINSI, ces deux Perfonnes furent traittées de mefme Façon, felon la Volonté de Dieu. Mais, à l'un le Defpit luy tranfperça le Cœur, dont il mourut : & l'autre traifna quelque temps après, non fans en porter longuement le Defpit & le Defdain en l'Ame ; car, ces deux Sujets font deux Maux certes incurables à un Homme généreux.

CE

Ce brave Capitaine, donc, le Seigneur Jacques, mourut ainſi : & on dit de luy, que, lors qu'il voulut mourir, il avoit ouy dire à quelques Philoſophes, que les Diables hayſſoient fort les Eſpées, & en avoient grande Frayeur, & s'enfuyoient quand ils les voyoient blanches en l'Air, & flamboyer. Tel fut l'Advis de la Sibille, quand elle mena Eneas aux Enfers, & qu'elle le vit à l'Entrée de la Porte avoir Peur de Meſſieurs les Diables. „ Non non„ , dit elle, „ n'aye point de Peur : tire ſeule- „ ment ton Eſpée ; *Vaginâque eripe* „ *Ferrum.* „ Auſſi ledit Seigneur Jean- Jacques, fondé ſur telle Opinion, lors qu'il voulut mourir, il ſe fit mettre ſon Eſpée ſur le Lit toute nûe auprès de luy, & tant qu'il peut, il la tint au lieu de la Croix, laquelle luy ſervoit d'autant : & auſſi, afin que cependant qu'elle renvoyeroit les Diables, luy voyans ainſi en la Main, & ayans Peur, ils ne s'approchaſſent de luy pour luy enlever & emporter ſon Ame avec eux ; &, par ainſi, que ne s'oſans approcher de luy , elle euſt loiſir de s'eſchapper & paſſer par la Porte de derriere, & s'envoler viſte en Paradis. L'Invention & la Ruſe n'en euſt

pas

pas esté mauvaise, s'il eust peu tromper de cette Façon ces Messieurs les
Diables, qui se meslent de tromper les
pauvres Humains.

VOILÀ donc ce grand Capitaine
mort, ayant ordonné que son Corps
fust porté à ensevelir à Milan; ce qui
fut fait, & fort honorablement sur sa
Sepulture fut mis : *Hic quiescit qui
nunquam quievit ;* c.-à-d. *Icy repose
celuy qui ne reposa jamais.* Monsieur
de Montluc, après sa Mort, & sur son
Exemple, a pris cette Devise, ainsi
qu'on la voit dans son Livre.

L'OCCASION principale, qui esmeut le Roy à disgracier ledit Jean-
Jacques, fut qu'il s'estoit fait reçevoir
Bourgeois des Cantons des Suisses (a).
Que pouvoit-il moins faire, qu'ayant
perdu la Bonne-Grace & l'Appuy de
la France, il faloit qu'il en cherchast
ailleurs. Mais, le Roy le connois-
sant Homme prompt, remuant, & de
peu de Repos, il craignoit qu'il ne fist
quelque mauvais Remuement, avec ces
Gens prompts & légers de ce Temps-
là, contre luy & sa Duché de Milan;
vol-

(a) Voyez f. 55. v. 57. & 75. du Recueil
de Ruscelli, de la Traduction de Belle-Forest,
imp. 1574. dans les Lettres du Légat *Bibiene.*

voire au Cœur de la France. S'il se
doutoit de cela, il avoit Occasion de
se deffier de luy.

Le Roy Louys douziesme n'en eut
pas telle Deffiance, quand il luy donna le Gouvernement absolu de sa-dite Duché. Et, quand on luy remons-
tra, qu'il faisoit une Faute de donner une telle Charge à un Homme estranger, & qui estoit de la Patrie-mes-
me, sur une nouvelle Conqueste; il
respondit, qu'il se sentoit si asseuré
de sa Fidélité & Preudhommie, qu'il
avoit desjà si bien manifestée au Roy
Charles huitiesme, qu'il croyoit fort
bien qu'il ne luy feroit pas des Faux-
Bonds : & quand bien il l'entrepren-
droit, il se tenoit assez courageux &
puissant, pour luy rompre la Teste,
& au Duc de Milan, s'il se conféroit
avec luy. Davantage, le Naturel de
ce Roy estoit fort enclin à l'aymer,
& il avoit grand Crédit auprès de Sa
Majesté : jusques-là, que le Roy le fit
son Compere, ayant tenu sur les Fonts
sa seconde Fille, Madame Renée de
France, depuis Duchesse de Ferrare ;
ce qui luy fit un tel Honneur, qu'un
des plus grands Princes de la Chrestienté s'en fust fort contenté, & fort
glorifié.

Voi-

VOILÀ enfin ce grand Capitaine, après plusieurs beaux Exploits, faits de sa Main & de sa Cervelle, mort en l'Age de quatre-vingts Ans.

✻✻✻✻✻✻✻✻✻✻✻✻✻✻✻✻✻✻✻✻✻✻

DISCOURS CINQUAN-TIESME,

THÉODORE TRIVULCE.

IL eut un Cousin, qui fut THÉO-DORE TRIVULCE, Marquis de Pisegueton (1), Général du Roy d'Espagne prémiérement, puis des Vénitiens, & en après du Roy François prémier ; qui, pour ses Valeurs & Mérites, commanda pour le Roy en Italie, & fit si bien que le Roy le fit Chevalier de son Ordre, & puis Mareschal de France, en après Gouverneur de Lyon, comme l'avoit esté aussi auparavant Jean-Jacques : & tous deux se comportérent si bien en cette derniere Administration de Ville, que le Peuple en demenra fort content.

Ce

(1) Pizighitone.

Ce Théodore mourut le mefme Jour de
fa Nativité, âgé de foixante & quinze
Ans. Le Roy luy fit de grands Biens,
& à fon Frere le Cardinal Trivulce,
lequel il fit auffi Evefque de Périgueux.

***

DISCOURS CINQUANTE ET UNIESME,

LE PRINCE DE MELFE.

MONSIEUR LE PRINCE DE
MELFE a efté certes un bon
& fage Capitaine, bien renommé parmy les fiens & les noftres. Il fut de cette
grande Maifon de Carraciolle, faite par
la Reyne Jeanne feconde de Naples, qui
advança le Seigneur Carraciolle, dont
eft forty le fufdit Prince. Elle le fit
fon grand Sénéfchal, & l'ayma par
deffus tous fes Favoris. J'en parle
en la Vie de ladite Jeanne, felon l'Hiftoire de Naples; & puis elle le deffit, fans que j'en parle plus (1).

POUR

(1) Voïez ci-deffus, Tome I, Difc. VII,
Art. II, pag. 126, & 143 & 4.

Pour venir donc à noftre Prince Carraciolle, Monfieur de Lautrec, en fon Voyage de Naples, envoya Dom Pedro de Navarre affiéger fa Place de Melfe, comme j'ay dit cy-devant, où eftoit ledit Prince enfermé, pour l'affeurer mieux, avec fa Femme & fes Enfans. Il y fouftint le Siege fi vaillamment, & les Affauts qu'on luy donna, qu'enfin il y fut pris au dernier Affaut. On dit, & il fe lit, que cette Prife caufa bien la Mort à cinq mille Perfonnes.

Les autres Places, à cet Exemple, craignant pareil Carnage, fe rendirent toutes, fors que Naples, Gayette, & Manfredonia, & quelques autres petites-Places de la Mer, fort efloignées du Camp.

Ce Prince pris, fes Biens & Moyens pris, pillés, & faccagés, comme fa Place, il eut Recours à l'Empereur pour payer fa Rançon, qui la refufa, & luy en fit de mefme que fon Ayeul fit à Dom Pedro de Navarre. Que pouvoit donc moins faire ce brave Prince, après avoir fi bien fait, combattu, battaillé, & efté mal reconnu, que d'avoir Recours au Roy fon Ennemy, & fe reconcilier avec luy ? Lequel

quel le reçeut très-humainement, le
remit en sa Grace, luy donna sa Rançon, luy fit des Biens tant à luy qu'à
ses Enfans, en Biens d'Eglise & autres, & se servit de luy : qui, de son
Costé, point ingrat, le servit aussi très-
bien aux Guerres de France, & mesme en la Duché de Luxembourg (1)
en la Ville d'Arles, qu'il tint à la
Barbe de l'Empereur, au Voyage de
Provence, & luy fit recevoir la Honte entiere, pour avoir entrepris ce
Voyage, par l'Advis & Mocquerie
qu'il donna à Antoine de Leve, qu'il
se donnast bien garde de s'amuser au
Piedmont, & d'attaquer Thurin, comme c'estoit son Dessein ; ains, qu'il ti-
rast droit en France, & se ruast sur la
Provence ; que jamais il n'y avoit fait
si beau, & si bon ; & luy alléguant
des Raisons si belles & péremptoires,
que ledit Antoine y prenant Goust,
pensant qu'il en parlast à bon escient,
pour faire son Accord avec l'Empereur : par ce Moyen, il le creut, & y
fut si bien trompé & mocqué, qu'il en
mourut de Despit, voyant que ses Affaires alloient tout à rebours, à Aix,
& qu'il n'avoit peu atteindre Saint-De-
nis

(1) *ajoutez*. &

nis en France, où il avoit proposé d'estre enterré; mais, ce fut en celuy de Milan. J'en parle ailleurs (1).

CERTES, ce Prince fit-là deux bons Services au Roy, celuy-là, & la Garde d'Arles: où il eut bien de l'Affaire pourtant par le Dedans, à cause de la Sédition des Soldats, qui s'y esmeut; où il monstra bien, qu'il estoit un très-sage & politique Capitaine. Voyez-en nos Histoires. Du depuis, il servit bien en plusieurs Endroits de la France, & sur-tout en la Duché de Luxembourg, comme j'ay dit.

ENFIN, pour ses Mérites, le Roy le fit Mareschal de France, Capitaine de cent Hommes d'Armes, Chevalier de son Ordre, & son Lieutenant Général en Piedmont, où il trouva certes bien de la Besogne taillée parmy les Bandes des Gens-de-Pied, qu'il trouva fort desreglées, si-bien qu'elles ressembloient mieux des Bandes de Brigands, que de Soldats, encore que ce grand Monsieur de Langeay y eust passé & mis quelque Reigle & Police; mais, ils avoient discontinué un peu de temps. Il y mit donc si bon Ordre & une Discipline si rigoureuse, que, puis après, la Mi-

____

(1) ci-dessus, I Part., Discours X., pag. 159.

Milice de par de-là sembloit mieux une Escole bien reformée de sages Escoliers, que de Soldats.

Ce que sçeut très-bien faire après luy Monsieur le Mareschal de Brissac, comme j'en parle ailleurs. Si bien que j'ay ouy dire d'une Punition d'un Soldat, qui avoit pris une Poulle à un Vivandier, laquelle on luy fit manger toute rostie avec la Plume. Je ne sçay s'il est vray; mais, cela estoit impossible. Et un autre Soldat, de qui un Barbet avoit pris une Poulle en cheminant, eust esté passé par les Piques, sans qu'il prouva que son Goujat, qui le menoit, l'avoit laissé eschapper.

Ainsi le brave Capitaine Maisieres (1), dont je parle ailleurs, qui fut défait en la Conjuration d'Amboise, ayant rencontré une Trouppe d'Oisons, en se joüant & riant il leur demanda, s'ils ne vouloient point venir soupper avec luy? Il luy sembla, (où il le fit accroire,) qu'ils luy avoient respondu en leur Jargon & en piolant, *Ouy, ouy, ouy;* comme de vray, à les ouyr pioler, on diroit qu'ils disent *Ouy, ouy:* il en prit deux, & les mena

na

---

(1) Mazeres.

na foupper avec luy. Il fut pris &
mené dans le Chafteau de Thurin, &
y demeura quinze Jours prifonnier.
Et il y euft demeuré plus long-temps,
fans qu'on trouva le Trait plaifant &
de Rifée, & auffi d'autant qu'il avoit
l'Humeu fort bizarre; très-brave Soldat, pourtant.

DE mefme un Corporal, n'ayant
pas pofé fes Sentinelles, comme il devoit; & l'un (1) penfoit, qu'il alléguaft
fes Raifons bonnes, meilleures poffible
que fon Capitaine ne pouvoit produi-
re: il fut arquebufé, eftant armé de
toutes fes Armes. Encore cettuy - là
paffe; car, il ne faut jamais aller contre le Commandement de fon Capitaine, ny entreprendre fur luy, encore
qu'on faffe mieux que luy.

JE conterois plufieurs autres Ri-
gueurs & Punitions, faites en Piedmont fous ce Prince, & fous Monfieur de Briffac, qui vint après; mais,
je n'aurois de long-temps fait : toutes
fois, j'en dis d'autres ailleurs.

OR, avant que ledit Monfieur le
Prince allaft en Piedmont, le Roy l'envoya en Guyenne, & fur-tout à Périgueux, fur la Révolte de la Gabelle,
où

______

(1) l'on, *apparemment.*

N 2

où ils avoient bleſſé à Mort le Commiſſaire du Roy, qui y eſtoit eſtably
pour cela, nommé Brandon. Le Roy
luy donna pour Commiſſaire, & Ad-
joint, le Préſident Cotel, très-habile
Auvergnac, & grand Sénateur, qui ne
crioit que Sang & Corde ; là-où Monſieur le Prince parloit de Clémence &
Miſéricorde. Voilà que c'eſt d'une
Ame généreuſe. Luy, qui eſtoit eſtranger, & point François, aimoit la
Vie du François ; & l'autre, Auvergnac & François, aimoit la Mort de
ſon ſemblable François. Enfin, la Douceur de l'un emporta la Rigueur de
l'autre : & ce bon Prince s'y comporta ſi ſagement, qu'il y eut peu de
Sang reſpandu ; encore qu'il y euſt ſi
grande Quantité de Priſonniers, que
les Priſons de Périgueux n'y pouvant
ſuffire à les tenir enfermez, il en falut envoyer plus d'une centaine en la
groſſe Tour de Bourdeille ; mon Pere
ayant-eſté commandé par le Roy d'aſ-
ſiſter & d'accompagner-là mondit Sieur
le Prince. Dont, pour obéyr au Roy,
parce que c'eſtoit un Roy à qui il ne
faloit pas contredire, il y alla, & auſſi
d'autant que le Roy l'aimoit : & il diſoit, que quand l'Empereur ſçeut la
Mort de Monſieur de Bourbon, il ne

le

le regretta guéres, & dit que c'eſtoit une belle Dépeſche pour luy : car, s'il fuſt eſchappé victorieux de Rome, il ſe fuſt rendu ſi glorieux & ſi grand, qu'il luy euſt donné bien de l'Affaire à le contenter ; ou que, de luy - meſme, ayant les Cartes en Main, il ſe fuſt contenté ſur les Terres & les Biens dudit Empereur : il n'en faut pas douter.

Or, pour retourner encore à Monſieur le Prince de Melfe, il eut très-juſte Occaſion de ſe contenter fort du Roy : car, outre les Biens qu'il luy fit, il le careſſoit, luy portoit de l'Honneur, & luy faiſoit très-bonne Chere ; ce que demande fort un pauvre eſtranger, & ſur-tout de n'eſtre point deſdaigné, mocqué, & baffoüé. Car, ce ſeroit pour le deſeſpérer du tout ; voire, pour faire un Coup de ſa Main.

Cette grande Reyne de Navarre, Marguerite, l'honoroit fort : &, le plus ſouvent, elle commandoit à ſa Dame d'Honneur, qui eſtoit Madame la Séneſchalle de Poictou, de la Maiſon de Lude, ma Grand' Mere, de le mener diſner, ou ſoupper avec elle, en ſa ſeconde Table ; ainſi que c'eſt la Couſtume & la Grandeur de la Dame

 d'Hond'Honneur, de manger tousjours à une autre Table, dans la mesme Sale ou Salette de la Reyne sa Maistresse, quand elle mange : &, le plus souvent, Sadite Majesté envoyoit tousjours quelque chose de bon de son Plat à mondit Seigneur le Prince, pour en manger & taster pour l'Amour d'elle. Dequoy ledit Prince se ressentoit très-honoré & favorisé. *Car*, disoit-elle, *ces pauvres Princes & Seigneurs estrangers, qui ont quitté tout pour le Service du Roy mon Frere, ils n'ont pas leur Ordinaire ny leur Train de Cour, & leurs Commoditez comme ceux de la Patrie. Il les faut gratifier de tout ce qu'on peut, bien que la Table du Grand-Maistre ne leur faut point. Mais, encore, cette Gracieuseté, que je leur fais, leur touche plus au Cœur.* Et, souvent, elle luy envoyoit dire quelques honnestes Paroles de sa Table à l'autre, & quelques Demandes & Advis ; à quoy ce bon Prince respondoit fort pertinemment, au grand Contentement de la Reyne. Le Roy François en aimoit fort la Reyne sa Sœur, qui, par de pareilles Faveurs, avoit accoustumé de luy gagner & entretenir ses bons Serviteurs.

Du depuis, ce bon Prince aima
tous-

tousjours uniquement ma Grand' Mere, & le monstra à l'endroit de son
Petit-Fils, le Capitaine Bourdeille
mon Frere, quand il alla en Piedmont
âgé de dix-huit à dix-neuf Ans, à qui il
faisoit tous les Honneurs & les bonnes Cheres du Monde, & ne l'appelloit jamais que *Filiol mi di Bordeilla.*
Et, bien qu'il fust un jeune Homme
fort bouillant & prompt de la Main,
jamais, non-obstant ses Ordonnances,
il ne le fit mettre dans le Chasteau prisonnier, comme beaucoup d'autres, qui
estoient d'aussi bonne Maison que luy.
Mais, il le faisoit venir devant luy,
luy faisoit à part quelques Repriman-
des, petites Menaces & Remonstrances, afin qu'il n'y retournast plus :
mais, pourtant, les Mains luy deman-
geoient tousjours ; &, sans l'Amitié
& le Respect, que ce Seigneur portoit à sa Grand' Mere, son Pere, &
sa Mere, il l'eust un peu chastié : mais,
jamais il ne luy fit pis que cela. Aussi,
peu à peu il le creut, & se corrigea,
tant que ce bon Seigneur vescut ; mais,
après sa Mort, & que Monsieur de Brissac fut entré en Place, il ne fut pas
si sage, & tousjours frappoit. Mais,
de Regret qu'il eut de la Mort dudit
Prince, & craignant que ledit Mon-
N 4 sieur

sieur de Brissac ne supportast pas ses
Jeunesses comme avoit fait le Prince,
il quitta le Piedmont, & s'en alla à la
Guerre d'Hongrie & de Parme, d'où
il retourna encore en Piedmont, où il
avoit une Compagnie dans Monteuis ;
& puis le quitta-là tout à plat, & s'en
vint à la Guerre d'Allemagne , que le
Roy Henry dressa, où il fut blessé à
Mort devant Chymay à l'Assaut , puis
encore au Siege de Metz blessé de trois
grandes Arquebusades , dont il pensa
mourir , sans un bon Secours qu'il eut.
Et, pour la troisiesme fois, il fut tué au
Siége de Hesdin, d'une Canonnade qui
luy emporta la Teste. Je me fusse
bien passé , dira quelqu'un , de faire
cette petite Digression : tel a esté mon
Plaisir ; la lise qui voudra.

OR, pour finir le Discours de nostre
Prince , il mourut à la fin en Piedmont, couronné de beaucoup de Vertus & de Loüanges ; où il fit Place à
Monsieur de Brissac, qui eut son Gouvernement & sa Mareschaussée , avec
la Moitié de ses Gens d'Armes, pour
faire les cents Gens d'Armes d'un Mareschal ; car , il en avoit auparavant
autres cinquante.

J'AY ouy dire, que, quand il alla
& fut venu en Piedmont, il dit qu'il
vou-

voudroit avoir donné beaucoup de son
Vaillant, & qu'il euſt peu conférer avec
mondit Seigneur le Prince deux Jours a-
vant ſaMort,pour apprendre de luy beaucoup de belles Inſtructions, afin de s'en
ſervir en ſa Charge. Là-deſſus, Monſieur
Ludovic de Birague, & le Préſident de
Birague, depuis Chancelier, luy dirent :
Monſieur, il n'y a rien de perdu. Confé-
rez, & conſultez-vous ſouvent, avec
les bons Capitaines, qui, eſtans faits de ſa
Main, ſont reſtez icy. Ils vous en en-
ſeigneront & vous en diront prou. Mais,
ſi vous les deſdaignez, & voulez faire
tout de voſtre Teſte, il vous en ira mal.
Et, de fait, il les creut, & s'en trouva très-bien, comme il a paru.

LEDIT Monſieur le Prince laiſſa
après luy ſon Fils, qui fut Abbé de
St. Victor lès Paris, une Abbaye de
dix mille Livres de Rente, & puis
Eveſque de Troye en Champagne : &,
par après, il ſe fit de la Religion Réformée. Contre lequel je vis un jour,
aux prémieres Guerres, Monſieur le
Cardinal de Ferrare, Hypolite, ſe
courroucer fort en la Chambre de la
Reyne, mais non en ſa Préſence, luy
remonſtrant ſa Faute, & luy diſant,
s'il luy ſéoit bien de tenir une ſi grande Dignité Eccléſiaſtique, & en exer-

cer

cer la Religion contraire ? Il luy dit
fort bien ſes Raiſons , ſans s'eſtonner ,
& ne ſe rendit point ; diſant entr'autres , que c'eſtoit Dieu qui l'avoit inſ-
piré.   Mais , ce ne fut pas ſans Diſ-
putes : car , ce Prince Eveſque eſtoit
fort ſçavant.

Il fit un bon Service au Roy & à
Paris , lors que l'Empereur vint en
France (a) : car , il fit & dreſſa tout à
coup deux Regimens , l'un d'Eſcoliers ,
& l'autre de Moines & de Religieux ,
des plus propres à porter les Armes ;
dont , il s'en trouva dix à douze mille ,
qu'il aguerrit ſi bien , qu'ils aidérent à
faire un bon Corps de Ville , pour
faire Guerre & Défence.   De ſorte que cela donna à ſonger à l'Ennemy ; avec Monſieur le Cardinal du
Bellay , qui eſtoit un autre brave Homme d'Egliſe & de Guerre , voire bon
Capitaine.   Aſſeurez-vous , qu'ils euſſent fait Honte & Peur à l'Empereur ,
avec d'autres Gens aguerris , s'il ſe
fuſt approché des Murailles , qu'il a-
voit tant menacées.   Mais , c'eſt aſſez
parlé de ce Sujet.

(a) En 1544. Voyez les *Lettres de Paſquier* , Tome
I , pag. 202. & 203.

DIS-

✶✶✶✶✶✶✶✶✶✶✶✶: ✶✶✶✶✶✶✶✶✶✶✶✶

DISCOURS CINQANTE-DEUXIESME,

LE MARESCHAL STROZZY (*a*).

ENCORE que j'aye parlé de Monfieur le MARESCHAL STROZZY, au Chapitre des Colonnèls (1), fi faut-il que j'en parle encore : car, un fi grand Capitaine ne fe peut contenter

de

(*a*) *Spectabilis & egregius Vir Dominus Marcellus* Stroce de Strocis, *Legum Doctor, ho orabilis Civis Florentinus , Scindicus & Procurator Magnifica Communitatis Florentiæ.* Il eſt mention é en cette Qualité, dans un Traité de Conféderation du 11. Juillet 1426. entre le Duc de Savoye, la République de Venife , & celle de Florence , contre le Duc de Milan. Voyez le *Codex Juris Gentium Diplomaticus* de *Leibnitz*, Part. I, pag 344 Remarquez qu'en Italie la meilleure Nobleſſe ne fait pas Difficulté d'enfeigner publiquement les Sciences. *Naudé* p. 97. de fon *Mafcurat.* Philippe Strozzy , l'un des Ancêtres du Maréchal , étoit en 1536. le plus riche Marchand de la Chrétienté , après les Fourques d'Augsbourg. Rabelais, Epitre I. à *l'Evêque* de *Maillezais.*

(1) Tom. X, Difcours LXXXIV, Article VII.

de si peu d'Escriture, ny de si peu de
Gloire.

IL fut en ses premiers Ans bien nourry & instruit aux bonnes Lettres, par
le Seigneur Philippes Strozzy son Pere ; de-sorte que, pour y estre très-
parfait, son Pere le voüa à l'Eglise.
Mais, pour avoir esté refusé d'un Chapeau de Cardinal, il quitta tout, de
Despit, & prit les Armes : non pas
pourtant qu'il discontinuast jamais les
Sciences, encore qu'il fust à la Guerre, & qu'il ne leust & n'escrivist tousjours, à l'Imitation de Jule César &
d'autres grands Capitaines Romains ;
lesquels, parmy leurs plus grandes Armées, se servoient tousjours de quelques Heures du Jour ou de la Nuit,
pour lire, ainsi qu'en tel Estat fut sur-
pris Brutus, par son mauvais Ange,
le Soir avant la Battaille de Philippes. Voire quelques jours avant (1),
ainsi que faisoit ce grand Mareschal,
ne voulant oublier ce qu'il sçavoit.
Et aussi il sçavoit grandement faire son
Profit de ce qu'il lisoit, pour les Expéditions de Guerre ; & s'en servoit,
disoit-il, autant que de l'Art & Prati-

ti-

____

(1) *ou bien*, le Soir avant la Battaille de Philippes, voire quelques jours avant ; ainsi &c,

tique. Ce que me dit un jour le Bon-Homme feu Monsieur de Sanſac, le reprenant pourtant de ce qu'il s'amuſoit trop à pratiquer ce qu'il liſoit dans les Hiſtoires. Car, autres modes & autres Formes de Guerre ſont aujourd'huy qu'alors : mais, pourtant, la Pratique de pluſieurs Inventions anciennes, & pluſieurs Fineſſes & Stratagemes & Subtilitez, ne ſont point mauvaiſes, qui les ſçait bien faire valoir en Temps & Lieu. J'en alléguerois beaucoup, que les Capitaines de nos Temps ont emprunté des anciens, & les ont renouvellé, & mis en œuvre ; mais, je ſerois trop long : & ce Diſcours doit eſtre mis à part ; car, il faut qu'il ſoit ample & long. Je m'en remets au Chapitre que j'eſpere de faire, touchant les Stratagemes & Aſtuces Militaires (1).

Pour plus grande Preuve, que j'aye jamais veu du grand Sçavoir de mondit Seigneur le Mareſchal, bien que je n'aye jamais converſé avec luy, (car j'eſtois trop jeune quand il mourut,) ç'ont eſté les *Commentaires de Céſar*, qu'il avoit tournez de Latin en Grec, & luy-meſme eſcrit de ſa Main, avec des *Commentaires Latins*, des *Additions*, &

______

(1) On n'a point ce Diſcours.

& Instructions pour des Gens de Guer-
re, les plus belles que je vis jamais,
& qui furent jamais escrites. Le Langage Grec estoit très-beau & très-élo-
quent, à ce que j'en ay ouy dire à
des Hommes très-sçavans, qui l'avoient
veu & leu, comme Monsieur de Ron-
sard & Monsieur Durant, s'estonnans
de la Curiosité de cet Homme à s'estre
amusé de faire cette Traduction, puisque l'Original estoit en si bon Latin;
& ils disoient, que le Grec valoit bien
le Latin. Voilà ce que je leur en ay
ouy dire. Car, pour moy, j'entends
autant le Grec, que le haut Allemand :
mais, sçachant un peu de Latin, je trouvois ses Commentaires très - beaux, &
dignes d'un grand Homme de Guerre.

MONSIEUR Strozzy son Fils m'a
monstré souvent ce Livre, & permis
de lire dedans devant luy, mais non
jamais de le transporter ailleurs; ce
que j'eusse fort voulu, pour en desrober les plus beaux Traits : mais, encore que nous fussions fort grands A-
mis, il m'en refusoit tout à trac; tant
il en estoit jaloux. Je ne sçay ce que
ce Livre est devenu; mais, c'est grand
Dommage, qu'il n'est imprimé, pour
les Gens de Guerre. Il paroissoit bien
aussi, que ce grand Capitaine estoit bien
Ama-

Amateur des Lettres; car, il avoit une très-belle Bibliotheque. Dont on ne sçauroit dire de luy, comme le Roy Louys XI. disoit d'un Prélat de son Royaume, qui avoit une très-belle Librairie & ne la voyoit jamais, qu'il ressembloit à un Bossu, qui avoit une belle grosse Bosse sur son Dos, & ne la voyoit pas. Mais, Monsieur le Mareschal visitoit, voyoit, & lisoit souvent, sa belle Bibliotheque, qui luy estoit venue du Cardinal Rodolphe, & toute achetée apres sa Mort, lequel estoit un très-sçavant Prélat. Elle estoit estimée plus de quinze mille Escus, pour la Rareté des beaux & grands Livres qui y estoient. Après la Mort dudit Mareschal, la Reyne-Mere la retira, avec Promesse de récompenser son Fils, & de la luy payer un jour; mais, jamais il n'en a eu un Sol. Je sçay bien ce qu'il m'en a dit d'autresfois, en estant fort mal content. Je croy qu'elle est encore à Chenonceau.

Si ce Seigneur estoit exquis en belle Bibliotheque, il l'estoit bien autant en Armurerie, & en beau Cabinet d'Armes: car, il en avoit une grande Sale & deux Chambres, que j'ay veu autresfois à Rome, en son Palais *in*
Bur-

Burgo : & ſes Armes eſtoient de toutes Sortes, tant à Cheval qu'à Pied, à la Françoiſe, Eſpagnole, Italienne, Allemande, Hongroiſe, & à la Boëmienne ; bref de pluſieurs autres Nations Chreſtiennes : comme auſſi à la Turqueſque, Moreſque, Arabeſque, & Sauvage. Mais, ce qui eſtoit le plus beau à voir, c'eſtoient les Armes à l'antique Mode des anciens Soldats & Legionnaires Romains. Tout cela eſtoit ſi beau, qu'on ne ſçavoit que plus admirer, ou les Armes, ou la Curioſité du Perſonnage, qui les avoit là miſes.

Et pour plus orner le tout, il y avoit un Cabinet à part, remply de toutes Sortes d'Engins de Guerre, de Machines, d'Eſchelles, de Ponts, de Fortifications, d'Artifices, & d'Inſtrumens ; bref, de toutes Inventions de Guerre, pour offenſer & défendre : & le tout fait & repréſenté de Bois ſi au naïf & au vray, qu'il n'y avoit-là qu'à prendre le Patron ſur ce Naturel, & s'en ſervir au beſoin.

J'ay veu depuis tous ces Cabinets à Lyon, où Monſieur Strozzy dernier, ſon Fils, les fit tranſporter, pour n'avoir eſté conſervez ſi curieuſement, comme je les avois veus, à Rome.

me. Aussi je les vis-là tout gastez & brouillés (1), dont j'en eus du Deuil au Cœur : & c'en est un très-grand Dommage ; car, ils valoient beaucoup, & un Roy ne les eust sçeu trop acheter : mais, Monsieur Strozzy brouilla & vendit tout ; ce que je luy remonstray un jour : car, il laissoit telle Chose pour cent Escus, qui en valoit plus de mille. Et, entr'autres Choses rares, que j'y ay remarqué, il y avoit une Rondelle de Coque de Tortuë marine, si grande, qu'elle eust couvert le plus grand Homme qui fut, depuis la Teste jusques aux Pieds ; & si dure, qu'une Arquebuse l'eust mal-aisément pu percer de loin ; &, pourtant, un peu pesante. Il y avoit aussi deux Queuës de Chevaux marins, les plus belles, les plus longues, les plus espaisses, & les plus blanches, que je vis jamais. Monsieur Strozzy m'en voulut donner une à Lyon, mais je n'en voulus point, parce qu'elle estoit bien différente de celles, que j'avois autresfois veu à Rome : car, pour n'avoir esté contre-gardée, elle avoit quasi desjà laissé tout le Poil, tant elle avoit esté mangée

(2) *ou* rouillés

gée de Teignes & Vermines. J'auray possible esté trop long & fascheux à parler de ce Cabinet d'Armes ; mais, certes, si je m'eusse voulu amuser à en raconter des Particularitez, l'on y eust trouvé du Plaisir à les lire.

POUR parler à cette heure de la Personne de ce grand Mareschal, il estoit un bel Homme de Corps & de Visage, plus furieux pourtant que doux ; encore qu'il aimast à rire & à bouffonner, & à dire le Mot : ce qu'il sçavoit très-bien faire, & mieux en son Langage qu'en François, lequel il ne parloit pas si souvent que le sien. Surtout il aimoit fort à se joüer avec Brusquet, & luy faire la Guerre, & des bons Tours : aussi Brusquet luy rendoit bien son Change, & luy en faisoit de bons.

UNE fois, mondit Seigneur le Mareschal estant comparu le jour d'une bonne Feste devant le Roy, fort bien en Point, & mesme avec un beau Manteau de Velours noir, en Broderie d'Argent à Manches, comme on en portoit en ce Temps-là, Brusquet, qui avoit Envie de ce Manteau, alla soudain faire Provision en la Cuisine du Roy d'une Lardoire & de force Lardons : & , ainsi qu'il entretenoit

le

le Roy , Brufquet luy larda quafi
tout fon Manteau par derriere de ces
Lardons, fans qu'il s'en apperceuft ;
& puis Brufquet, tournant Monfieur
le Marefchal par derriere devers le
Roy, il dit : *Sire, ne voilà pas de belles Aiguillettes d'Or, que Monfieur le
Marefchal porte à fon Manteau ?* Il ne
faut point demander, fi le Roy s'en
mit à rire, & Monfieur le Marefchal
auffi , & fans fe fafcher autrement,
ny le frapper : car, il ne le frappoit jamais, & prenoit tout en Jeu ce qu'il
luy faifoit ; mais, il ne faifoit que fon-
ger pour luy rendre le Change. Et
il ne luy dit autre chofe en fon Langage, fi-non : *Va, Brufquet. Tu voulois avoir ce Manteau : prends-le ; & va
dire à mes Gens , qu'ils m'en apportent
un autre : mais , je t'affeure, que tu le
payeras.*

A u bout de quelques jours , que
Brufquet n'y penfoit pas , Monfieur
le Marefchal le vint voir en fon Logis de la Pofte, où il avoit efté plufieurs fois , & avoit bien veu, efpié,
& reconnu fon Cabinet, où il mettoit
fa Vaiffelle d'Argent (car, il en avoit
beaucoup le Galant, moitié par Dons
qu'on luy faifoit, moitié par Rapine
qu'il faifoit aux Princes & aux Grands,)
&

& mena avec luy un Matois de Serrurier, si fin & habile à crocheter les
Serrures, qu'il n'en fut jamais un tel.
Il avoit esté curieux de le trouver par
la Ville de Paris, & l'avoit fait habiller comme un Prince. Estant donc
venu au Logis dudit Brusquet, il se
mit à deviser un peu avec luy, ayant
embouché auparavant ledit Serrurier ;
&, en se pourmenant dans la Chambre dudit Brusquet avec luy, il fit signe audit Serrurier, & luy monstra où estoit le Nid : & puis, il
prit Brusquet par la Main, le mena
en son Jardin pourmener & voir
son Escurie ; & laissa en sa Chambre ses Gentils-Hommes, & quelques Capitaines bons Matois, qu'il
avoit empruntez, qui çà, qui là ; &
leur ayant recommandé le Jeu, il s'en
alla : les autres n'y faillirent point ;
car, en un Tour de Main le Serrurier eut ouvert le Cabinet, où il prindrent ce qu'ils purent emporter de
plus beau & de meilleur, le plus à
couvert qu'ils purent. Et, ayant
poussé & reserré le Cabinet fort bien ;
qu'il ne paroissoit pas qu'on y eust
touché, ils sortirent, les uns avec
leur Butin, les autres sans rien, pour
accompagner leur Maistre ; lequel,
voyant

voyant que le Jeu eſtoit bien fait,
s'en va, & dit Adieu à Bruſquet, ſans
vouloir prendre la Collation, qu'il luy
préſenta. Quelques jours après, ledit Bruſquet vint au Lever du Roy,
triſte, morne, & penſif, parce qu'il
avoit deſcouvert ſon Larcin, dont il
fit ſes Plaintes au Roy & à tout le
Monde, dont on fut bien marry.
Monſieur le Mareſchal s'en mit à rire, & à luy faire la Guerre, que luy,
qui trompoit les autres, avoit eſté
trompé. Mais Bruſquet, qui ne put
jamais rire, parce qu'il eſtoit fort a-
vare de nature, faiſoit touſjours du
marmiteux. Enfin, Monſieur le Mareſchal luy demanda, ce qu'il luy vouloit donner, & qu'il luy feroit recouvrer ce qu'il avoit perdu; dont il fit
tant avec luy, qu'en baillant la Moitié de la Vaiſſelle, il quittoit l'autre;
mais, Monſieur le Mareſchal n'en retint que pour cinq cents Eſcus, là-
où il y en avoit bien pour deux mille.
Il luy fit rendre tout; diſant, qu'il
faloit donner le Droit au Serrurier,
& aux Enfans de la Matte, qui avoient
fait le Coup : ce qu'il fit auſſi-toſt,
& luy rendit tout ſon Fait, fors ce
qu'il donna aux Matois, comme il
avoit reſervé en faiſant le Marché. Et
voilà

voila Brufquet remis en Joye jufques au rendre.

UNE autre fois, Monfieur le Marefchal eftant venu au logis du Roy, en Houffe de Velours, belle & riche de Broderie d'Argent, fur un beau Courfier, qu'il n'euft pas donné pour cinq cens Efcus ; car , il en avoit tousjours de fort beaux : ainfi qu'il fut defcendu, & qu'un de fes Laquais le tenoit à la Porte du Logis du Roy, attendant fon Maiftre, Brufquet, fortant du Louvre, vit ce beau Cheval, & alla auffi-toft dire au Laquais, que Monfieur le Marefchal luy mandoit d'aller querir quelque chofe en fon Logis, qu'il avoit oublié ; cependant, qu'il luy laiffaft fon Cheval , & qu'il le garderoit bien. Le Laquais ne fit point de Difficulté de le luy donner ; car, il le voyoit ordinairement caufer avec Monfieur le Marefchal. Cependant que le Laquais va en Commiffion, Brufquet monte fur le Cheval , & le mene en fon Logis , luy fit coupper auffi-toft le Crein de devant, & la Moitié d'une Oreille, & le rend ainfi difforme, le deffelle, luy ofte la belle Houffe & le Harnois : là-deffus, il vient comme un Courrier à quatre Chevaux

pren-

prendre la Poſte avec une groſſe Malle, il le fait accommoder avec une Selle de Poſte & un Couſſinet, charge la Malle ſur luy, fait bravement ſa Poſte juſques à Longumeau (1). Puis, eſtant de retour, il l'envoye en tel Appareil à Monſieur le Mareſchal, où eſtant, le Poſtillon luy dit, par le Commandement de ſon Maiſtre : *Monſieur, mon Maiſtre ſe recommande à vous. Voilà voſtre Cheval, qu'il vous renvoye : il eſt fort bon pour la Poſte ; il vous mande ſi vous le luy voulez laiſſer pour cinquante Eſcus, il les vous envoyera.* Monſieur le Mareſchal, voyant ſon Cheval ainſi difforme, en eut Pitié, & ne dit autre choſe, ſinon : *Va, mene-le à ton Maiſtre ; & di-luy, qu'il le garde juſques au rendre.*

Au bout de quelques jours, Monſieur le Mareſchal voulut aller trouver le Roy en Poſte, mandant à Bruſquet qu'il luy envoyaſt de bons Chevaux, autrement qu'ils ne ſeroient pas Amis, & ſur-tout trois bons Malliers. Il n'en retint pour luy que ſept, & un Mallier. Les autres, qui eſtoient des meilleurs, il les donna à quelques pauvres Soldats des ſiens, qui eſtoient à pied, pour aller à l'Armée,

(1) Longjumeau.

mée, fans que le Poſtillon s'en ap-
perçeuſt, luy faifant accroire, qu'ils
venoient après : & les deux bons Malliers, il les fit vendre à deux Muf-
niers du Pont-aux-Muſniers, pour
porter la Farine, qui les achetérent
très-volontiers, à cauſe du bon Marché qu'on leur en fit. Et, quelques
jours après, ils furent trouvez par les
Poſtillons en la Ruë, qui portoient
de la Farine : on les fit faiſir par la
Juſtice ; mais, le Procès couſta plus
que ne valoient les Chevaux. Quant
aux autres Chevaux, que Monſieur le
Mareſchal avoit, il les mena juſques
à Compiegne, tant qu'ils peurent aller, & demeurérent-là outrez. De
forte que Bruſquet acheta bien le Cheval de Monſieur le Mareſchal par telle
Perte. Et le tout ſe faiſoit en riant jufques au rendre.

Un autre jour, Bruſquet alla prier
Monſieur le Mareſchal d'Accord, &
qu'ils fiſſent au moins Trefve de ces
Jeux nuiſans & d'importance ; mais,
de legers, & de nul Mal, tant qu'on
voudroit : &, pour en boire le Vin du
Marché, il le pria de vouloir venir
un jour prendre ſon Diſner chez luy,
& qu'il le traitteroit en Roy, qu'il
y conviaſt ſeulement une douzaine des
Ga-

Galants de la Cour, & qu'il leur feroit une très-bonne Chere. Monſieur
le Mareſchal ne faillit au Jour promis,
& y mena ſon Convoy. Quand ils furent arrivez, ils trouvérent Bruſquet
fort empeſché, qui vint au devant
d'eux pour les bien recueillir, avec
une Serviette ſur l'Epaule, faiſant
meſme le Maiſtre-d'Hôtel. *Or, la-*
vez les Mains, Meſſieurs, dit-il, &
ſoyés les très-bien venus. Je vous
vay querir à manger; ce qu'il fit : &,
pour le prémier Service, il apporta pour
le moins ſans autre choſe une trentaine
de Paſtez, qui petits, qui moyens, qui
grands, qui tous chauds, & qui ſentoient
très-bon ; car, il les avoit fait faire tout
exprès, touchant la Sauce du dedans,
ſans y avoir eſpargné, ny Eſpices, ny
Canelle, non pas meſme du Muſc. A-
près qu'il eut aſſis ces prémiers Mets,
il leur dit : *Or, Meſſieurs, mettez-vous*
à Table, je vous vay querir le reſte;
&, cependant, vuidez-moy ces Plats,
pour faire Place aux autres. Luy,
eſtant hors de la Sale, prend ſa Cappe
& ſon Eſpée, & s'en va droit au Louvre advertir le Roy de ſon Feſtin, &
comme il avoit laiſſé ſes Gens bien
eſtonnez à l'Heure qu'il parloit. Or,
dans ces Paſtez, aux uns il y avoit des
vieilles Piéces de vieux Mords de Bri-

des, aux autres des vieilles Sangles, aux autres des vieux Contrefanglons, aux uns des vieilles Croupieres, aux autres des vieux Poitrails, aux uns des vieilles Bossettes, aux autres des vieilles Testieres, aux uns des vieux Pommeaux de Selle, aux autres des vieux Arçons; bref, les Pastez estoient remplis de toutes vieilles Penailleries de ses Chevaux de Poste, les uns en petits Morceaux & en Menusailles, les autres en grandes Piéces en forme de Venaison. Quand ces Messieurs furent à Table, qui avoient tous grande Faim, & s'attendoient à bien carreler leur Ventre, tous fort avidement se mirent à ouvrir ces Pastez, qui fumoient & sentoient bon, & chacun le sien comme il vouloit. Je vous laisse à penser s'ils furent estonnez, quand ils virent cette bonne Viande si exquise. Encore dit-on qu'il y en eut quelques-uns, qui mirent quelques Morceaux de ces Menusailles en leur Bouche, pensans que ce fust quelque Friandise; mais, ils les en ostérent bien-tost, & puis de cracher. Enfin, tous s'escriérent: *Voicy des Traits de Brusquet.* Mais, pourtant, ils esperoient encore tousjours qu'après cette Baye il leur donneroit de la bonne Viande. Cependant, ils demandent à boire; dont on donna

d'un

d'un Vin le plus exquis qu'on eust sçeu trouver, dans de petits Verres, en façon d'Hypocras; lequel ils trouvérent si bon, qu'ils en demandérent à boire un Coup. Mais, les Serviteurs & Postillons, qui servoient tous à Table avec leurs Huchets, dirent que leur Maistre avoit fait cela, afin qu'ils dissent quel estoit le meilleur. & lequel ils vouloient, & qu'on en iroit querir de celuy qu'ils auroient choisi pour le meilleur. Cependant, la Compagnie cause & rit de ce Trait, & ne voyant pas venir Brusquet, Monsieur le Mareschal demande où il estoit? On luy dit, que le Roy l'avoit envoyé querir à la haste, & qu'il avoit passé la Porte. Cependant, la Compagnie s'enquerroit si on n'avoit point autre Chose? On leur fit Response, qu'on pensoit que non. Si-bien qu'ils furent contraints de se lever de Table, & aller à la Cuisine, où ils ne trouvérent Ame vivante, & le Feu tout mort, & les Landiers froids comme ceux d'une Confrairie. Ainsi, ces Messieurs furent contraints de desloger, & se résolurent de prendre leurs Espées & leurs Cappes, & d'aller chercher leur Disner ailleurs où ils pourroient;

roient; car, il eſtoit plus de Midy, & ils mouroient de Faim.

J'AVOIS oublié de dire, que, quand ledit Bruſquet porta ce pré-mier Service, il entra ſuivy de tous ſes Poſtillons, dont il en avoit d'ordi-naire plus de trente, ſonnants leurs Huchets, comme s'ils fuſſent arrivez à la Poſte pour faire accouſtrer les Che-vaux; &, ſonnants ainſi en Mode de Fanfare, ils entrérent en Magnificen-ce. Auſſi, lors qu'il convia Monſieur le Mareſchal avec ſa Trouppe, il luy dit, qu'il luy feroit bonne Chere, & n'iroit point prendre ny emprunter rien ailleurs comme d'autres, ſi-non de ce qu'il prendroit chés luy; com-me il leur dit la Vérité, & le leur ſçeut très-bien remonſtrer, quand il les vit devant le Roy. Ce ne fut pas ſans rire, & ſe mocquer des Poſ-tillez.

MAIS, Monſieur le Mareſchal, qui en rioit tout le prémier ſon Saoul, la luy garda bonne: car, quelque temps après, il luy fit deſrober un beau pe-tit Mulet, allant à l'Abbreuvoir, par-ce qu'il alloit touſjours attaché à la Queue des autres Chevaux de Poſte; ce qui eſtoit fort aiſé à faire. Auſſi-toit toft qu'il l'eut eu, il le fit tuer & escorcher, & le fit accouftrer comme une bonne Viande, en faifant faire divers Paftez, les uns d'Affiette, les autres à la Sauce chaude, & d'autres en Venaifon : &, après cela, il convia ledit Brufquet à venir difner avec luy, l'affeurant, qu'il le traitteroit bien, & fans Tromperie. Brufquet y va, qui avoit bonne Faim, & qui mangeoit bien de fon Naturel, fe mit après ce Pafté d'Affiette & de Sauce chaude, à en manger fon Saoul ; & puis fur celuy de Venaifon prétendue. Après qu'il fut bien faoul, Monfieur le Marefchal luy demanda : *Hé bien, Brufquet, ne t'ay-je pas fait bonne Chere ? Je ne t'ay pas trompé, comme tu me fis l'autre jour, en me faifant mourir de Faim.* Brufquet luy respondit, qu'il eftoit très-content de luy, & qu'il n'avoit jamais mieux mangé. Soudain, il luy fit apporter la Tefte de fon Mulet fur la Table, accommodée en forme de Hure de Sanglier, & luy dit : *Tien, Bufquet, voilà la Viande que tu as mangée ; tu reconnois bien cette Befte.* Qui fut eftonné, ce fut Brufquet, dont il en rendit fur le champ fi fort fa Gorge, qu'il en cuida créver, autant du Mal de Cœur

O 3

qu'il

qu'il en conçeut, que de Desplaisir d'avoir ainsi dévoré son pauvre petit Mulet, qu'il aimoit tant, & qui le menoit si doucement aux Champs & à la Ville.

UNE autre fois, la Reyne eut toutes les Envies du Monde de voir la Femme de Brusquet, que Monsieur Strozzy luy avoit dépeinte fort laide, comme de vray elle l'estoit. Elle luy dit donc un jour, qu'elle ne l'aimeroit jamais, s'il ne la luy amenoit: ce qu'il fit ; & la luy mena parée, attiffée, & accommodée, ny plus ny moins que le Jour de ses Nopces, avec ses Cheveux ny plus ny moins respandus sous son Chapperon & sur ses Espaules, comme une jeune Espousée. Sur quoy, il luy commanda de tenir toute telle Mine comme une Espousée : & luy-mesme la tenoit par la Main, & la mena ainsi dans le Louvre devant tout le Monde, qui en créva de rire ; car, Brusquet aussi faisoit tout une mesme Mine douce & affaittée d'un nouveau Marié. Mais, notez, qu'il avoit auparavant adverty la Reyne, que sa Femme estoit si sourde, qu'elle n'auroit nul Plaisir de l'entretenir : néantmoins, c'estoit tout un, la Reyne la vouloit voir,

par

par Sollicitation de Monsieur Strozzy, & parler à elle, & l'entretenir de
son Mesnage, & du Traittement & de
la Vie de son Mary. Et, de l'autre costé, Brusquet avoit dit à sa Femme, que la Reyne estoit sourde, &,
quand elle luy parleroit, qu'elle luy
parlast le plus haut qu'elle pourroit;
la menaçant, si elle faisoit autrement.
Outre tout cela, il l'instruit de mesme de ce qu'elle diroit & feroit:
quand elle seroit devant la Reyne,
dont il ne faut point douter les Instructions plaisantes qu'il luy donna,
lesquelles de point en point elle ensuivit très-bien; car, elle estoit faite
de Main-de Maistre. Quand elle fut
donc devant la Reyne, après luy a-
voir fait la Révérence bien basse, accompagnée d'un petit Minois bouffonnesque, selon la Leçon du Mary,
& qu'elle eut dit, *Madame la Reyne,*
Dieu vous garde de Mal: la Reyne
commence à l'arraisonner, & à luy demander, le plus haut qu'elle put,
quelle Chere elle faisoit, & comment
elle se portoit? Alors, son Mary l'ayant
laissée dès l'Entrée de la Porte, elle
commence à parler & crier haut comme une Folle: & si la Reyne parloit

                    haut,

haut, cette Femme le faifoit encore plus; de-forte que la Chambre en retentiffoit fi haut, que le Bruit en refonnoit jufques à la Baffe - Cour du Louvre.

MONSIEUR Strozzy, arrivant là-deffus, fe voulut mefler de luy parler; mais, Brufquet l'avoit avertie, qu'il eftoit auffi fourd, ou plus, que la Reyne, & qu'elle ne parlaft jamais à luy, que fort près à l'Oreille, & le plus haut qu'elle pourroit. En quoy elle ne faillit à tout de Point en Point. Dont Monfieur Strozzy, fe doutant des Bayes accouftumées dudit Brufquet, & ayant mis la Tefte à la Feneftre, il vit en la Baffe - Cour un Valet de Limier, qui avoit fa Trompe pendue au Col. Il l'appella, & luy bailla une Couple d'Efcus, pour fonner de la Trompe à l'Oreille de ladite Femme, tant qu'il pourroit, jufques à ce qu'il diroit *Holà.* Puis, l'ayant fait entrer dans la Chambre, il dit à la Reyne : *Madame, cette Femme eft fourde; je m'en vay la guérir :* &, luy prenant la Tefte, il commanda au Valet, de fonner toutes Chaffes de Cerf aux deux Oreilles de cette Femme; ce qu'il fit : & Monfieur Strozzy la luy tenant par force tousjours, il y fonna tant, qu'il l'eftourdit fi

bien

bien, & Cerveau, & Oreilles, qu'elle
demeura plus d'un Mois estropiée du
Cerveau & de l'Ouye, sans jamais entendre mot, jusques à ce que les Médecins y apportassent Remede ; ce qui
cousta bon : &, par ainsi, Brusquet,
qui avoit donné la Peine aux autres
de crier si haut après sa Femme sourde prétendue, il d'eut tout à trac ; &
de mesme à parler à elle : dont son
Mesnage ne s'en porta pas mieux,
quand il luy en commandoit quelque
chose.

UNE autre fois, Monsieur Strozzy
estant venu en Poste à Paris, la Veille de Pasques, & s'estant retiré à la
desrobée en son Logis, au Fauxbourg
Saint - Germain, pour ce qu'il vouloit
qu'on ne le vist, ny qu'on le sçeust
en Ville, qu'après la Feste : mais, Brusquet l'ayant sçeu, par le moyen du
Postillon qui l'avoit mené, le Jour de
la bonne Feste, il alla loüer deux Cordeliers pour cette Matinée ; &, leur
ayant donné chacun un bel Escu, leur
dit, qu'il y avoit un grand Gentil-
Homme au Fauxbourg Saint-Germain,
où il les meneroit, qui estoit un peu
tenté du mauvais Esprit, tellement
qu'il ne vouloit faire nullement ses
Pasques ; non pas seulement voir Dieu,

O 5.

ny

ny ses Ministres qui l'administroient:
&, pour ce, qu'ils feroient un Oeuvre fort charitable, de l'aller visiter,
luy porter & donner de l'Eau beniste,
& le conjurer luy & son Diable, de
quelques bonnes & saintes Oraisons,
Suffrages, & Litanies. Les Cordeliers s'accordent fort bien à tout cela, & marchent résolus avec Brusquet,
pour faire ce bon & saint Office: &,
quoy que Brusquet leur eust remonstré
que c'estoit un Diable d'Homme, ils
respondirent, qu'ils en avoient bien
veu d'autres, & qu'ils ne le craignoient
point. Brusquet les ayant donc conduits jusques à la Porte de la Chambre, sans aucun Empeschement des
Serviteurs; car, il les connoissoit
comme Pain, & aussi il leur avoit fait
accroire, que Monsieur Strozzy luy
avoit commandé de les luy amener
pour Chose d'Importance, pour laquelle il se vouloit aider d'eux; &
aussi, qu'il se sentoit atteint de quelque Péché, dont il se vouloit purger
avec eux; & que personne n'entrast
en la Chambre si-non les deux Cordeliers: par ainsi, chacun se tint coy,
& Brusquet à la Porte de la Chambre.
Quand ils furent entrez, ils vindrent
au Lit de Monsieur Strozzy, qui lisoit

foit dans un Livre. Eux, après luy
avoir demandé, comment il luy alloit
du Corps & de l'Ame, il les envifa-
ge furieufement, & s'avançant fur le
Lit leur demanda ce qu'ils venoient
faire-là, & leur commanda auffi-toft
de vuider la Chambre ; car, de fon
Naturel, il n'aimoit guéres ces Gens-
là. Mais eux fe mirent à luy jetter
force Eau-benite, qu'il n'aimoit pas
non plus encore, & commencérent
puis après à faire leurs Exorcifmes &
Oraifons : à quoy Monfieur Strozzy,
fe voulant tourner pour prendre fon
Efpée du Chevet de fon Lit, un Cor-
delier s'en faifit, par l'Advis de Brufquet, qui le leur avoit dit auparavant.
Mais, Monfieur Strozzy, s'eftant levé & mis en Place, fe mit en Devoir
de recouvrer fon Efpée. Il fe fait
un Bruit, & s'efleve un Tintamarre,
en la Chambre, que fes Serviteurs y
accoururent : & Brufquet luy-mefme
le prémier entre l'Efpée au Poing, avec
fa Main gauchere fait du Compagnon,
crie, *Holà, holà ; fecours, fecours ; me
voicy pour vous en donner* : &, là-deffus, il prend fes deux Cordeliers, &
les emmene gentiment ; & puis il paffe l'Eau, & s'en va faire le Conte au
Roy, qui ne fçavoit point la Venuë
 du-

dudit Monsieur Strozzy, lequel la tenoit cachée. Ainsi, elle fut publiée, ce qui ne fut pas sans rire : &, aussi-tost, il fut envoyé visiter du Roy, & luy demander comment il se trouvoit des Cordeliers, & s'ils luy avoient donné meilleure Créance que devant (*a*).

MONSIEUR Strozzy, au bout de deux Jours, s'en alla plaindre à l'Inquisiteur de la Foy, (qui estoit lors Monsieur nostre Maistre d'Oris (*b*), ou Benedicti, ou Divolet) de l'Opprobre qui avoit esté fait à Dieu, & de l'Injure faite à luy, & mesme de se servir ainsi des Ministres de Dieu & de l'Eglise, pour faire des Choses de Risée ; & du grand Scandale qui en estoit cuidé arriver, parce qu'il avoit pensé tuer ces Gens-de-Bien : &, pour ce, il le prioit d'y avoir esgard, & que c'estoit un Trait d'un Hérétique. Mais, Dieu sçait s'il se soucioit

____

(*a*) Le Maréchal Strozzy passoit pour Athée; & c'est de lui que parle H. Etienne Chap. 14. de son *Appel d'Herodote*, sous le Nom de certain Seigneur Italien, qui mourut à la Guerre d'un Coup de Pistolet.

(*b*) Matthieu Orry, Jacobin. Voyez Beze p. 20 & 57. de son *Hist. Eccl.* & Du Cange, au Mot *Inquisitores Fidei.*

cioit beaucoup, ny des Cordeliers,
ny de leur Eglise, ny des Inquisiteurs : & il demandoit qu'ils luy en
fissent Raison, & qu'il s'en rendoit
Partie, ainsi qu'il s'en estoit plaint
au Roy, lequel vouloit qu'on en en-
quist, & que ledit Brusquet fust ap-
préhendé au Corps ; ce que Messieurs
les Inquisiteurs firent aussi : & , allans à la Bonne-Foy, & sur le bon
Dire dudit Monsieur Strozzy, ils envoyérent prendre Brusquet par sept ou
huit Sergens ; & il fut mené en Prison, où il demeura quelques Jours.
En suite de cela, on vouloit adviser
à faire son Procès. Mais, Monsieur
Strozzy, ayant le tout descouvert au
Roy, alla luy-mesme le tirer de Prison avec un Capitaine des Gardes ;
dont il fut bien aise : car, il disoit,
qu'il n'eut jamais si belle Peur, craignant ces Messieurs les Inquisiteurs
plus que toutes autres Gens. Aussi,
pour en parler au vray, telles Gens
sont dangereux, & il ne fait pas bon
se frotter à eux, soit en Bourdes, ou
à bon Escient.

UNE autre fois, Brusquet estant
allé avec Monsieur le Cardinal de Lorraine à Rome, lors qu'il y fut pour
la Rupture de la Trefve, Monsieur

 Strozzy

Strozzy attiltra un Courrier, pour
venir en Poſte porter les Nouvelles
de la Mort de Bruſquet, avec ſon
Teſtament qu'il avoit ſuppoſé & fait
faux, en diſpoſant de tous ſes Biens :
&, en iceluy, il prioit le Roy de
vouloir donner & continuer ſa Poſte
à ſa Femme, à Condition qu'elle eſ-
pouſaſt ce Courrier, qui eſtoit à luy
d'ordinaire & à ſon Service, & non
autrement. Ce que le Roy accorda
fort facilement, en la Faveur de mondit Seigneur Strozzy. La Femme,
ayant ſçeu la Mort de ſon Mary, par
le meſme Courrier, & veu ſon Teſtament, & entendu la Volonté du Roy
ſur la Continuation de la Poſte, & à
Condition de Mariage, après avoir
célébré les Obſeques de ſon Mary, &
fait ſes Deuils, eſtant ſollicitée de
Mariage par ledit Courrier, ils ſe ma-
rient, & il couche avec elle, pour
le moins un bon Mois, & tire d'elle
des bons Eſcus par bon Contract de
Mariage : mais, ſur ces Entrefaites,
Bruſquet, qu'on tenoit pour mort
par-tout, eut Nouvelle de ce nouveau Mariage, & en fut bien esba-
hy. Car, il s'eſtoit fort bien porté
en ſes Voyages, & devenu bien Co-
cu : &, ſçachant que ç'avoit eſté une
Eſtrette

Eftrette de Monfieur Strozzy, il fongea à luy rendre.

Parquoy, un jour, il fait une
Lettre, & addreffe un Pacquet par la
Voye de l'Ordinaire de Lyon, en laquelle Lettre il mande à Monfieur le
Cardinal Caraffe (qui l'aimoit fort, &
l'avoit veu à Rome & en France,)
comme Monfieur Strozzy, mal-content du Roy, s'eftoit defparty d'avec
luy, fi defpité, qu'il avoit pris deux
de fes Galeres dans le Port de Mar-
feille, & s'en eftoit allé pour le feur
trouver ce grand Corfaire Dragut en
Alger, & vouloit-là fe renier & prendre le Turban : &, pour ce, qu'il
prift garde à luy, & qu'il en adver-
tift Sa Sainteté ; car, à fon Départ,
il luy avoit ouy jurer, qu'il s'en alloit prendre la Ville & le Port d'Oftie
& Civita-vecchia, où il avoit dedans fi bonne Intelligence, qu'auffi
toft qu'il y feroit arrivé il les prendroit, & auffi Anconne : &, de-là,
il alloit piller l'Eglife Noftre-Dame de
Laurette, & la rafer de fond en com-
ble ; & que, devant peu de temps,
il rendroit le Pape bien éftonné. Monfieur le Cardinal, ayant eu cet Advis,
le confere avec fa Sainteté ; &, pour
ce, en toute Diligence il advife à y

pour-

pourvoir, se met en Fraix, y envoye des Gens, & y donne Ordre. Mais, après, ils sçeurent qu'il n'en estoit rien, & que lors de la Lettre il estoit occupé à la Prise de Calais. Toutesfois, les Nouvelles vindrent à Monsieur Strozzy de ce que l'on avoit creu de luy en la Chambre & au Palais du Pape ; dont il ne fit que rire, & en accuser Brusquet.

MAIS, je n'aurois jamais fait, si je voulois conter tous les Tours, qui se font passez entr'eux deux : car, il y en a eu tant & tant, qu'on n'en verroit jamais la Fin. Que si Monsieur Strozzy estoit fin & subtil, ingénieux & industrieux, Brusquet l'estoit autant en matiere de Gentillesses : car, il faut dire de luy, que ç'a esté le prémier Homme pour la Bouffonnerie, qui fut jamais, & qui sera, n'en desplaise au Morel (1) de Florence, fust pour le Parler, fust pour le Geste, fust pour escrire, fust pour les Inventions, bref pour tout, sans offenser ny desplaire.

SON prémier Advancement fut au Camp d'Avignon, où il se jetta, venant de son Pays de Provence, pour
gagner

(1) ou Moret, comme ci-dessous.

gagner la Piéce d'Argent : & , contre-
faisant le Médecin, il se mit , pour
mieux joüer son Jeu , au Quartier des
Suisses & des Lansquenets , desquels
il tiroit grands Deniers. Il en guérissoit aucuns par hazard : les autres,
il les envoyoit *ad Patres* , drus comme Mouches. Pensez qu'à ceux qu'il
guérissoit , il leur donnoit pareille Recepte , qu'il donna une fois à Remo-
rantin à un Ambassadeur de Venize,
qui venoit de fraix vers le Roy François second. J'y estois alors. C'estoit une Regle infaillible pour ledit
Brusquet, que, quand il y venoit quelque grand Seigneur ou Ambassadeur à
la Cour , il l'alloit voir aussi-tost,
pour en escroquer quelques bons Brins ;
car , il estoit très - sçavant en ce Mes-
tier d'escroquer. Estant donc un jour
allé voir Monsieur l'Ambassadeur, lequel il avoit desjà veu plusieurs jours
auparavant , il le trouva qu'il estoit
fort malade d'une Colique venteuse ;
& , le voulant faire rire , il ne put,
parce que le Mal le pressoit trop. Et
Monsieur l'Ambassadeur luy ayant demandé une Recepte , s'il n'en sçavoit
point, il luy dit, que pour lui il n'en
sçavoit point de meilleure , qu'une
dont il usoit fort souvent , & qu'il
estoit

estoit fort sujet à cette Maladie : & ce Remede estoit, que, quand ce Mal le tenoit, il mettoit un Doigt fort avant dans le Cul, & l'autre dans la Bouche, & en les remuant changeoit souvent lesdits Doigts d'un Lieu en l'autre, c'est à dire celuy du Cul dans la Bouche, & celuy de la Bouche au Cul ; si bien que, les remuant, & changeant tousjours ainsi l'Espace d'une Demie - Heure, les Vents se dissipoient, & en sortoient par les deux Trous, qu'on ouvroit ainsi souvent. Monsieur l'Ambassadeur le crut, y voyant de l'Apparence, en fit l'Essay une bonne Demie - Heure bien à bon escient. Je ne sçay s'il s'en guérit ; mais, je le vis venir dans la Chambre du Roy, qui en fit le Conte à tous ces Princes & Messieurs, qui en rirent bien.

Il faut donc croire, que ce Monsieur le Médecin Brusquet, en ce Camp d'Avignon, donnoit de pareilles Receptes à ses Malades, & les Drogues de mesme : mais le pis fut (1) descouvert, par le grand Dégast qu'il faisoit parmy ces pauvres Diables, & qu'il fut accusé. Car, la Connoissance

(1) le Pis fut, qu'il fut, *apparemment.*

fance en eftant venue à Monfieur le Conneftable , il le voulut fait pen- dre. Mais, on fit Rapport à Monfieur le Dauphin, qui eftoit lors - là , que c'eftoit le plus plaifant Homme qu'on vit jamais ; qu'il le faloit fauver : là- deffus , Monfieur le Dauphin, qui fut depuis noftre Roy Henry fecond , le fit venir à luy, le vit, & le connoif- fant fort plaifant , & qu'il luy donne- roit bien un jour du Plaifir, (ce qu'il a fait auffi,) il l'ofta d'entre les Mains du Prévoft du Camp , & le prit à fon Service. De telle façon que , pour fes Plaifanteries , il parvint à eftre Valet de la Garde - Robe du Roy , puis Valet - de - Chambre ; & puis, ce qui eftoit le meilleur, Maiftre de la Pofte de Paris , qui valoit de ce Temps - là ce qu'il vouloit. Car, il n'y avoit pour lors encore point de Coches de Voitures , ny Chevaux de Relay, comme il y en a pour le jour- d'huy. Auffi, pour un coup, je luy ay conté cent Chevaux de Pofte, & ce d'ordinaire ; qui eftoit la Caufe, qu'en Titres & Qualitez il s'intitu- loit *Capitaine de cent Chevaux - légers.* Je vous affeure qu'ils eftoient bien lé- gers en toutes Façons , tant de la Graiffe, dont ils n'eftoient gueres char-

gés ,

gés, que de la Légéreté à bien courrir & moucher (1). Ausquels Chevaux, & Postillons, il imposoit très-plaisamment les Noms des Bénéfices, Offices, Dignitez, Charges, & Estats que l'on court ordinairement en toute Diligence, par les Postes. Je vous laisse à penser le Gain qu'il pouvoit faire de sa Poste, n'y ayant alors point de Coches, ny de Chevaux de Relay, ny de Loüage que bien peu, dans Paris, comme j'ay dit; &, prenant pour chaque Cheval vingt Sols si l'Homme estoit François, & vingt-cinq s'il estoit Espagnol, ou autre Estranger.

Aussi devint-il fort riche, tant pour cela, que par une infinité de Pratiques & Rapines qu'il exerçoit sur les Princes, Seigneurs, & Gentils-Hommes, qui ça, qui là : &, s'ils ne luy vouloient rien donner gratis, bien souvent, quand il estoit dans leur Sale ou Chambre, & qu'il y voyoit quelque beau Bassin ou Buye d'Argent, on voyoit qu'aussi-tost, & à l'improviste, il mettoit l'Espée au Poing, & faisoit accroire qu'ils luy avoient donné un Desmentir, & qu'il avoit Querelle contre eux, & les chargeoit d'Estoc & de Taille, & ainsi

il

(1) marcher, *apparemment.*

Il les gastoit tous; & puis, sans autre Forme de Procès, il les serroit
sous sa Cappe, & deslogeoit. Ainsi
qu'il fit à Bruxelles chés le Duc d'Albe, lors que le Cardinal de Lorraine
y alla jurer la Paix. Ayant mené ledit Brusquet avec luy, ce Voyage ne
luy fut pas inutile, mais il y gagna
beaucoup : & il plaisanta si bien devant le Roy d'Espagne, qu'il le trouva fort plaisant Bouffon, & à son Gré.
Aussi, il parloit assez bien l'Italien &
l'Espagnol; & si il y avoit fort bonne Grace bouffonnesque, plus quasi
qu'en son Parler François. Et, pour
cela, le Roy Philippes le prit en A-
mitié, & luy fit beaucoup de Biens :
desquels ne se contentant pas encore,
un jour d'un grand Festin qu'il fit, où
estoit Madame de Lorraine, force Dames & Seigneurs, qui estoient-là tous
conviés pour la Solemnité du Jurement de la Paix, ainsi qu'on estoit
sur la Fin du Fruit, & qu'on vouloit
desservir, il se vint lancer sur la Table, sans aucune Appréhension de se
blesser des Cousteaux; &, prenant le
Bout de la Nappe, se vint à entortil-
ler de ladite Nappe, & se contour-
nant tousjours d'un Bout à l'autre, &
amassant peu à peu les Plats, par une
telle

telle & subtile Industrie, qu'il en accumula & en arma son Corps, & en sortant à l'autre Bout de la Table il s'en trouva si chargé, 'qu'à grande peine pouvoit-il marcher : &, ainsi chargé de son Butin, il passa la Porte par le Commandement du Roy, qui dit qu'on le laissast sortir ; riant si extrêmement, & trouvant le Trait si bon, plaisant, & industrieux, qu'il voulut qu'il eust le tout. Et ce qui fut un Cas d'Estonnement, c'est qu'il ne se blessa jamais des Cousteaux, qui s'entortillérent avec le reste. Aussi, Dieu aide aux Fols & aux Enfans.

Le Roy d'Espagne avoit pour lors un Bouffon Espagnol : mais, il n'y entendoit rien au prix de Brusquet ; & c'estoit un vray maigre Bouffon, avec sa Guiterne & son Braillement de Chansons à l'Espagnole ; qui plaisoit fort maigrement, & ne paroissoit rien au regard de Brusquet, qui le trompoit tousjours. Le Roy d'Espagne l'envoya au Roy, pour luy rendre le Change du sien, qu'il luy avoit envoyé. Le Roy le donna à Brusquet pour le gouverner, le loger, & le traitter bien. Ainsi qu'on voit les grands Princes à la Cour, venans en Ambassade, estre donnez & re-

com-

commandez à d'autres grands Princes,
les grands Seigneurs à d'autres grands
Seigneurs, les moyens à des moyens,
les Evesques à des Evesques, les Prélats à des Prélats, les Ecclésiastiques
médiocres à d'autres médiocres : aussi
le Bouffon Brusquet eut la Charge de
gouverner & entretenir l'autre Bouffon ; mais, il le trompoit tousjours.

Ce Bouffon Espagnol avoit quatre
bons Chevaux chez Brusquet : mais,
il les faisoit courrir la Poste la Nuit,
par le premier Courrier qui passoit,
sans que luy, ny ses Gens, s'en ap-
perçeussent ; car, il les faisoit bien
boire & bien dormir après : & quand
il les trouvoit si maigres de force de
courir, il luy faisoit accroire, que
l'Eau de la Riviere de la Seine les
ammaigrissoit ainsi, jusques à ce qu'ils
l'eussent accoustumée deux Mois ; &
que cela arrivoit coustumiérement à
tous les Chevaux. Par Cas fortuït, il
s'en apperçeut un matin, s'estant levé
pluftost qu'on ne pensoit, & que le
Postillon avoit un peu tardé ; &, les
voyant tous trempez, il se mit à s'ef-
crier audit Brusquet : *Como , Cuerpo de
Dios, Brusquet, mis Cavallos todos son
bañados y moyados. Juro à Dios, que h. n.*
cor-

corrido la Posta (1). Mais, Brusquet l'appaisa, en luy disant, qu'ils s'estoient couchés dans l'Eau en allant boire. Bref, il le trompoit en toutes Façons.

MAIS, la meilleure fut, que le Roy Henry luy avoit donné une belle Chaine d'Or, qui pesoit trois cens Escus. Brusquet en fit faire une toute pareille de Laiton, & la fit bien & subtilement dorer avec trois ou quatre Touches, puis la changea contre celle de cet Espagnol, qui se quarroit aussi-bien de la meschante que de la bonne. Et, quand il partit pour s'en aller en Flandres, Brusquet escrivit une Lettre au Roy Philippes, fort plaisante, & remplie de toutes les Bayes qu'il avoit fait à son Bouffon, & que c'estoit un Fat & un Sot, & qu'il le fist fouetter à sa Cuisine, pour s'estre ainsi laissé tromper de la Chaine, & luy en conta toute l'Histoire. Mais, le Roy Henry, l'ayant sçeu, n'en fut trop content, craignant qu'on pensast que luy - mesme luy en eust donné une telle,

(1). C. - à - d. Comment, Corbieu, Brusquet ? Mes Chevaux sont tout baignés & trempez. Ils ont par Dieu couru la Poste.

telle, pour se mocquer de luy; &,
pour ce, il commanda à Brusquet de
la luy renvoyer, & radoubber bien le
tout: ce qu'il fit; & le Roy l'en récompensa d'ailleurs.

Je croy que, si l'on eust esté curieux
de recueillir tous les Bons - Mots,
Contes, Traits, & Tours, dudit Brusquet, on en eust fait un gros Livre:
& jamais il ne s'en vit de pareils, n'en
desplaise à Pinan (1), à Arlot, à
Villon, ny à Ragot, ny à Moret,
ny à Chicot, ny à quiconque a jamais esté de ces plaisans Compagnons.

Enfin, le pauvre Diable fut soup-
çonné de la Religion; & que, pour
la favoriser, il faisoit perdre & sous-
traire plusieurs Pacquets & Despesches
du Roy, qui estoient contre les Huguenots: mais, ce ne fut pas tant luy,
comme son Gendre, qui estoit Huguenot, si jamais Homme l'a esté; &,
par ce Moyen, il fit perdre, & son
Beau - Pere, & sa Maison, qui fut
pillée aux prémiers Troubles. Et il
fut contraint de sortir de Paris, & de
se sauver chez Madame de Bouillon à
Nogent, qui le retira de bon cœur,
& Madame de Valentinois, par Souvenance

(1) Piovan,

Tome V. P

venance du feu Roy Henry. De-là il eſcrivit une fois une Lettre à Monſieur Strozzy, qui me la monſtra, laquelle eſtoit très-bien faite. Il le prioit & le conjuroit, par la grande Amitié que luy avoit porté feu Monſieur ſon Pere, d'avoir Pitié de luy, & luy faire pardonner, afin qu'il peuſt parachever le reſte de ſes vieux Jours en Paix & Repos. Mais, il ne la fit guéres longue après cela : car, il y mourut bien-toſt après. Mais, c'eſt aſſez parlé de luy & encore trop, ce diront aucuns, qui pourront m'en blaſmer, & dire que j'eſtois bien de Loiſir quand j'eſcrivis cecy : mais, ils feront bien plus de Loiſir de le lire, pour me reprendre. Tant y a, que ce que j'en ay fait, c'a eſté autant pour me divertir, & pour me donner du Plaiſir & Contentement.

RETOURNONS maintenant encore à Monſieur le Mareſchal Strozzy & à ſes Valeurs, qu'il a bien fait paroiſtre en ces dernieres Guerres, pour le Service de nos Roys : auxquelles il a eſté heureux, & malheureux auſſi ; mais, pourtant, plus malheureux qu'autrement. Auſſi la Fortune & la Vertu ne s'aſſemblent guéres ſouvent enſemble,

ble, depuis ces braves Romains de jadis, qui en firent & achevérent l'Af-semblement. Toutesfois, si la Fortune luy a esté contraire à la Guerre, ce n'a esté jamais à faute de Courage; car, il a bien autant battu, qu'il a esté battu.

Il servit bien le Roy François en Italie, tantost avec bonne, tantost avec mauvaise Fortune : &, d'autant qu'aucuns Magiciens tenoient, que le Changement de Lieu change la Fortune, il quitta l'Italie, & s'en vint en France trouver le Roy au Camp de Maroles, avec la plus belle Compagnie, qui fut jamais veue, de deux cens Arquebusiers à Cheval, les mieux montez, les mieux dorez, & les mieux en Point, qu'on eust sçeu voir; car, il n'y en avoit nul, qui n'eust deux bons Chevaux, qu'on nommoit en ce temps-là Cavalins, qui font de légere Taille : le Morion doré, les Manches de Maille, qu'on portoit fort alors, la pluf-part toutes dorées; ou bien la moitié; les Arquebuses & Fournimens de mef-mes. Ils alloient souvent avec les Che-vaux-légers & Courreurs ; de-forte qu'ils faifoient Rage. Quelquefois, ils se fervoient de la Pique, de la Bour-guignotte, & du Corcelet doré, quand il en eſtoit beſoin : &, qui plus eſt, c'eſtoient tous vieux Capitaines & Soldats, bien aguérris ſous les Bannieres & Ordonnances de ce grand Capitaine Jeanñin de Médicis, qui avoient quaſi tous eſté à luy. Tellement, que quand il faloit mettre pied à terre & combattre à pied, on n'avoit pas grand beſoin de Commandement pour les ordonner en Battaille ; car, d'eux - meſmes ils ſe rangeoient ſi bien, pour eſtre ſi bien aguérris, qu'on n'y trouvoit rien à dire, tant bien ſçavoient - ils prendre leur Place. De ce Nombre eſtoient ces braves Gens, San Petro Corſo, Johan de Thurin, le Capitaine Moret Calabrois, le Señor Petro Paulo Touſin, le Capitaine Bernardo, le Capitaine Michel de Candie, le Capitaine Mazin, le Capitaine Jacques Ferrarois, & tant d'autres Gens - de - Bien & d'Honneur, qui ſe ſont ſi bien fait connoiſtre en nos Guerres paſſées.

QUAND le François (I) vit cette belle Trouppe, il la loüa fort, & en fit grand Cas à Madame la Dauphine, qui eſtoit Couſine dudit Seigneur Strozzy, lequel elle aimoit, & elle
s'en

____

(I) le Roy François, *apparemment.*

s'en pensa perdre de Joye, de voir ainsi son Cousin paroistre, & faire un si beau Service au Roy, le tout à ses propres Despens. Car, comme j'ay ouy dire audit Capitaine Michel de Candie, qui estoit un sien vieux Serviteur, cette Compagnie luy cousta plus de cinquante mille Escus : mais, il avoit de fort grands Moyens, & en avoit beaucoup sauvé à Venise, où il se tint quelque temps, & y eut son Fils Monsieur Strozzy.

Hélas! ce brave Seigneur a bien brouillé & despendu tous ces grands Moyens au Service de nos Roys : car, à ce que j'en tiens de son Fils, & de ses anciens Serviteurs, de plus de cinq cents mille Escus, qu'il avoit vaillant quand il vint au Service de nos Rois, il est mort n'ayant pas laissé à son Fils vaillant vingt mille Escus. C'est despensé cela : & ce, sans avoir de grandes Récompenses, ny Bienfaits, de nos Roys ; car, il n'estoit point importun, ny demandant : & les Biens d'Eglise, qu'eut Monsieur le Cardinal Strozzy son Frere, vindrent plustost de la Libéralité du feu Roy Henry, & de la Sollicitation de la Reyne leur Parente, que par Importunité & Demandes dudit Mon-

P 3

sieur.

sieur Strozzy ; d'autant qu'il avoit le Cœur fort noble, généreux, & splendide.

QUAND Guignes (1) fut pris, le Milord Grey, un très-bon & grand Capitaine Anglois de son Temps, commandant dedans, y fut pris. Le Roy, & Monsieur de Guise, son Général, le donnérent audit Monsieur Strozzy, pour en tirer Rançon, & faire son Profit & quelque Récompense de la Peine qu'il avoit eue à la Prise de cette Ville & de Calais, où il avoit très-bien servy le Roy. Il se tint plus content de ce Présent, venant ainsi de la bonne Volonté & Libéralité de son Roy & Général, que si on luy eust fait d'ailleurs un Don dix fois plus grand que celuy-là : car, il ne tira de ce Prisonnier que huit mille Escus, que Monsieur le Comte de la Rochefoucaut luy fit donner, pour faire Eschange de luy à luy, qui estoit Prisonnier en Flandres depuis la Journée de Saint-Quentin.

OR, de raconter la Valeur & les Faits d'Armes dudit Monsieur Strozzy, ce n'est qu'escrire en vain : car, l'on sçait assez, & par les Livres, &

par

(1) Guines.

par Ouy-dire , & pour l'avoir veu, comme il y en a encore plusieurs vivans qui l'ont veu , ce qu'il fit durant la Vie de nos Roys François & Henry en Italie, en France , en Escosse, à Parme , en Toscane, y estant Lieutenant du Roy; si-bien qu'on ne sçauroit luy rien reprocher.

IL a esté combattu, aussi a-il combattu les autres : il a battu, aussi a-il esté battu, comme j'ay dit. Mais, hélas ! qui est le grand Capitaine de Guerre, à qui les Malheurs n'arrivent? Nul ne sçauroit autrement estre grand Capitaine, s'il ne luy mesarrive aussi quelquefois : non plus qu'un Pilote & Marinier ne peut estre bon & expert, s'il n'a jamais veu Tormente ny Tempeste , & rien si-non tousjours Bonnace.

SI diray-je encore ce Mot de luy : on le tenoit plus propre à forcer, défendre, fortifier, & assaillir des Places , qu'à combattre en Campagne : car, il y estoit malheureux , & aussi plus nay à obéyr sous un grand Général, que d'estre Chef & Général luy-mesme : ainsi que j'ay connu quelques-uns de ce Naturel, tesmoin Mets, Calais, Guignes, Théonville , & divers autres Lieux. Car, il estoit un très-

grand

grand Ingénieur, & fort laborieux, ainſi que dit une vieille Chanſon d'un Avanturier François, qui fut faite durant le Siége de Mets, dont un des Couplets eſt tel :

Monſieur de Guiſe eſtoit dedans,
Avecque beaucoup de Nobleſſe,
De Vendoſme les deux Enfans,
Et de Nemours, plein de Proüeſſe;
Et le Seigneur Pierre Eſtorſe,
Qui nuit & jour eſt ſur Remparts,
Faiſant Remparts de grand Addreſſe,
Et remparant de toutes Parts.

Si la Rime n'en eſt pas trop bonne, le Sujet & le Sens eſt bon. Mais, tant y a que ce Seigneur ſervit-là de beaucoup.

APRÈS tant de belles Choſes, ce brave Seigneur vint à mourir, au Siége de Théonville, là où il travailla & ſervit de beaucoup : & y eſtant dans la Tranchée, il fut bleſſé d'une grande Mouſquetade, dont il tomba; & auſſitoſt il fut relevé par Monſieur de la Vieville & par d'autres. Et Monſieur de la Vieville luy diſant, que ce n'eſtoit rien, & qu'il priſt Courage, il luy reſpondit : *Ah ! Monſieur de la Vieville, ne me donnez point de Coura-*
ge

ge ; j'en ay prou : prenez - le pour vous.
Je croy que vous me voudriés faire ac-
croire, que je ne suis point Homme, &
que je n'ay point de Sentiment. Si suis,
& en ay ; car, je sens bien mon Mal,
& que je suis atteint au vif : & il disoit tout cela en son Langage. Puis,
il continua encore ainsi : *Or, je suis*
mort. Je vous prie de faire mes hum-
bles Recommandations au Roy & à la
Reyne, & leur dire, qu'ils perdent au-
jourd'huy un très-bon Serviteur & loyal.
Dites en autant à Monsieur de Guise. A-
dieu. Et puis, il trespassa, au grand
Regret du Roy, & de la Reyne, & de
Monsieur de Guise, qui l'avoit pris
en sa grande Confidence.

M o n s i e u r du Bellay pour lors
fit son Epitaphe en Vers Latins, dont
la Substance est telle. ,, Autant de
,, belle Milice & de Soucy de la Guer-
,, re qu'a esté en Pyrrhus, autant de
,, Courage qu'a esté en Aléxandre,
,, autant de Patience qu'a esté en Han-
,, nibal, autant de Vertu qu'a esté en
,, Scipion & Marius, autant de Vigi-
,, lance qu'a esté en César; bref, ce
,, qui a esté en tous ceux-là s'est trou-
,, vé en ce Seigneur S t r o z z y, qui
,, s'est trouvé en tout cela esgal a eux.
,, Il est vray, que la Fortune luy a esté

P 5   ,, in-

„ inefgalle, tant elle luy a efté con-
„ traire : toutesfois, cette Fortune,
„ qui ne l'a pu vaincre vivant, à cet-
„ te heure qu'il eft mort il l'a vaincue.
„ Et il a encore plus fait : il a vaincu
„ l'Envie, de laquelle il a efté auffi
„ bien affailly que de la Fortune. Ainfi
„ a vefcu, & ainfi eft mort, ce grand
„ Capitaine. „

Il laiffa après luy le Seigneur Philippes Strozzy, dernier mort, duquel je parle en fon Lieu (1), & la Segnore Clerice Strozzy, l'une des honneftes, belles, bonnes, & courageufes Dames, qui foient forties de fa Race, fans faire tort aux autres. Elle fut mariée au Comte de Sommerive, depuis Comte de Tande : & elle mourut fort jeune ; dont ce fut tres-grand Dommage pour fon Mary, & pour toute la Provence, là où elle eftoit fort aimée. Auffi avoit-elle grand Moyen de bien fervir & l'un & l'autre, veu qu'elle avoit un grand Efprit & un grand Cœur. Cette honnefte Dame ne fit jamais plus fon Profit, depuis qu'elle tomba dans la Mer, & y plongea fort avant, bien qu'auffi toft elle fuft fecourue, non fans avoir beaucoup
veu,

(1) *Tom. X, Difcours LXXXIV, Article IV.*

veu (1), lors que le Roy & la Reyne
estoient à Marseille.   Car, ainsi qu'ils
estoient dans la Réale, & qu'elle voulut monter après à l'Escale, l'Esquif
luy faillit, & le Pied par consequent.
Du depuis, l'Intérieur de son beau
Corps ne fut en bonne Santé, encore
que l'Extérieur ne monstrast rien de
changé de sa Beauté, ny de sa bonne
Grace & belle Apparence.

MONSIEUR son Pere avoit aussi eu
un Bastard, très-brave & vaillant, s'il
en fut oncques, & de grand Entende-
ment, & qui promettoit un jour d'estre grand Capitaine, selon son Commencement.   Car, il avoit esté donné
par son Pere à Monsieur le Prieur de
Capouë, pour l'eslever & l'instruire,
sous lequel il profita beaucoup. Il mourut en l'Age de vingt-deux Ans à Port-
Hercule, quelques cinq ou six Jours
avant Monsieur le Prieur son Oncle :
& sa Mort présagea celle de l'Oncle, lequel trespassa peu après du Regret qu'il
en porta, ainsi qu'il le dit.   Monsieur
le Mareschal son Pere le regretta fort,
parce qu'il l'aimoit fort, pour la
bonne Opinion qu'il avoit conçeue
de luy.

C x

(2) beu, *sans doute.*

P 6

CE Monsieur Strozzy (1) avoit eu trois Freres , fort honnestes Gens. Monsieur le Prieur de Capouë , duquel je parle plus amplement en son Lieu (2), Monsieur le Cardinal, & Robert Strozzy , Pere de cette belle , honneste, & sage Dame , la Comtesse de Fiesque Alfonsine Strozzy , qui fut Dame d'Honneur de la Reyne - Mere. Après la Princesse de la Roche -sur-Yon (3) il eut une Sœur Religieuse, & Abbesse d'une Abbaye en Italie, très -honneste Dame , très - sçavante en Lettres divines & humaines, & surtout en Poësie Latine. Elle fit en Vers Latins plusieurs beaux Hymnes & Cantiques spirituels , qui se font chantez autresfois aux Eglises d'Italie , par grande Admiration & Dévotion : encore ay - je ouy dire, qu'ils se chantent en aucunes Eglises. Elle eut aussi une autre Sœur, la Segnore Madelaine Strozzy , Femme très-habile , spirituelle , hors du commun , & fort belle , que j'ay veue de mon jeune temps à Rome. Elle avoit

es-

(1) *C. à - d.* le Mareschal.
(2) Tom. VII, Disc. LXIX.
(3) *Peut - être faudroit - il* qui fut Dame d'Honneur de la Reyne - Mere , après la Princesse de la Roche - sur - Yon. Il eut, &c.

efpoufé le Seigneur Flammio, Comte de l'Anguilare (*a*), qui commandoit à des Galeres avec le Prieur de Capouë fon Beau-Frere : lequel Comte fut Fils de ce brave Comte d'Anguilare, qui fut tué au Service du Roi François prémier.

Si faut-il que je dife encore cecy de ce grand Monfieur Strozzy, que le Roy Henry fecond fit une grande Faute, comme je tiens d'un grand Perfonnage de ce Regne-là, lors qu'il luy donna cette Guerre de Sienne à manier ; d'autant que le Duc de Florence, fe voyant affailly de luy, fon Ennemy mortel & fon Banny, & qui ne le menaçoit de rien moins, que de le defpofféder de fon Etat, & de fa Duché mefmes, qu'il avoit desja promife à la Reyne (1), fa bonne Parente, de la remettre dedans, ou qu'il mourroit en la Peine. Car, ce brave Homme n'avoit point faute de Difcours, de Deffeins, & de belles Entreprifes ; ce qui fut caufe que la Reyne preffa fort le Roy de lui donner cette Charge. Cela fut Caufe, que ce

très-

(*a*) Marot a fait une Epigramme fur un Comte de Lanyvolare tué à un Affaut. Seroit-ce de lui que parle ici Brantome ?

(1) *Ou bien*, mefme qu'il avoit desjà promis à la Reine, &c.

très - habile Duc se mit à adviser mieux à son Affaire que devant ; d'autant qu'en la prémiere Guerre & Révolte de Sienne cela ne le touchoit pas tant que l'Empereur, comme estant Ville Impériale. Il en prit donc l'Affirmative ; & , à communs Frais & Despens, ils mettent leurs Forces & Moyens en Campagne : dont la Fin s'en ensuivit telle, qu'on l'a veue, & que j'ay dit ailleurs (1). Il eust mieux valu certainement, que le Roy eust continué ses deux Généraux, Messieurs le Cardinal de Ferrare & de Termes, ou qu'il y en eust mis de nouveau quelque autre François, non passionné, & qui ne se fust point amusé ailleurs, qu'à faire la Guerre és Pays & Terres de l'Empereur, & non aux autres.

EN cette Guerre, mondit Seigneur Strozzy fit plusieurs belles Choses ; & si la Fortune ne luy eust manqué, non plus que le Courage, infailliblement il fust parvenu à ses Desseins, ou bien à la Moitié, pour beaucoup de Raisons que j'en alléguerois. Il avoit mis fort son Espérance en quelque Battaille gagnée ; & possible en eust-il eu la Victoire, s'il eust esté secouru de quel-

(1) Ci-dessus Discours XXXIII, pag. 28.

quelques nouvelles Forces du costé de
la France , où de Monsieur le Mareschal de Brissac , duquel il en requer-
roit , ou par sa valeureuse Présence ,
ou par quelqu'un de ses vaillans Capitaines. D'un costé , cela ne se pouvoit , n'estant pas son Devoir d'aban-
donner sa Charge : de l'autre , il se
pouvoit , veu mesme qu'il lui offroit
de luy rendre la pareille par un mesme Secours , quand il lui en deman-
deroit une autrefois ; voire jusques-
là , que ne pouvant mieux il iroit le
servir quelques Mois en simple Soldat,
avec l'Arquebuse ou la Picque sur
l'Espaule. Mais , il eut beau dire &
faire , il ne peut rien obtenir de luy ,
pour son Gouvernement sans dissiper
ses Forces : dont Monsieur Strozzy
se mescontenta fort , & ne l'en ayma
jamais guéres depuis , ny la Reyne
non plus , pour perdre une si belle
Occasion ; car , il ne fut jamais qu'elle n'aye esté très-ambitieuse & cou-
rageuse. Enfin , mondit Seigneur Strozzy fut contraint de donner la Battaille , & de la perdre.

J'a y ouy dire à des vieux Capitaines de ce Temps-là , que ce fut
pour n'avoir pas bien choisi & ordonné sa Place de Battaille , & ne l'a-
voir mise parmy des Fossez , où l'Ar-
que-

quebuferie certes pouvoit mieux jouër
fon Jeu , que fes Piquiers & fa Cavallerie. Je m'en rapporte aux grands
Marefchaux de Camp, fi c'eft le meilleur de combattre ainfi & comme fit
Don Pedro de Navarre, en la Bataille de Ravenne : ou s'il vaut mieux
combattre en pleine Campagne rafe ,
comme j'en parle ailleurs. Tant y
a , que plufieurs bons Capitaines &
autres fe font fort eftonnez de ce grand
Capitaine, fage , & advifé (que l'on
tenoit en ces Temps - là le plus digne
Marefchal de Camp qui fuft point,
ainfi que j'en parle ailleurs) d'avoir-là
manqué en ce Point tant important. Qu'il
y aye bien combattu , il ne s'en faut enquérir : car , il y fit ce qu'un vaillant &
hardy Capitaine & Soldat pouvoit faire ,
& y fut fort bleffé, n'en pouvant plus.

J'AY ouy dire auffi à aucuns, que
poffible quand ce vint l'Heure du Combat , il fe troubla , & qu'il luy vint
telle Appréhenfion , que fi par Cas
fortuït il venoit à eftre pris , & à
tomber entre les mains du Duc de
Florence , fon Ennemy mortel, qu'il
n'en efchapperoit jamais , & qu'il le
feroit mourir de Mort cruelle ; & que ,
pour cela , il perdit le Jugement. Car ,
il en arriva de mefme au Marquis du
Guaft , à la Bataille de Cérizole , venant

nant de frais du Maſſacre des Ambaſſadeurs du Roy , qui n'en euſt point
eu de Miſéricorde , s'il fuſt tombé
entre ſes Mains , non plus qu'il n'en
avoit eu de ſes Ambaſſadeurs. J'en
ay parlé ailleurs (1).

TELLES Appréhenſions certainement oſtent ſouvent le Sens, le bon
Jugement , & les bonnes Réſolutions
aux grands Capitaines , qui ſont en-
tachés de pareils Crimes, leſquels ſe
troublent , & ne ſçavent que faire.
Mais , cela n'arriva pas á Monſieur
l'Admiral de Chaſtillon , lequel , encore qu'il ſçeuſt & connuſt bien, que
s'il venoit à eſtre pris en ſes Combats
& Battailles qu'il donnoit, infailible-
ment il euſt eſté tué de Sang froid
ſur le Champ de Battaille, ou auprès;
ou , ce qui eſt le plus certain , qu'il
euſt eſté exécuté par le Glaive de Juſtice , comme il parut depuis après ſa
Mort , & que ſon Corps ſeroit porté
ignominieuſement au Gibet. En quoy
il eſt digne de Loüange immortelle ,
pour n'avoir jamais eſté atteint de ces
Craintes & Frayeurs. Ce fut ainſi
que fit jadis ce grand Hannibal , lequel , comme raconte Tite Live ,
après

____

(1) Ci - deſſus Tom. IV, Diſc. XIII. pag.
192 & 3, & 195 & 6.

après avoir raiſonné bravement avec Scipion avant ſa derniere Battaille, & perdu tout Eſpoir de Paix, & retourné vers ſes Gens, jamais on ne le vit ſi aſſeuré, jamais mieux choiſir ſon Champ de Battaille, jamais mieux ordonner ſes Gens, mieux les exhorter à bien faire, mieux les mener au Combat, jamais mieux les ſecourir au grand Beſoin, & remplacer les Rangs lors qu'ils s'eſclairciſſoient, jamais mieux les rallier, & qui plus eſt jamais mieux combattre de ſa Perſonne, & faire Acte de Soldat & de Capitaine; bref, jamais moins s'eſtonner : & puis après tout fait, & deſeſpéré de la Victoire, jamais mieux ſe ſauver, & ſortir de ſa Perte ſans aucune Peur & Appréhenſion qu'il tombaſt vif entre les Mains de ſes Ennemis, qui l'euſſent fait mourir trescruellement, de meſme, & poſſible pis, que ceux de ſa Nation avoient fait auparavant au pauvre Régulus. Ce ſont des Courages & des Jugemens ceux-là, bons, bien ſains, & aſſeurez ; comme fut tout pareil celuy de Monſieur l'Admiral, dont je parle en ſa Vie (1).

Il faut auſſi conſidérer une Choſe, qu'en

(1) Tom. VIII, Diſc. LXXIV.

qu'en ces grands Hazards & Defordres
il fait très-bon fe recommander à
Dieu auparavant, qui fçait donner le
Sens, & affeurer les Efprits en ces
extrêmes Néceffitez, quand on l'in-
voque : & non point faire comme
beaucoup de bons Capitaines, qne l'on
a veu préfumans tant d'eux-mefmes, que fans l'Ayde divine il leur
fembloit pouvoir battailler & vaincre
tout le Monde. Mon dit Seigneur
le Marefchal Strozzy eftoit bien de
ce Nombre : auffi, par Permiffion
divine, le Bonheur n'accompagna guéres les belles & illuftres Qualitez,
qu'il eut d'un très-grand Capitaine.

O R, c'eft affez parlé de luy, puif-
que j'en parle encore ailleurs. Et c'eft
auffi affez parlé des bons Capitaines
& grands Perfonnages Eftrangers.

F I N.

TABLE

DES

VIES

DES

HOMMES ILLUSTRES

ET

GRANDS CAPITAINES ESTRANGERS

CONTENUES DANS CETTE

SECONDE PARTIE.

TABLE DES DISCOURS.

DIS-

TABLE DES DISCOURS.

DIS-

TABLE DES DISCOURS.

DISCOURS LI.

DISCOURS LII.

BIBLIOTHÈQUE DE L'ARSENAL

www.ingramcontent.com/pod-product-compliance
Lightning Source LLC
LaVergne TN
LVHW021220170726
843501LV00003B/602